本书系湖南师范大学专业学位研究生课程案例库建设项目
"法律硕士环境与资源保护法学课程案例库"
（项目编号：15ALK04）成果

环境保护法
教学案例

李爱年　王世进　主编

湖南师范大学出版社·长沙

图书在版编目（CIP）数据

环境保护法教学案例／李爱年，王世进主编. —长沙：湖南师范大学出版社，2022.9

ISBN 978 - 7 - 5648 - 4602 - 2

Ⅰ.①环…　Ⅱ.①李…　②王…　Ⅲ.①环境保护法—中国—教案（教育）　Ⅳ.①D922.68

中国版本图书馆 CIP 数据核字（2022）第 112793 号

环境保护法教学案例

李爱年　王世进　主编

◇出　版　人：吴真文
◇策划组稿：吴真文
◇责任编辑：孙雪姣
◇责任校对：蒋旭东
◇出版发行：湖南师范大学出版社
　　　　　　地址/长沙市岳麓山　邮编/410081
　　　　　　电话/0731 - 88873071　88873070　传真/0731 - 88872636
　　　　　　网址/https：//press. hunnu. edu. cn
◇经销：新华书店
◇印刷：长沙雅佳印刷有限公司
◇开本：710 mm×1000 mm　1/16
◇印张：14. 25
◇字数：235 千字
◇版次：2022 年 9 月第 1 版
◇印次：2022 年 9 月第 1 次印刷
◇书号：ISBN 978 - 7 - 5648 - 4602 - 2
◇定价：68. 00 元

如有印装质量问题，请与承印厂调换。

本书编写人员

主 编

李爱年　王世进

副主编

刘爱良　孟春阳

撰稿人

（以姓氏拼音为序）

崔馨月	范佳丽	揭　鹏	康信华
梁水苗	林灿英	林家钰	刘　佳
刘天鸽	毛桂慧	曲晓婷	谭梦泽
肖惟志	谢　千	徐婉舒	杨　峰
杨福文	杨　琳	叶素清	袁小红
张春梅	张依霖		

前 言

　　法律硕士的培养对象是掌握法学相关理论知识、具有较强解决法律问题的能力、能够承担法律实务工作、具有良好法律职业素养的高层次应用型专门人才。与这种培养对象相配套，我们的课程设计和教学方式也应当突出课程实用性和综合性，增强理论与实际的联系。研究表明，通过提供案例来帮助教学，知识理解周期可以缩短30%，并且可以使得短期记忆时间延长6倍。因此，法律硕士课程教学方法的最优选择就是案例教学。环境法系列课程是法律硕士的核心课程，其理论基础的交叉与新颖、法律结构的量多与繁杂以及实践案例的零散与稀缺决定了相较于刑法、民商法等法学课程而言，环境法课程对于案例教学的要求更高，难度更大。因此，充分发掘、编辑、整合环境法系列课程案例资源，为法律硕士环境法课程设计适合自身的教学案例库，并广泛运用于法律硕士环境法课程的课堂教学就具有十分重要的实践价值。

　　当前，国内外在案例教材编写方面作出了诸多有益尝试。英美法系国家奉行判例法，注重对案例的分析研究与运用。因此，大量学者对现有的环境诉讼相关案例进行了分析和研究，有较多成果问世并运用到实际教学中。如美国理查德·拉撒路斯、奥利弗·哈克编写的《环境法故事》选取了10个经典判例对美国相关环境法律、法规及其背后的理论知识进行深入阐述；日本律师协会 2011 年 3 月搜集整理出版了《日本环境诉讼典型案例与评析》。我国的环境法案例教学是在借鉴美国哈佛大学案例教学法基础上发展起来的，目前案例教学模式尚处于起步阶段，关于环境污染侵权的教学案例编写仍在摸索之中，只有少数学者对此进行了研究，如蔡守秋 2009 年 7 月出版的《环境法案例教程》、王灿发 2015 年 5 月出版的《中国环境诉讼典型案例与评析》等环境法学的教学案例成果。总体上看，国内环境法案例库建设存在的主要问题是：案例少而陈旧；案例体系性不强，较为零散；案例运用效果不佳，真实情景再现力差，与教学的结合度不够。因此，建设针对性、创新性、系统性、专业性俱佳的环境法课程案例库成为未来案例库建设的必然趋势。

教学效果和教学方法的创新是确保法律硕士学位点发展的核心竞争力，法律硕士环境法系列课程教学因为师资不足和教学方法传统等原因成为各大高校法律硕士教学效果的短板。湖南师范大学法学院环境法教研室联合江西理工大学环境资源法研究中心，依托较为优越的环境法师资队伍，加强法律硕士环境法系列课程案例库建设，编写了《环境保护法教学案例》，将成为法律硕士学位授予点十分有特色的教学资源。

第一，有利于提升法律硕士环境法系列课程的教学效果。由于环境法相关的诉讼较少，案例资源稀缺，以往的环境法系列课程教学存在重理论轻实务，重宏观轻微观，重传授轻参与，案例教学比例不尽合理、质量欠缺等问题。学生对于环境法系列课程往往有理论空洞、脱离现实之感，教学效果欠佳。建设环境法系列课程案例库，不断拓展环境法案例资源，丰富案例情境呈现，并鼓励学生通过自主探究式学习去主动探索和寻找新的案例，最终共同建构一个动态的环境法课程案例库，这对于提升课堂教学效果很有裨益。

第二，有利于促进致用、实务的环境法复合型人才培养。随着生态文明和依法治国战略的推进，用最严格的制度保护生态环境成为新形势下环境治理的必然出路。国家将需要一大批环境法方面的立法、执法、司法和法律服务的复合型人才。这与我们的法律硕士人才培养定位高度契合。因此，通过建设法律硕士环境法系列课程案例库，不断养成学生自己分析问题的方式方法，培养学生法律思维能力和发散性思维，有利于促进致用、实务的环境法复合型人才的培养。

本案例教材着力于打造一本案例内容新颖、逻辑编排合理、环境法特色鲜明、突出教学特点的环境法案例集成。为此我们做了如下三个方面的努力：

其一，形成了富有创造力的环境法案例研究团队。团队负责人李爱年教授、王世进教授在环境法领域具有较高的学术地位，并长期致力于案例教学的科研与实践，教学经验丰富。副主编刘爱良、孟春阳都是科班出身的环境法博士，刘爱良曾担任湖南省郴州市中级人民法院环境资源审判庭法官，具有较丰富的环境案件审判经验，为本书编写中大量最新环境诉讼案例的获取提供了便利；孟春阳担任江西理工大学环境资源法研究中心副主任，长期从事环境法教学研究。团队还有杨福文、康信华等多名法律硕士，他们既是案例的编辑整理者，又是案例库建设使用的受益者，可以很好地反馈案例教学的实施效果。

其二，搭建了多样化的环境法案例教学实践平台。立足于加强授课教师与学生之间的双向交流，引导学生独立思考、主动参与、团队合作，已搭建了多样化的环境法案例教学实践平台。一是"博士沙龙"，充分依托湖南师范大学和江西理工大学多层次环境法学科梯队，每月由环境法博士生就环境法领域前沿理论、重大影响性诉讼轮值主持并主讲，环境法方向的法律硕士生提问并点评；二是"读书报告会"，每月由环境法方向硕导主持，由硕士生就自己阅读的环境法领域经典著作发表看法，相互辩论，由老师点评；三是"模拟法庭"，每学期选取 2～3 个环境诉讼典型案例，由法律硕士生再现情景，严格按照诉讼程序模拟抗辩，培育学生环境法实务能力。

其三，整合了一批典型环境法诉讼案例。依托团队成员中法官、律师等实务方面的人才，通过中国裁判文书网对环境诉讼裁判文书检索整理，结合环境法教学知识，编撰了一批具有重大社会影响、示范典型作用、创新释法价值的环境诉讼案例。

本书共收集了 40 个典型案例，所有案例均来源于各级人民法院作出的具有法律效力的裁判文书，大部分案例是最高人民法院公布的典型案例或者是最高人民法院、最高人民检察院公布的指导性案例。根据各类案件的特点，体例上分为6个部分进行编撰，其中，环境污染责任纠纷案例10个，环境刑事案例6个，环境行政案例7个，环境民事公益诉讼案例9个，环境行政公益诉讼案例4个，生态环境损害赔偿案例4个。在每一个案例中，首先阐明案例典型意义，即阐明本案例在环境法学理或者司法实务上的典型性和示范意义；其次是案情和引发的分歧，包括基本案情、法院裁判、争议焦点；最后是法理分析，即根据案情，运用学理通说和法律法规司法解释对争议焦点进行阐释。

本书编写中，每个所选案例均注明了案例来源的生效裁判文书以及最高人民法院、最高人民检察院公布的指导案例，对每个案例所涉及问题的分析，注意尊重生效裁判文书对相关问题的法律分析，并对有的观点进行了评价。为此，特向所选案例作出裁判的人民法院及其法官致谢！湖南师范大学法学院杨福文、崔馨月、毛桂慧、谭梦泽、刘佳、徐婉舒、揭鹏、梁水苗、林灿英、林家钰、肖惟志、袁小红和江西理工大学环境资源法研究中心康信华、杨峰、叶素清、杨琳、曲晓婷、张春梅、谢千、张依霖、范佳丽、刘天鸽等硕士研究生参加了本书编写中的案例收集工作。

本书可作为法律硕士研究生教学用书，也可以供环境法学等法学硕士研究生以及法学本科生作学习参考用书，还可以供法官、检察官、律师等司法实务工作者参考。尽管编者希望每一个案例都做到尽善尽美，但是疏漏之处在所难免，故请读者多多批评指正。

目　录

第一章 环境污染责任纠纷案例

一、田伟与杜华超土壤污染责任纠纷案①

（一）案例要旨

本案判决作出于《最高人民法院关于审理环境侵权责任纠纷案件适用法律若干问题的解释》之前，在适用《侵权责任法》第六十六条因果关系举证责任倒置原则的同时，由被侵权人就污染行为与损害结果之间具有关联性负举证证明责任，在此基础上结合案件情况推定出具有因果关系。对于细化被侵权人和污染者之间的举证责任分配，平衡双方利益具有重要作用，体现了审判实践在推进法律规则形成、探寻符合法律价值解决途径中的努力和贡献。

此外，虽然没有司法鉴定意见确定损失范围和数额，存在一定的证据缺陷。法院主动依职权进行实地勘查，结合本案原告和被告都具有一定农业生产技能的具体情况，通过双方共同认可的方式勘查、咨询得出了具体的损失范围和数额，体现了司法的能动作用，对于案件事实的认定起到了积极的推动作用。

（二）案情概要

1. 基本案情

原告田伟诉称，其与被告杜华超的承包田均位于哈尔滨市道外区巨源镇北兴村，被告在其承包地里挖鸡粪池堆放大量鸡粪。2013 年 6 月连续几天下大雨，被告的承包地里存了很多雨水。被告将其承包地里的鸡粪水向该地块共用的进水线里排放，并将原告的水稻田地埂子挖开，将鸡粪水排进原告地里，造成原告的水稻基本绝产。原告多次找被告协商赔偿无果，故向法院提起诉讼，请求判令被告赔偿原告损失 24990 元。被告杜华超辩称，其与原告承包地中间隔了三块地，间隔 300 米至 400 米。被告在其承包地的东侧挖了一坑专门存放鸡粪。2013 年 6 月下大雨坑里进了雨水，但被告是将其西侧稻田里的水抽到水渠，并没有往原告地里排放鸡粪水。被告不同意原告的诉讼请求。

---

① 案例来源：哈尔滨市道外区人民法院〔2013〕外民二初字第 919 号民事判决书。

法院经审理查明，原告田伟与被告杜华超承包的水稻田均位于巨源镇北兴村。被告杜华超的承包地分割为两块，西侧地是水稻田，东侧地是 2 米多深的鸡粪池，池里堆放了大量鸡粪。被告杜华超承包地的北侧 100 米有个水渠。水渠从西到东依次经过邓玉双等人承包的水稻田。紧邻邓玉双承包的水稻田东侧是原告田伟承包的水稻田。2013 年 6 月由于连续几天下大雨，被告杜华超承包的两块地里积了很多雨水，杜华超用水泵将其鸡粪池里的水排到北侧 100 米外的水渠，抽出的鸡粪水沿着水渠流到原告田伟承包的水稻田里，造成原告田伟承包的水稻田当年水稻减产。

2. 法院判决

法院判决被告杜华超赔偿原告田伟水稻减产的损失 12621.09 元。

3. 案件争议焦点

（1）本案原告的水稻减产与被告排放鸡粪水的行为之间是否存在因果关系？

（2）没有司法鉴定意见，如何确定原告所受到的损失范围和数额？

（三）法理评析

1. 环境污染案件中侵权行为与损害结果之间因果关系的认定

我国 2009 年制定的《侵权责任法》对因污染环境造成损害的侵权责任以及污染环境行为与损害之间因果关系的认定进行了规定。2021 年 1 月 1 日生效施行的《民法典》对环境侵权民事责任及因果关系的认定进一步作了规定，第一千二百二十九条规定："因污染环境、破坏生态造成他人损害的，侵权人应当承担侵权责任。"第一千二百三十条规定："因污染环境、破坏生态发生纠纷，行为人应当就法律规定的不承担责任或者减轻责任的情形及其行为与损害之间不存在因果关系承担举证责任。"[①]

《民法典》生效实施后，最高人民法院对 2015 年颁布的《关于审理环境侵权责任纠纷案件适用法律若干问题的解释》中关于环境侵权民事责任

---

① 《中华人民共和国民法典》第一千二百六十条规定："本法自 2021 年 1 月 1 日起施行。《中华人民共和国婚姻法》、《中华人民共和国继承法》、《中华人民共和国民法通则》、《中华人民共和国收养法》、《中华人民共和国担保法》、《中华人民共和国合同法》、《中华人民共和国物权法》、《中华人民共和国侵权责任法》、《中华人民共和国民法总则》同时废止。"为便于读者学习，本书中除因分析需要特别说明的，涉及《民法典》相关规定与生效之前的法律的相同规定，只列举《民法典》的相关规定。

的承担及因果关系的认定也做了相应修改。修改后的《解释》第一条规定："因污染环境、破坏生态造成他人损害，不论侵权人有无过错，侵权人应当承担侵权责任。侵权人以排污符合国家或者地方污染物排放标准为由主张不承担责任的，人民法院不予支持。侵权人不承担责任或者减轻责任的情形，适用海洋环境保护法、水污染防治法、大气污染防治法等环境保护单行法的规定。"

从以上法律和司法解释可以看出，环境污染侵权责任为无过错责任，在因果关系的认定上实行举证责任倒置。受害人提供的证据证明了加害人实施了污染并给受害人造成损失的事实，法院就可以推定加害人的污染行为与受害人造成的损失之间存在因果关系。实施污染损害的行为人否认这一事实，就应当就污染事实不存在、法律规定的不承担责任或者减轻责任的情形及其行为与损害结果之间不存在因果关系承担举证证明责任。

本案中，原告提交的视听资料和照片与法院现场勘查和调查核实的事实相符，证明被告向原告承包的水稻田排放大量鸡粪水的事实，被鸡粪水污染过的水稻大幅减产。据一般生活经验，过多的肥料将对农作物正常生长有害，而鸡粪作为比较优质的有机肥还有其特殊性，在施用前必须经过腐熟剂的腐熟，将存在鸡粪中的寄生虫及其卵，以及具传染性的一些病菌通过腐熟的过程得到灭活及脱臭。稻田施用鸡粪，用量要适当，扬撒要均匀，整地要跟上，经科学管理才能消除污染。我国《固体废物污染环境防治法》第十七条规定："收集、贮存、运输、利用、处置固体废物的单位和个人，必须采取防扬散、防流失、防渗漏或者其他防止污染环境的措施；不得擅自倾倒、堆放、丢弃、遗撒固体废物。禁止任何单位或者个人向江河、湖泊、运河、渠道、水库及其最高水位线以下的滩地和岸坡等法律、法规规定禁止倾倒、堆放废弃物的地点倾倒、堆放固体废物。"第二十条规定："从事畜禽规模养殖应当按照国家有关规定收集、贮存、利用或者处置养殖过程中产生的畜禽粪便，防止污染环境。"被告在耕地贮存的鸡粪属于固体废物，未按规定贮存，也没有采取防止污染环境措施，并在雨天违反法律规定向水渠倾倒鸡粪水，污染了原告承包地而致水稻减产。原告提供的证据已初步证明了被告向涉案的水稻田排放鸡粪水及其耕种的水稻受到减产的事实，原告对加害人的污染行为和自身受到的损害已完成了举证证明责任。根据原告的证据，可以推定被告的排污行为与原告耕种的水稻减产之间存在因果关系。

被告在向法院提供证据，否认往原告的水稻田排放过鸡粪水，也否认其行为与原告损失之间存在因果关系。但是，被告所提供的证据未能证明其往原告承包地排放的是清水，也未能证明造成水稻减产不是由他的行为造成，以及其向水稻田排放鸡粪水的行为和水稻减产的损害后果之间不存在因果关系，故被告应承担举证不能的法律后果。而且，被告明知在暴雨天气存放大量鸡粪会给耕种的水稻造成污染，还辩驳其往水渠排放的是清水而非鸡粪池内的鸡粪水，与常理不符。根据附近别无其他污染源的情况，被告在本案排污争议事实中，呈现出唯一可能属性。因此可以认定被告排放的鸡粪水与原告的水稻减产之间存在盖然性因果联系，可以推定在法律上存在因果关系。故原告的损失应由被告承担赔偿责任。

2. 没有司法鉴定意见，如何确定损失范围和数额

在涉案土壤已确定被污染损害的情况下，虽然没有司法鉴定意见确定损失范围和数额，存在一定的证据缺陷，但没有鉴定意见不是被告免责的法定事由，作为污染者不能因此而不赔偿损失。鉴定意见本身是鉴定人在其他证据材料基础上得出的主观判断，只是民事诉讼证据的一种，不是人民法院定案的唯一证据。法院在审理本案中，结合原告和被告都具有一定农业生产技能的具体情况，通过双方共同认可的方式勘查、咨询得出了具体的损失范围和数额。原告的水稻损失应扣除减产后收割的水稻数量，剩余的损失数量认定系与被告排放鸡粪水污染原因相关的损失，即减产损失为 12621.09 元。以上计算的损失范围和数额是客观合理的，与本案有关联性，可作为裁判依据，故该部分损失应由被告承担。

二、寇学贵与石嘴山市众利达电力有限公司、石嘴山市惠农区黄河湿地保护林场损害赔偿纠纷案①

（一）案例要旨

环境侵权案件具有极强的专业性、技术性，对于污染物认定、损失评

---

① 案例来源：宁夏回族自治区石嘴山市中级人民法院〔2012〕石民初字第 97 号民事判决书。

估、因果关系认定、环境生态修复方案等问题，通常需要从专业技术的角度作出评判。受案法院委托宁夏农业环境保护监测站对原告受损的树木种类、价格及所受污染土地的污染等级、修复污染土地的方式和费用进行司法鉴定，制订了相适应的生态环境修复方案，很好地发挥了专业机构的辅助与支持作用。该案在运用科学技术辅助解决环境司法问题方面具有推动作用。

（二）案情概要

1. 基本案情

2011 年 4 月 1 日，寇学贵与石嘴山市惠农区黄河湿地保护林场签订土地承包合同，双方约定，寇学贵承包石嘴山市惠农区黄河湿地保护林场位于钢电路苗圃基地的 100 亩土地；期限自 2011 年 4 月 1 日起至 2026 年 3 月 31 日止；寇学贵所承包的土地，只能用于苗木培育，寇学贵培育苗木自主经营，所承包土地不能改做其他用途或转租、转包。在寇学贵承包期间，2012 年 1 月 29 日，石嘴山市众利达电力有限公司的冲灰蓄水池坝决口，池内冲灰水外泄将寇学贵承包的部分土地淹没，致使 42.27 亩土地土壤重度污染和部分苗木损失，其中苗圃的经济损失为 278950 元，土壤的经济损失为 1409070 元。因寇学贵、石嘴山市众利达电力有限公司对赔偿金额不能达成一致意见，寇学贵诉至法院，请求判令石嘴山市众利达电力有限公司赔偿其经济损失 3382546 元，并赔偿修复污染土地所需要费用及修复期间的各项损失（以起诉后申请法院委托鉴定机构鉴定结果为准，再另行变更诉讼请求）。在诉讼中，寇学贵变更了诉讼请求，即请求判决石嘴山市众利达电力有限公司赔偿苗圃经济损失 278950 元、修复土壤损失费 1409070 元，共计 1688020 元。

本案诉讼过程中，石嘴山市惠农区黄河湿地保护林场申请作为第三人参加诉讼，述称，本案涉案土地属于第三人所有，第三人于 2011 年 4 月将该土地承包给原告经营。原告在经营中，因被告电力污水外泄造成 45 亩土地严重污染，使土地无法耕种，给第三人造成了重大经济损失。当时，被告给第三人承诺恢复或赔偿损失，并写有承诺书，但一直没有兑现。要求被告赔偿土地损失的主体应该是第三人而不是原告，对于原告的其他诉讼请求第三人没有异议。为此，石嘴山市惠农区黄河湿地保护林场特申请作为第三人参加诉讼，请求人民法院判决被告对所污染的 45 亩土地进行恢复原状；如不能恢复，请求判决被告赔偿第三人土地恢复各项费用 150 万元。

2. 法院判决

宁夏回族自治区石嘴山市中级人民法院判决如下：一是被告石嘴山市众利达电力有限公司赔偿原告寇学贵苗圃损失 278950 元，于本判决生效之日起 10 日内付清；二是被告石嘴山市众利达电力有限公司于本判决生效之日起 60 日内将污染的 42.27 亩土地恢复原状（恢复标准为：面积 42.27 亩、更换土壤深度 1 米、以能够用于农林种植且不得造成二次污染为准）。如被告逾期未恢复土地原状，则赔偿第三人石嘴山市惠农区黄河湿地保护林场土壤损失 1409070 元。

3. 案件争议焦点

（1）石嘴山市惠农区黄河湿地保护林场是否具有第三人的诉讼主体资格？

（2）如何确定本案的赔偿范围及赔偿金额？

（三）法理评析

1. 石嘴山市惠农区黄河湿地保护林场的第三人诉讼主体资格问题

民事诉讼中的第三人，是指对他人争议的诉讼标的有独立的请求权，或者虽无独立的请求权，但案件的处理结果与其有法律上的利害关系，而参加到原、被告已经开始的诉讼中的人。以对他人争议的诉讼标的是否有独立的请求权为标准，第三人分为有独立请求权的第三人和无独立请求权的第三人。《民事诉讼法》第五十六条第一款规定："对当事人双方的诉讼标的，第三人认为有独立请求权的，有权提起诉讼。"该条第二款规定："对当事人双方的诉讼标的，第三人虽无独立的请求权，但案件的处理结果与其有法律上的利害关系，可以申请参加诉讼，或者由人民法院通知他参加诉讼。"最高人民法院关于适用《中华人民共和国民事诉讼法》若干问题的意见（以下简称《意见》）（2020 年 12 月修正）第八十一条规定："根据民事诉讼法第五十六条的规定，有独立请求权的第三人有权向人民法院提出诉讼请求和事实、理由，成为当事人；无独立请求权的第三人，可以申请或者由人民法院通知参加诉讼。"

本案是基于石嘴山市众利达电力有限公司污染了石嘴山市惠农区黄河湿地保护林场发包给寇学贵的土地而引起的诉讼。被污染的土地系国有土地，石嘴山市惠农区黄河湿地保护林场对该土地享有使用权。因被告石嘴山市众利达电力有限公司电力污水外泄造成 45 亩土地严重污染，使土地无法耕种，给第三人造成了重大经济损失。原告寇学贵的第二项诉讼请求是要求被告赔偿寇学贵修复污染土地所需要费用及修复期间寇学贵各项损失，而对该项诉讼请求所针对的诉讼标的，土地使用权人石嘴山市惠农区黄河湿地保护林场享有独立的请求权。依照民事诉讼法的规定，该林场有权以有独立请求权第三人的身份申请参加本案诉讼，向石嘴山市众利达电力有限公司行使污染土地索赔权。

2. 关于本案的赔偿范围和金额如何确定的问题

本案赔偿范围和金额的确定包括两个方面：

一是原告寇学贵的损失的计算问题。原告寇学贵与被告石嘴山市众利达电力有限公司双方对于该案赔偿金额不能达成一致意见，为确定赔偿金额，原告和被告申请法院对受损苗木和被污染土地的土壤修复费用等进行司法鉴定，法院委托宁夏农业环境保护监测站作出了鉴定意见书，该鉴定意见书客观、真实，寇学贵及第三人均认可该鉴定意见；同时，石嘴山市众利达电力有限公司也未提供证据证实该鉴定结论不合法，故法院对该鉴定意见予以采信。依据鉴定意见，原告寇学贵苗圃损失为 278950 元，被告应对此损失承担赔偿责任。

二是第三人请求法院判决被告对所污染的 45 亩土地进行恢复原状，如不能恢复，请求判决被告赔偿第三人土地恢复各项费用 150 万元。对该项损失，经原告和被告申请，法院委托宁夏农业环境保护监测站作出鉴定意见，鉴定机构认为需采取客土法改良污染土壤才能尽快恢复苗圃生产种植，故石嘴山市众利达电力有限公司依法应先行将污染土地恢复原状，若石嘴山市众利达电力有限公司未在法院确定的期限内履行恢复原状的义务，则由石嘴山市众利达电力有限公司按鉴定意见中所确定的土壤损失 1409070 元向第三人承担赔偿责任，由第三人进行土地恢复。

此外，我国《民法典》第一百七十九条第一款第（五）项规定，侵权行为人应当承担恢复原状的民事责任。同时，该法第一千二百三十四条规定："违反国家规定造成生态环境损害，生态环境能够修复的，国家规定的机关或者法律规定的组织有权请求侵权人在合理期限内承担修复责任。侵权人在期限内未修复的，国家规定的机关或者法律规定的组织可以自行或者委托他人进行修复，所需费用由侵权人负担。"本案中，如果原告和第三人都没有提出要求被告修复土地的请求，国家规定的机关或者法律规定的组织（如《民事诉讼法》第五十五条规定的人民检察院、《环境保护法》第五十八条规定的社会组织）可以依法提起环境民事公益诉讼，要求被告承担修复被污染的土地的民事责任。

三、精河县汇达有限公司与常合土壤污染责任纠纷案①

（一）案例要旨

本案在认定和运用"不可抗力"方面具有典型意义。因污染环境发生纠纷，污染者应当就法律规定的不承担责任或者减轻责任的情形及其行为与损害之间不存在因果关系承担举证责任。该案中侵权人以不可抗力作为免责事由，必须举证证明在事前、事后采取了合理措施避免损害发生，而且条件必须同时成就，否则不能免责。案件的审理结果具有很好的警示作用。在生产经营中，生产者要关注污染物处理措施是否得到落实，自觉承担环境保护社会责任。

（二）案情概要

1. 基本案情

2010 年 5 月，被告精河县汇达有限公司在精河县某村建石灰窑烧制石灰，石灰石烧制中浓烟粉尘污染严重，被告对石灰窑的浓烟粉尘进行除尘处理，修建污染排放池，将粉尘污染物排放至污染池。2014 年 7 月 5 日，因降雨发生洪水，冲向被告厂房处，被告精河县汇达有限公司对污染排放池未采取防护措施，致使洪水淹没污染排放池，池中污染物（石油类）溢出，顺势下泻，导致精河县某村的 30 多户村民的承包土地及地上农作物遭受污染。事故发生后，被告精河县汇达有限公司按照精河县原环境保护局要求将集中于渠道低洼处的焦油污染物清除，新疆维吾尔自治区环境监测总站对被告精河县汇达有限公司焦油池受洪水影响造成泄漏事故进行环境

---

① 案例来源：新疆维吾尔自治区精河县人民法院〔2014〕精民一初字第 699 号民事判决书。

监测评估，监测报告称："对现场采集土壤样品采样，分析、测试、对比，本次泄漏事故表层土壤受石油类、苯并芘污染较为严重；污染区 10～20 厘米深层土壤石油类、苯并芘未受到本次泄漏事故的影响。"被告精河县汇达有限公司组织人员并用机械清理渠道及雨水沟内沉积的焦油淤泥于安全地方。对受污染的 30 多户村民棉花地和玉米地及林带地污染未处理。原告常合种植的位于精河县某村水库的 4 亩玉米地被污染。新疆农林牧司法鉴定中心作出的〔2014〕第 1223 号司法鉴定意见书称："根据新疆维吾尔自治区环境监测总站作出的《关于精河县汇达有限公司焦油受洪水影响造成泄露事故应急监测结果的报告》，表层土壤污染情况较为严重，但在 10 厘米以下深层次土壤没有受到影响。土壤受到焦油污染后，使土壤毛管受阻，通气性降低，直接影响农作物根系的呼吸作用，使根系吸收水分和养分的能力受到影响，导致棉花、玉米叶片发黄，花蕾脱落，千粒重、坐桃率降低，从而造成大面积减产。"根据精河县托里镇统计站的统计，托里镇前三年棉花平均亩产量为 364.3 公斤、玉米平均亩产量为 944.2 公斤；棉花平均收购价以 8.5 元/公斤计算（包括国家补贴），拾花费平均按 2 元/公斤计算；玉米收购价以 1.55 元/公斤计算。棉花、玉米每亩地分别损失金额如下，棉花：（364.3－220.4）公斤×（8.5－2）元＝935.4 元；玉米：（944.2－611.8）公斤×1.55 元/公斤＝515.2 元。原告常合种植玉米被污染造成减产损失为 2060.8 元（4 亩×515.2 元/亩）。原告预交鉴定费 64.7 元。

2. 法院判决

新疆维吾尔自治区精河县人民法院判决：一、被告精河县汇达有限公司于判决发生法律效力后 3 日内赔偿原告常合经济损失 2060.8 元（4 亩×515.2 元/亩）；二、被告精河县汇达有限公司于判决发生法律效力后 3 日内支付原告常合鉴定费 64.7 元。

3. 案件争议焦点

精河县汇达有限公司以不可抗力为由提出免责，其理由是否成立？

（三）法理评析

《民法典》生效实施前，《民法通则》《侵权责任法》《民法总则》都对因不可抗力造成他人损害如何承担责任作出了规定。《民法典》第一百八十条第一款规定："因不可抗力不能履行民事义务的，不承担民事责任。法律另有规定的，依照其规定。"第二款规定："不可抗力是不能预见、不能避免且不能克服的客观情况。""不可抗力"作为免责事由的条件应当严格把握，即只有侵权人对损害的发生没有过错，不可抗力是损害发生的唯一原因时，免责事由方可成立。

汇达公司以本案构成不可抗力为由，主张依照免除责任。经法院查明，精河县汇达有限公司在 2012 年 10 月停产后，对于排放在污染池中的污染物一直未进行处理。精河县突降暴雨引发的洪水淹没了该公司的污染物排放池导致污染物溢出，造成常合的土地污染损害。汇达公司对损害结果的发生具有过错，本案并不符合不可抗力的免责条件。我国《侵权责任法》第六十六条对环境侵权的免责事由进行了规定。《民法典》第一千二百三十条："因污染环境、破坏生态发生纠纷，行为人应当就法律规定的不承担责任或者减轻责任的情形及其行为与损害之间不存在因果关系承担举证责任。"根据上述法律规定，精河县汇达有限公司以不可抗力作为免责事由，必须举证证明在事前采取了合理措施，在暴雨发生之后也及时采取合理措施避免损害发生，而且条件必须同时成立，否则不能免责。本案中，精河县汇达有限公司未能举证证实该项理由，故免责事由不能成立。

四、文永贵与何世全土壤污染责任纠纷案①

（一）案例要旨

本案在举证责任倒置规则的运用方面具有典型意义。因污染环境发生纠纷，污染者应当就法律规定的不承担责任或者减轻责任的情形及其行为与损害之间不存在因果关系承担举证责任。举证责任倒置理论产生于德国 19 世纪末 20 世纪初的工业革命时期，举证责任倒置规则的设立，对于保障弱者的权利、平衡诉讼双方的地位有着重要意义。我国《侵权责任法》和《民法典》等适用举证责任倒置规则，对因果关系的推定作了规定。最高人

---

① 案例来源：重庆市第五中级人民法院〔2015〕渝五中法环民终字第 03141 号民事判决书。

民法院关于适用《中华人民共和国民事诉讼法》若干问题的意见等对举证责任倒置规则的具体适用作了规定。本案中，被告文永贵应举证证明其开办的养牛场排放牛粪的行为与原告何世全的承包田无收成不存在因果关系，否则被告文永贵应承担损害赔偿责任。

（二）案情概要

1. 基本案情

2013 年 3 月开始，文永贵在重庆市江津区柏林镇某某村开办养牛场，其开办的养牛场与何世全栽种的 2.1 亩承包田相邻。文永贵开办的养牛场有大量的牛粪排放，且曾经有两吨左右的牛粪堆放在与何世全承包田相邻的田坎上。何世全 2014 年种植的 2.1 亩稻谷基本无收成。何世全多次到江津区有关部门和柏林镇政府反映，但问题一直未得到解决，于是向法院提起诉讼，要求文永贵赔偿其 5 年损失 13125 元，并承担其多次到江津区有关部门和柏林镇政府反映问题的车费、住宿费等 550 元。

2. 法院判决

重庆市第五中级人民法院二审判决：被告文永贵赔偿原告何世全的农作物损失 2100 元。

3. 案件争议焦点

（1）文永贵堆放牛粪行为与本案损害结果之间是否存在因果关系？由谁承担这一因果关系的证明责任？

（2）文永贵在一审已经明确放弃要求司法鉴定的权利，但又在二审中要求进行司法鉴定，文永贵在二审要求进行司法鉴定的申请应否得到准许？

（三）法理评析

1. 关于环境污染侵权案件中侵权行为与损害结果之间因果关系的认定及其举证责任的问题

《民法典》第一千二百三十条规定："因污染环境、破坏生态发生纠纷，行为人应当就法律规定的不承担责任或者减轻责任的情形及其行为与损害之间不存在因果关系承担举证责任。"在此之前的《侵权责任法》第六十六条也作了相关规定。

本案中，原告何世全在已经举证证明其 2.1 亩承包田在 2013 年无收成的损害结果，被告文永贵对此表示有异议，且认为何世全被污染的承包田只有0.5亩，但文永贵并未举示相反证据推翻何世全的证据。根据《民法典》和最高人民法院司法解释的规定，被告文永贵应当就其开办的养牛场排放牛粪的行为与原告何世全的承包田无收成不存在因果关系承担举证责任。文永贵在本案中并未举证证明这一事实，应承担举证不能的诉讼后果。法院依照法律规定推定其开办的养牛场排放牛粪的行为与何世全的承包田无收成存在因果关系，文永贵应承担损害赔偿责任。

2. 关于当事人在一审中放弃申请司法鉴定，但在二审中又要求进行司法鉴定，能否获得法院准许的问题

申请鉴定属于当事人履行举证责任的内容。在案件争议事实不明需要进行鉴定的情况下，负有举证责任的当事人可以向人民法院申请鉴定。《最高人民法院关于民事诉讼证据的若干规定》（2019年修正）第三十条规定："人民法院在审理案件过程中认为待证事实需要通过鉴定意见证明的，应当向当事人释明，并指定提出鉴定申请的期间。"第三十一条第一款规定："当事人申请鉴定，应当在人民法院指定期间内提出，并预交鉴定费用。逾期不提出申请或者不预交鉴定费用的，视为放弃申请。"第三十一条第二款规定："对需要鉴定的待证事实负有举证责任的当事人，在人民法院指定期间内无正当理由不提出鉴定申请或者不预交鉴定费用，或者拒不提供相关材料，致使待证事实无法查明的，应当承担举证不能的法律后果。"

本案中，文永贵在一审庭审中明确表示对其开办的养牛场排放牛粪的行为与何世全的承包田无收成是否存在因果关系不申请司法鉴定，二审中文永贵又提出申请要求进行司法鉴定。一审法院已经向其释明，但文永贵明确表示放弃要求司法鉴定的权利。在二审中，文永贵要求司法鉴定，缺乏正当、合理的理由。同时，一审法院邀请有关专业人员勘查现场并进行咨询，有关专业人员亦对本案的具体情况给予了答复，在二审中启动相应的司法鉴定程序已无实际意义。因此，二审法院对上诉人文永贵提出进行司法鉴定的申请未予准许。

五、康菲溢油环境污染损害责任纠纷案①

（一）案例要旨

康菲溢油环境污染损害责任纠纷案，被列入 2016 年度人民法院十大民事行政案件。2011 年 6 月，堪称"中国有史以来最为深重的海域生态溢油污染事故"的康菲公司钻井平台溢油事件爆发，溢油量巨大污染的海域延伸范围非常广。事件发生后，尽管行政部门、个人、社会团体纷纷尝试向法院提起诉讼，却并未得到应有的回应。相反，还出现了立案难、因果关系举证不力、污染范围认定困难，以及侵权责任主体缺位等问题。本案是康菲溢油事件后，唯一一件立案并且经过正式审理的诉讼案件。本案经过两审终审，判决被告康菲石油公司赔偿 21 名原告的损失 1683464.4 元。

（二）案情概要

1. 基本案情

自 2008 年伊始，栾树海等 21 名原告从事海参养殖业，地点在河北省唐山市乐亭县汤家河、马头营等乡镇的近岸边的海洋区域。上述海域是原告在经过乐亭县政府认可，在海域原养殖权利人处有偿承包使用的海域使用权范围。原权利人在 2000 年前后领取了《国有土地使用权证》，海域的用途为养殖，养殖期限为 30 年。

2011 年 6 月 4 日，由康菲公司和中海油公司共同合作开发的油田中的一个油井发生了严重的溢油事故，6 月 17 日，该油田的另一油井又发生井涌事故，对渤海海域的水质造成了严重污染。在该严重责任事故发生之时，该油田正在作业，且作业方是康菲公司。

2011 年 8 月 18 日，国家海洋局、原国土资源部等国家职能机关依照我国相关法律组成联合事故调查小组，对溢油事故的原因、事故性质、该承担的责任及造成的污染损害进行调查和评估。调查组于 2012 年 6 月 21 日作出的《联合调查报告》认定：其一，康菲溢油事故是一次严重的海洋生态溢油污染责任事故，事故造成油田周边大范围海域污染，面积约 6200 平方

---

① 案例来源：天津市高级人民法院［2016］津民终 69 号民事判决书。

公里，且集中在其西北部的海域；其二，在钻井平台勘探挖掘作业的过程中，康菲公司没有良好地履行其职责，没有准确地遵守油田总体的布局方案，对于必须预见的风险和危害没有采取应有的适当防范戒备措施，在制度和管理上存在严重缺失，导致出现较大纰漏；其三，康菲公司在该事故油田溢油时是作业者，应当对本次严重溢油事故承担全部责任。

康菲溢油事故发生后，国家海洋局组织相关单位对该事故油田附近的海域和滩涂进行了大范围的勘测。北海监测中心 2011 年 9 月出具的《近岸调查报告》显示，在污染事故发生后，唐山浅水湾近岸海域的石油含量标准严重超标。乐亭县沿海里存在着唐山浅水湾岸滩和原告所起诉的自己被污染的养殖海域，两者之间跨距较近，最近的测量距离约 14 公里，这两地到达事故油田的实际间距也是相当的（均约 140 公里）。

康菲溢油事故发生后，原农业部和康菲公司进行了协商，康菲公司允诺出资 10 亿元，对受到经济损失和天然渔业损失的受污染的养殖户进行经济补偿与赔偿。在原农业部的协调下，由河北省、辽宁省有关政府部门进行行政调解，将 7.315 亿元的赔偿和补偿款发放给各方受害人。

本案 21 名原告的养殖海域均在应当受到赔偿和补偿的范围之内，但原告表示不能接受行政调解。其中，21 名原告之一的颜晓霞仅对其中的 106.63 亩养殖海域的养殖损失接受行政调解，其余 54.39 亩的养殖损失，该原告表示无法接受行政调解的结果。21 名原告诉至法院，要求被告赔偿 1.4 亿多元的养殖损失，且要求中海油公司承担连带赔偿责任，还要求承担鉴定费约 700 多万元和本案诉讼费用。

2. 法院判决

天津市高级人民法院二审判决：被告康菲石油公司赔偿栾树海等 21 名原告人民币 1683464.4 元。

3. 案件争议焦点

（1）栾树海等 21 名原告是否具有合法养殖权和索赔权？原告主张其在乐亭县海域当地渔民处合法有偿承包了该海域，主体业务是从事海参养殖工作。该海域的当地渔民对此片海域拥有合法的使用权，且均持有国有土地使用证，故应当认定原告具有合法养殖权。被告称，原告不享有合法的索赔和养殖权利，因为他们没有提供有关单位出具的合法养殖证，原告无权提起索赔请求。

（2）原告的损失与被告溢油行为之间是否具有因果关系？被告称，原告的养殖海域并没有在该次溢油事故的污染范围内，原告的养殖海域虽受到污染，但是该污染并不是由康菲公司事故油田溢油造成的，并未对原告海域的水产资源产生任何的影响。原告没有证据证明养殖海域受到的污染与本案事故油田有关。

（3）原告的索赔范围和数额如何确定？原告委托的鉴定机构出具的《技术咨询报告》证明了原告的养殖损失为人民币 140359317 元，鉴定费为7037200 元。被告称，原告委托的鉴定机构没有鉴定资质，鉴定程序和规则不符合法律规定，鉴定报告没有证据力，鉴定费和本案没有必然的关联性。

（4）中海油公司是否承担连带赔偿责任？原告主张该事故油田是中海油公司与康菲公司共同合作开发，中海油公司作为其享有 51% 股份的控股人，对于钻井平台应当负有管理责任。事故发生后，中海油公司没有及时地采取有效措施避免损失扩大，应当与康菲公司共同承担连带的赔偿责任。被告中海油公司称，中海油公司并没有对该油田进行承包，不是该事故油田的主要负责人，不应当承担赔偿责任。

（三）法理评析

1. 关于原告是否具有合法养殖权和索赔权的问题

我国《渔业法》第十一条规定："国家对水域利用进行统一规划，确定可以用于养殖业的水域和滩涂。单位和个人使用国家规划确定用于养殖业的全民所有的水域、滩涂的，使用者应当向县级以上地方人民政府渔业行政主管部门提出申请，由本级人民政府核发养殖证，许可其使用该水域、滩涂从事养殖生产。"第四十七条规定："造成渔业水域生态环境破坏或者渔业污染事故的，依照《中华人民共和国海洋环境保护法》和《中华人民共和国水污染防治法》的规定追究法律责任。"《海洋环境保护法》第九十条规定："造成海洋环境污染损害的责任者，应当排除危害，并赔偿损失。"《水污染防治法》第九十六条规定："因水污染受到损害的当事人，有权要求排污方排除危害和赔偿损失。"第九十七条规定："因水污染引起的损害赔偿责任和赔偿金额的纠纷，可以根据当事人的请求，由环境保护主管部门或者海事管理机构、渔业主管部门按照职责分工调解处理；调解不成的，当事人可以向人民法院提起诉讼。当事人也可以直接向人民法院提起诉讼。"第九十八条规定："因水污染引起的损害赔偿诉讼，由排污方就法律规定的免责事由及其行为与损害结果之间不存在因果关系承担举证责任。"《民法典》第一千二百二十九条规定："因污染环境、破坏生态造成他人损害的，侵权人应当承担侵权责任。"第一千二百三十条规定："因污染环境、破坏生态发生纠纷，行为人应当就法律规定的不承担责任或者减轻责任的情形及其行为与损害之间不存在因果关系承担举证责任。"

根据上述法律规定，乐亭县人民政府有权许可养殖者使用国家规划确定用于养殖业的全民所有的水域、滩涂从事养殖生产。2000 年前后，乐亭县该海域原养殖权利人已领取《国有土地使用证》，用途为养殖用地，栾树海等 21 人自原养殖权利人处承包养殖海域，并支付相应费用，承包手续合法。污染事故发生前，栾树海等 21 人已经开始实际养殖海参，当地人民政府相关部门对此未提出异议。污染事故发生后，当地人民政府通过开展集中行动对养殖海域进行了核实、清理和规范，并以此为依据通过行政调解的方式发放溢油事故赔偿补偿款。栾树海等 21 人全部养殖海域均在赔偿补偿范围内，作为渔业行政主管机关的乐亭县水产局也参与了集中行动。当地人民政府及渔业行政主管机关均实际许可栾树海等 21 人的养殖生产。因此，应视为栾树海等 21 人具有合法的养殖权利，对因污染事故而遭受的损失享有合法的索赔权利。

2. 关于原告经济损失与被告溢油行为之间因果关系认定的问题

本案中，法院认定栾树海等 21 人养殖海域受到此次溢油事故的污染并遭受损失的主要理由为：其一，根据《近岸调查报告》的记载，2011 年 5 月，唐山浅水湾岸段近岸海域海水石油类浓度背景值为 32.4 微克/升，说明栾树海等 21 人养殖海域的水质在涉案溢油事故发生前符合养殖用水的要求。其二，《联合调查报告》显示，此次溢油事故造成蓬莱 19-3 油田周边及其西北部面积约 6200 平方公里的海域污染，说明此次溢油事故的溢油因风、流的影响是向西北方向扩散的，而栾树海等 21 人的养殖海域位于油田的西北方向。其三，《近岸调查报告》显示，河北唐山浅水湾岸滩发现来自蓬莱 19-3 油田的油污，致使浅水湾岸滩受到污染。其四，《近岸调查报告》还显示，溢油事故发生后，河北唐山浅水湾近岸海域海水中的石油类浓度较背景值有所升高，监测期间，监测结果已接近第一类海水水质标准的上限，超背景值 0.4 倍，且在 2011 年 7 月 18 日超过了 50 微克/升的标准。其五，栾树海等 21 人养殖海域位于蓬莱 19-3 油田西北方向的乐亭县沿海，其与浅水湾海域最近距离约 14 公里，两地到蓬莱 19-3 油田的距离相当（约 140 公里），结合事故溢油向西北方向扩散的实际情况，浅水湾海域的水质监测情况可以代表栾树海等 21 人养殖海域的水质状况。

涉案溢油事故产生损害海洋生物资源、损害海水使用素质等有害影响，构成对栾树海等 21 人养殖海域的污染损害。我国《民法典》第一千二百三十条规定："因污染环境、破坏生态发生纠纷，行为人应当就法律规定的不承担责任或者减轻责任的情形及其行为与损害之间不存在因果关系承担举证责任。"康菲公司、中海油公司提供的证据不能否定涉案溢油事故对栾树海等 21 人造成损失。因此，推定康菲公司、中海油公司的溢油事故与栾树海等 21 人的损失存在因果关系。

3. 关于原告栾树海等 21 人索赔范围和数额如何确定的问题

根据《民事诉讼法》第六十四条第一款、《最高人民法院关于适用〈中华人民共和国民事诉讼法〉的解释》第九十条之规定，当事人对自己提出的主张，有责任提供证据；在作出判决前，当事人未能提供证据或者证据不足以证明其事实主张的，由负有举证证明责任的当事人承担不利的后果。

本案中，原告栾树海等 21 人应当对损失程度和数额承担举证责任。结合本案相关证据及案件事实对污染程度及损失数额进行综合认定。其一，根据《近岸调查报告》记载的相关数据，可以表明涉案溢油事故对栾树海等 21 人养殖海域造成的污染程度并不严重。其二，乐亭县大多数养殖权利人通过行政调解的方式接受了当地人民政府确定的赔偿补偿标准，表明上述赔偿补偿标准基本能够弥补乐亭县养殖权利人在此次溢油事故中遭受的损失。其三，栾树海等 21 人系在乐亭县近岸海域从事养殖，就地理位置而言，栾树海等 21 人并不能证明其养殖海域受污染程度较其他养殖权利人更为严重。据此，法院参照上述赔偿补偿标准酌定栾树海等 21 人的损失数额，扣除颜晓霞已接受行政调解的部分后，栾树海等 21 人的全部损失共计 1683464.4 元。

4. 关于中海油公司是否承担连带赔偿责任的问题

连带之债是指以同一给付为标的，各债权人或各债务人之间有连带关系的多数人之债，其中数个债务人连带承担以同一给付为标的的债务，称为连带债务。连带责任的责任人须为两人或两人以上，如共同侵权的各侵权人，他们在意思上的联系和行为上的配合，使得他们处于共同债务人的地位。共同侵权人对受害人承担连带责任。受害人有权请求加害人中的任何一人或者数人承担全部损害赔偿责任，任何加害人都有义务向受害人负全部赔偿责任。共同侵权中，加害人之间的责任分配，通常以各自的过错程度及其行为与损害后果之间的因果关系确定。承担连带责任，以法律规定或当事人有约定为前提。我国《民法典》第一百七十八条规定："二人以上依法承担连带责任的，权利人有权请求部分或者全部连带责任人承担责任。""连带责任人的责任份额根据各自责任大小确定；难以确定责任大小的，平均承担责任。实际承担责任超过自己责任份额的连带责任人，有权向其他连带责任人追偿。""连带责任，由法律规定或者当事人约定。"第一千一百六十八条规定："二人以上共同实施侵权行为，造成他人损害的，应当承担连带责任。"

本案中，根据《对外合作开采海洋石油资源条例》及中海油公司、康菲公司签订的合作合同，事故发生时，康菲公司是蓬莱19-3油田的作业者，从事采油作业，控制污染源，并且《联合调查报告》认定康菲公司在作业过程中违反了油田总体开发方案，在制度和管理上存在缺失，对应当预见到的风险没有采取必要的防范措施，最终导致溢油。中海油公司与康菲公司之间没有意思上的联系，也不存在行为上的配合，事故发生时，中海油公司不是油田的作业者，也不控制污染源，不承担赔偿责任。本案的污染行为是由康菲公司造成的，责任应由康菲公司单独承担。所以，本案不存在中海油公司承担连带赔偿责任的问题。

六、华润水泥（上思）有限公司与梁兆南环境污染责任纠纷案①

（一）案例要旨

首先，因环境污染具有易逝性、扩散性，在环境污染发生后，收集与固定证据具有一定的难度。该案中，相关环保部门成立联合调查组，出具

---

①　案例来源：广西壮族自治区防城港市中级人民法院〔2014〕防市民一终字第377号民事判决书。此案被列入最高人民法院2015年发布的十大环境侵权典型案例。

了调查报告，整理的证据为法院认定案件事实奠定了良好基础，对促进行政、司法联动，发挥行政文书的证明作用，解决环境侵权案件的举证难问题具有示范作用。《最高人民法院关于审理环境侵权责任纠纷案件适用法律若干问题的解释》第十条规定："负有环境保护监督管理职责的部门或者其委托的机构出具的环境污染事件调查报告、检验报告、检测报告、评估报告或者监测数据等，经当事人质证，可以作为认定案件事实的根据。"这进一步肯定了本案的做法。

其次，环境污染责任适用无过错责任的归责原则，即在受害人有损害，污染者的行为与损害之间有因果关系的情况下，不论污染者有无过错，都应对其污染造成的损害承担侵权责任。本案中，华润公司所举证据并不足以证明其行为与损害之间没有因果关系，故其应承担环境污染的侵权责任。

最后，本案涉及不可抗力的免责事由，为其他案件确定免责事由具有一定的意义。台风作为一种严重的自然灾害，确实是难以避免的。但是，在气象等相关科学高度发展的今天，台风是可以预见的，通过采取适当的措施，台风过境造成的影响也是能够减小到最低程度的。本案中，华润公司对台风即将登陆这一事实是明知的，对于台风造成的损失并非不能预见、不能避免的。华润公司不能以台风作为免责事由。

（二）案情概要

1. 基本案情

1993年，梁兆南与六银村、计怀村公所签订《专业承包合同书》后，在思阳镇六银村下走水库经营鱼类养殖业。2011年9月29日，由于受到17号"纳沙"台风影响，上思县普降强暴雨。10月5日上午，上思县水产畜牧兽医局接到梁兆南报告，称其所承包的下走水库因华润水泥厂所排入的污水污染致使大批鱼类死亡。10时许，上思县水产畜牧兽医局、上思县环境监测大队、上思县思阳镇政府等单位组成联合调查组前往调查。11时许，联合调查组对事发现场进行勘察，发现水库水质发黄混浊，水库内鱼类出现浮头、狂游、乱跳等情况，水库周围靠近岸边的水面及其他水面都出现死鱼，水库周边有大量群众在捕捉死鱼。水库正上方是华润水泥厂，周边是甘蔗地，调查组走进水泥厂区，看到水泥厂的排水沟距离水库约有50米，从排水口再往高处走，尚有水泥、煤炭等粉灰被雨水冲洗后不断排入水沟。10月6日，上思县水产畜牧兽医局再组织人员到现场勘察，水库内仍出现部分鱼类浮头、游走或死亡。上思县渔政管理站2011年10月6日《现场检查（勘验）笔录》记载："华润水泥厂位于水库上游，距水库约50米，华润水泥厂有水沟直接排到水库，现场看到雨水经过水沟直接排入水库。"10月7日，上思县水产畜牧兽医局又会同思阳镇政府、六银村、龙怀村及华润公司等单位到现场勘察，发现水库水面大面积出现死鱼，过后用网具在水库进行打捕捞，没有捞到任何鱼类，库中鱼类基本死亡。诉讼过程中，法院根据原告的申请，委托广西正意价格评估有限公司对梁兆南的涉案经济损失进行鉴定。正意公司于2013年10月30日作出桂正价鉴字〔2013〕50264号《鱼类受污染死亡损失价格评估意见书》，价格评估意见为：评估标的在价格评估基准日的损失价格为人民币壹拾壹万贰仟伍佰元整（112500.00元）。

2. 法院判决

一审法院判决华润公司赔偿梁兆南经济损失118125元。华润公司不服，提起上诉，广西壮族自治区防城港市中级人民法院二审判决驳回上诉，维持原判。

3. 案件争议焦点

华润公司在诉讼中主张，《思阳镇下走水库水污染鱼类死亡调查报告》的调查方法不符合法律规定，否认其污染导致下走水库鱼类死亡，并主张其污染处理符合环境保护验收条件，符合《农田灌溉水质标准》，下走水库鱼类死亡为台风"纳沙"等众多因素所致，以此否定其应对下走水库鱼类死亡承担赔偿责任。

因此，本案的争议焦点有如下三个：

（1）华润公司应否对梁兆南的损失承担赔偿责任？

（2）梁兆南的损失如何认定？

（3）华润公司以"纳沙"台风系不可抗力为由不承担责任的抗辩是否成立？

（三）法理评析

1. 关于华润公司应否对梁兆南的损失承担赔偿责任的问题

首先，本案诉讼过程中，经当事人举证、质证和法院认证，法院认定，上思县水产畜牧兽医局作出的该调查报告，是在联合调查组、该局等部门的三次现场勘察、对周边群众进行了询问的基础上形成的调查报告，并不违反法律规定的情形，法院予以采信正确。根据上思县人民政府、上思县水产畜牧兽医局等部门组成联合调查组两次现场调查情况、上思县渔政管理站现场检查（勘验）情况及华润公司的陈述，均可确认华润公司有污染源进入下走水库、下走水库大量鱼类死亡的事实。调查报告得出下走水库本次水库鱼类死亡与华润公司排污有因果关系的结论。原告提供的调查报告、上思县渔政管理站的材料等证据，可以证实华润公司污染事实成立以及梁兆南确有鱼类死亡的损害事实存在，且初步证明了两者之间存在因果关系。

其次，华润公司否认其污染导致下走水库鱼类死亡，并主张其污染处理符合环境保护验收条件，符合《农田灌溉水质标准》，下走水库鱼类死亡为台风"纳沙"等众多因素所致。我国《民法典》第一千二百三十条规定："因污染环境、破坏生态发生纠纷，行为人应当就法律规定的不承担责任或者减轻责任的情形及其行为与损害之间不存在因果关系承担举证责任。"法院适用《侵权责任法》（2009）第六十六条的规定，认定华润公司应对其排污行为与下走水库鱼类死亡的损害结果不存在因果关系或者存在法定免责事由承担证明责任。但是，华润公司提供的《关于华润水泥（上思）有限公司4500吨/日熟料新型干法水泥生产线竣工环境保护验收申请的批复》仅能证明其4500吨/日熟料新型干法水泥生产线符合环保要求，与本次污染为华润公司堆在路边的部分材料被雨水冲刷后跟着路边的雨水流到排水沟排放到下走水库的情况不符，其提供的其他证据仅能证实防城港市因"纳沙"而遭受的损失等情况，均无法证实其该主张。因此，华润公司并未完成其法定证明责任，华润公司存在污染侵权行为，应当承担下走水库鱼类死亡的赔偿责任。

2. 关于原告梁兆南的损失如何认定的问题

原告梁兆南对其损失向法院申请评估，并交纳了 5625 元鉴定费。经法院委托，正意公司作出的《鱼类受污染死亡损失价格评估意见书》（桂正价鉴字〔2013〕50264 号），认定梁兆南承包的下走水库受污染鱼类死亡的损失为 112500 元。经查，正意公司具有评估资质，其两名评估人员亦为注册执业价格鉴证师，评估主体资格合法。经梁兆南申请，梁兆南与华润公司对选定鉴定机构协商后，由法院选定鉴定机构，并委托正意公司，组织两名注册执业价格鉴证师进行价格评估，该评估意见书鉴定科学合法，被告华润公司未能提供证据予以证实其此主张，故该价格评估意见书应当作为定案依据。依据该价格评估意见书确认梁兆南承包的下走水库受污染鱼类死亡损失为 112500 元，结合梁兆南交纳的鉴定费 5625 元，法院据此认定梁兆南因华润公司污染所遭受的下走水库鱼类死亡的经济损失共计 118125 元。

3. 关于华润公司以"纳沙"台风系不可抗力为由不承担责任的抗辩是否成立的问题

我国《民法典》第一百八十条规定："因不可抗力不能履行民事义务的，不承担民事责任。法律另有规定的，依照其规定。""不可抗力是不能预见、不能避免且不能克服的客观情况。"（参见《民法通则》第一百五十三条）台风作为一种严重的自然灾害，确实是难以避免的。但是，在气象等相关科学高度发展的今天，台风是可以预见的，通过采取适当的措施，台风过境造成的影响也是能够减小到最低程度的。本案中，有关部门已经对 17 号"纳沙"台风即将登陆发出了通告，且台风在登陆前就已经对防城港、北海等市产生影响，华润公司对台风即将登陆这一事实是明知的。因此，华润公司对于其堆放在路边的材料被雨水冲刷排入水沟并流入附近水库，造成梁兆南鱼类死亡这一事故，并非不能预见、不能避免，华润公司完全有条件在台风登陆前安排或转移其生产材料到相对安全的地点。但是在台风登陆时，华润公司仍将生产的材料堆放在外面，导致材料被雨水冲刷流向外部导致下走水库鱼类死亡。因此，本案中，华润公司对 17 号"纳沙"台风造成其堆放的材料致他人损害是可以预见也是可以避免的，华润公司关于本案事故发生系因不可抗力所致的抗辩理由不成立。

七、沈海俊诉机械工业第一设计研究院噪声污染责任纠纷案①

（一）案例要旨

与水污染、大气污染、固废污染一样，噪声污染是常见的环境公害，在责任认定上应遵循环境侵权的特殊规则。同时，噪声污染又具有不同于其他"物质污染"的特殊性，属于"物理污染"和感觉性公害，其危害程度不仅取决于噪声的强弱，还直接受到受体自身的敏感度和耐受性的影响。因此，在责任认定方面，除了遵循环境侵权的一般规则以外，还有自己更特殊的规则。我国 2021 年 12 月修订的《噪声污染防治法》（修订之前的名称为《环境噪声污染防治法》）第二条明确规定噪声污染采取"超标 + 扰民"双标准；针对有些产生噪声的领域没有噪声排放标准的情况，在"超标 + 扰民"基础上，将"未依法采取防控措施"产生噪声干扰他人正常生活、工作和学习的现象界定为噪声污染。

本案按照"特别法优于一般法"的规定，优先适用《噪声污染防治法》，明确将是否超标排放作为了噪声侵权的责任构成要件，否定原告夜间必须零噪声的主张，符合法理。

（二）案情概要

1. 基本案情

沈海俊系机械工业第一设计研究院（以下简称机械设计院）退休工程师，住该院宿舍。为增加院内暖气管道输送压力，机械设计院在沈海俊的住宅东墙外侧安装了增压泵。2014 年沈海俊认为增压泵影响其休息向法院提起诉讼，双方达成和解，沈海俊撤回起诉，机械设计院将增压泵移至沈海俊的住宅西墙外热交换站的西侧。2015 年，沈海俊又以增压泵影响其睡眠、住宅需要零噪声为由，再次诉至法院，要求判令机械设计院停止侵害，拆除产生噪声的增压泵，赔偿其精神损害费 10000 元。

根据原告沈海俊的申请，经双方当事人一致同意，安徽省蚌埠市禹会

---

① 案例来源：安徽省蚌埠市中级人民法院〔2015〕蚌民一终字第 00679 号民事判决书。本案入选最高人民法院 2015 年十大环境侵权典型案例。

区人民法院委托蚌埠市环境监测站对机械设计院安装的增压泵进行监测，经监测，该监测站出具编号为 JDN-15003 的报告单。一审法院认为：根据《中华人民共和国声环境质量标准（GB3096—2008）》中声环境功能区分类，沈海俊的住宅应当属于以居民住宅、医疗卫生、文化教育、科研设计、行政办公为主要功能，需要保持安静的 I 类声环境功能区域，故对机械设计院关于沈海俊的住宅属 II 类声环境功能区域的辩称，不予支持。依据《中华人民共和国社会生活环境噪声排放标准（GB22337—2008）》，在社会生活噪声排放源位于噪声敏感建筑物内情况下，噪声通过建筑物结构传播至噪声敏感建筑物室内时，噪声敏感建筑物室内等效声级不得超过结构传播固定设备室内噪声排放限值和结构传播固定设备室内噪声排放限值。机械设计院安装的增压泵是在沈海俊的住宅卧室西墙外热交换站西侧，该房间是以睡眠为主要目的，需要保证夜间安静的房间，主要声源的结构传播固定设备室内噪声排放限值限值昼间应为 40dB、夜间应为 30dB。经审查，该案涉及主要声源增压泵的监测结果，所有指标均没有超过规定的限值。沈海俊所诉的增压泵在夜间必须是零噪声的主张没有法律依据。因此，一审法院依照《中华人民共和国侵权责任法》第六十五条、《中华人民共和国环境噪声污染防治法》第二条之规定，判决驳回原告沈海俊的诉讼请求。

沈海俊不服一审判决，向安徽省蚌埠市中级人民法院提起上诉称：依据《最高人民法院关于审理环境侵权责任纠纷案件适用法律若干问题的解释》第一条关于"污染环境造成被侵权人损害的，不论污染者有无过错，都应依法赔偿，污染者提出排放污染限值，符合国家或地方相关标准的理由，主张不承担责任的，人民法院不予支持"的规定，一审法院认为增压泵声源并没有超过国家规定的环境噪声排放标准，判决机械设计院不承担责任，系适用法律错误，请求二审法院撤销原判，依法改判机械设计院停止侵害、拆除产生噪声污染的增压泵并赔偿精神损害抚慰金 10000 元。机械设计院答辩称：沈海俊要求的零噪声没有法律依据，蚌埠市环保部门为此测量两次，测量结果噪声均符合相关规定，一审判决认定事实清楚，适用法律正确，请求二审法院驳回上诉，维持原判。

2. 法院判决

安徽省蚌埠市中级人民法院二审判决：驳回沈俊海的上诉，维持原判。

3. 案件争议焦点

（1）机械设计院的行为是否构成噪声污染侵权？

（2）本案二审判决适用法律是否正确？

（三）法理评析

1. 关于机械设计院的行为是否构成环境侵权的问题

本案系噪声污染侵权责任纠纷。根据通常的法理，环境污染侵权责任的构成要件包括：实施了环境污染行为、造成了环境污染损害事实以及污染环境的行与损害事实之间具有因果关系。但是，噪声污染侵权责任有其特殊性，即除了应具备一般的环境污染侵权责任的构成要件外，还要求噪声侵权行为人主观上有过错，且具有超过国家规定的噪声排放标准的违法性，才承担噪声污染侵权责任。因此，是否超过国家规定的环境噪声排放标准，或者没有噪声排放标准的是否依法采取防控措施，是判断排放行为是否构成噪声污染侵权的依据。我国《噪声污染防治法》第二条规定："本法所称噪声污染，是指超过噪声排放标准或者未依法采取防控措施产生噪声，并干扰他人正常生活、工作和学习的现象。"法律这样规定的目的是指引公众在依法保障其合法权益的同时，承担一定范围和限度内的容忍义务，平衡各方利益，促进邻里和睦，共同提升生活质量。

本案中，经法院委托鉴定，在增压泵正常工作过程中，沈海俊居住卧室室内噪声并未超过国家规定标准，不构成噪声污染。原告沈海俊在诉讼中提出增压泵在夜间必须是零噪声的主张没有法律依据。因此，本案被告机械设计院的行为不构成噪声污染侵权行为，依法不承担噪声污染侵权责任。

2. 关于本案二审判决适用法律是否正确的问题

《最高人民法院关于审理环境侵权责任纠纷案件适用法律若干问题的解释》（2020年12月修正）第六条规定："被侵权人根据民法典第七编第七章的规定请求赔偿的，应当提供证明以下事实的证据材料：（一）侵权人排放了污染物或者破坏了生态；（二）被侵权人的损害；（三）侵权人排放的污染物或者其次生污染物、破坏生态行为与损害之间具有关联性。"

本案二审判决认为，原告沈海俊主张其心电图异常是机械设计院在其住宅东墙外侧安装的增压泵产生的噪声所致，但未提供证据证明涉案增压泵产生的噪声与其认为自己受到的损害之间具有关联性，依据《最高人民法院关于适用〈中华人民共和国民事诉讼法〉的解释》第九十条关于"当事人对自己提出的诉讼请求所依据的事实或者反驳对方诉讼请求所依据的事实，应当提供证据加以证明，但法律另有规定的除外。在作出判决前，当事人未能提供证据或者证据不足以证明其事实主张的，由负有举证证明责任的当事人承担不利的后果"的规定，沈海俊应当承担举证不能的法律后果。二审判决的这一认定是值得商榷的。环境污染侵权责任纠纷实行举证责任倒置规则，如果被告认为自己不承担责任或者原告的损害不是由自己的行为造成的，被告应承担举证证明责任。这在 2009 年《侵权责任法》第六十六条以及最高人民法院相关司法解释中都有明确规定。《民法典》第一千二百三十条进一步规定："因污染环境、破坏生态发生纠纷，行为人应当就法律规定的不承担责任或者减轻责任的情形及其行为与损害之间不存在因果关系承担举证责任。"本案中，按照一般的环境侵权责任纠纷，沈海俊已经完成了自己的举证责任，反而是机械设计院没有完成自己的举证责任。因此，二审法院的判决理由与其判决结果之间存在矛盾。本案应按照一审法院的判决理由，按照特别法优先于普通法的原则，适用《噪声污染防治法》的相关规定认定增压泵声源并没有超过国家规定的噪声排放标准，即不构成《噪声污染防治法》规定的"噪声污染"，从而作出驳回原告诉讼请求的判决。

八、吴国金诉中铁五局（集团）有限公司、中铁五局集团路桥工程有限责任公司噪声污染责任纠纷案①

（一）案例要旨

环境损害数额的确定，往往需要通过技术手段鉴定。但在鉴定困难、鉴定成本过高或不宜进行鉴定的情况下，人民法院可以参考专家意见，结

---

① 案例来源：贵州省贵阳市中级人民法院〔2015〕筑环保民终字第 2 号民事判决书。本案入选最高人民法院 2015 年十大环境侵权典型案例。

合案件具体案情，依正当程序合理确定损失数额。本案中，吴国金能够证明其开办养鸡场在先，两被告施工行为在后，在两被告施工期间其养殖的蛋鸡出现异常死亡，并提交专家论证报告及其自行记载的蛋鸡死亡数量，但是难以举证证明损害的具体数额。在此情况下，受案法院并没有机械地因吴国金证据不足，判决驳回其诉讼请求，而是充分考虑噪声污染的特殊性，在认定蛋鸡受损系与两被告施工噪声存在因果关系的基础上，通知专家就本案蛋鸡损失等专业性问题出庭作证，充分运用专家证言、养殖手册等确定蛋鸡损失基础数据，并在专家的帮助下建立蛋鸡损失计算模型，得出损失数额并判决支持了吴国金部分诉请，在确定环境损害数额问题上做了有益尝试。

（二）案情概要

1. 基本案情

原告吴国金于 2010 年在贵州省贵阳市花溪区开办鑫鑫源养殖场，进行蛋鸡养殖，分别于 2013 年 4 月 16 日、6 月 20 日、9 月 16 日分三批购买了品种为新罗曼粉的鸡苗进行养殖。2013 年 7 月，被告中铁五局（集团）有限公司（以下简称"中铁五局"）通过招投标，与贵州贵安建设投资公司签订施工合同，中标贵安新区金马路道路工程土建施工第二标段，并由被告中铁五局集团路桥工程有限责任公司（以下简称"中铁五局路桥公司"）施工，至 2014 年 5 月 10 日施工基本完成。在被告中铁五局、中铁五局路桥公司施工期间曾造成原告 10 只鸡死亡和 3 个鸡笼损坏，中铁五局金马路二标段项目部于 2013 年 11 月 15 日向原告赔偿了 2300 元。随后，原告养殖场出现蛋鸡大量死亡、产生软蛋、畸形蛋等情况，原告便于 2014 年 3 月 1 日聘请三位专家到养殖场进行探查，得出蛋鸡是在突然炮声或长期噪音下，受到惊吓后卵子进入腹腔内而导致的腹膜炎而非疫病死亡的结论。原告认为蛋鸡大量死亡、产生软蛋和畸形蛋等情况是由被告施工所造成的，向法院提起诉讼，请求判令被告赔偿原告损失暂定共计为 1537250 元。

庭审中，被告中铁五局、中铁五局路桥公司对于施工中产生的噪声造成原告损失的事实不持异议，表示愿意承担赔偿责任，但对于原告所提 150 多万元的赔偿数额不予认可。原告的养殖场共 6 个鸡舍，位于贵安新区金马路道路工程土建施工标段一侧，距离道路约 20～30 米。在审理中，一审法院通知贵州省畜牧兽医研究所高级畜牧师陶宇航就本案的专业性问题出庭作证。专家证言证实：其一，噪声对蛋鸡的影响，整体收益下降的幅度在1%到30%左右，10%左右居多。其二，本案养殖地离施工地点近的有10多米，远的有30多米，产蛋率下降的具体数值不好界定，要看放炮的地点、放药量、时间等多方面，噪音多造成蛋鸡惊吓后挤压或者被笼子卡住致死。养殖的正常死亡率在8%～9%。其三，综合计算，养一只蛋鸡的一年的收益在50元左右，还包括淘汰鸡的收益。蛋鸡每年下蛋280枚，养得好的有300枚。其四，贵州省蛋价，一件360枚蛋价格在230元到240元。其五，蛋鸡的产蛋期10个月，蛋鸡18周开始产蛋，26周达到高峰期，一般产蛋高峰期在8周左右，然后维持在93%以上的产蛋率，最后下降到80%就可以淘汰了。一审法院还向贵阳市花溪区畜牧站调取了两份证据：花溪区畜禽养殖场（小区）备案登记表，记载了原告吴国金的鑫鑫源养殖场在2010年4月养殖蛋鸡2.1万只；贵阳市花溪区畜禽粪污治理设施情况摸底调查表，记载原告的养殖场在2013年养殖蛋鸡1.8万只。

一审法院认为：吴国金养殖场蛋鸡的损失与中铁五局、中铁五局路桥公司施工产生的噪声之间具有因果关系，中铁五局、中铁五局路桥公司应承担相应的侵权责任。按照举证责任分配规则，吴国金应证明其具体损失数额。虽然吴国金所举证据无法证明其所受损失的具体数额，但中铁五局、中铁五局路桥公司对于施工中产生的噪声造成吴国金损失的事实不持异议，表示愿意承担赔偿责任。在此情况下，一审法院依据公平原则，借助养殖手册、专家证人所提供的基础数据，建立计算模型，计算出吴国金所受损失并判令中铁五局、中铁五局路桥公司赔偿355940.68元。两被告不服一审判决，上诉至贵州省贵阳市中级人民法院。二审法院肯定了一审法院确定本案实际损失的做法，判令中铁五局、中铁五局路桥公司赔偿吴国金损失458756元。

2. **法院判决**

一审法院判决中铁五局、路桥公司赔偿355940.68元。贵阳市中级人民法院二审终审判令中铁五局、中铁五局路桥公司赔偿吴国金损失458756元。

3. **案件争议焦点**

（1）如何确定工程施工企业因噪声污染应承担的侵权责任？

（2）在原告未举证证明其遭受损失数额时，如何认定其所遭受的损失？

（三）法理评析

1. 关于如何确定工程施工企业因噪声污染应承担的侵权责任问题

我国《民法典》第一千一百六十五条规定："行为人因过错侵害他人民事权益造成损害的，应当承担侵权责任。"第一千二百二十九条规定："因污染环境、破坏生态造成他人损害的，侵权人应当承担侵权责任。"

本案系噪声污染责任纠纷，根据特别法优先普通法的原则，还应适用《噪声污染防治法》（2021年修订）的相关规定。该法第二条第一款规定："本法所称噪声，是指在工业生产、建筑施工、交通运输和社会生活中产生的干扰周围生活环境的声音。"第二款规定："本法所称噪声污染，是指超过噪声排放标准或者未依法采取防控措施产生噪声，并干扰他人正常生活、工作和学习的现象。"第三十九条规定："本法所称建筑施工噪声，是指在建筑施工过程中产生的干扰周围生活环境的声音。"第四十条规定："施工单位应当按照规定制定噪声污染防治实施方案，采取有效措施，减少振动、降低噪声。"第八十六条："受到噪声侵害的单位和个人，有权要求侵权人依法承担民事责任。"

本案中，中铁五局作为工程承包人，中铁五局路桥公司作为实际施工人，在道路施工过程中应采取有效措施，以保证在施工过程中产生的噪声符合国家相关标准。因中铁五局路桥公司的施工噪声导致吴国金养殖的蛋鸡因突然炮声或长期噪音，受到惊吓而死亡，并导致蛋鸡产蛋率下降，两被告对此也予以认可，表示愿意赔偿。吴国金养殖场的蛋鸡损失与中铁五局路桥公司施工所产生的噪音之间具有因果关系，中铁五局、中铁五局路桥公司应承担相应侵权责任。

2. 关于原告未举证证明其损失数额时，如何认定其所遭受损失的问题

首先是应该确定损失计算模型及蛋鸡具体数量、蛋鸡死亡数量、蛋鸡产蛋下降率、育成蛋鸡成本（至18周开始产蛋）等基础数据。原告吴国金提交的一些基础证据虽然存在一定瑕疵，但考虑到环境损害纠纷案件中损失证明确定的特殊性和难易度，对于原告该举证责任不宜太苛求，而应辅之以养殖手册及专家意见来确定本案上诉人吴国金的实际损失。法院运用专家证言、养殖手册等确定蛋鸡损失基础数据，并在专家的帮助下建立蛋鸡损失计算模型，得出损失数额。根据专家证人出具的咨询意见中载明计算方式确定损失计算模型，并根据各方当事人提出的意见，对蛋鸡的总数、蛋鸡死亡数量、蛋鸡自然死亡率、育成成本、产蛋下降率、产蛋量、鸡蛋价格等基础数据进行审核，认定原告三批蛋鸡共 21000 只，共死亡 5343 只，除去自然死亡率 8%（1680 只），噪声造成 3663 只死亡，再根据确定的损失计算模型，计算出每批蛋鸡的损失。两被告提出，实际施工过程中存在下雨、春节等原因未施工的情形，实际施工时间只有 115 天，应按 115 天计算所造成的损失。对此问题，虽然在施工过程中可能存在因过节或下雨等其他原因未施工情形存在，但根据专家证人提供的证言，产蛋率一旦下降即无法恢复到正常水平，故应认定整个施工过程蛋鸡产蛋均受影响。

九、袁科威诉广州嘉富房地产发展有限公司噪声污染责任纠纷案①

（一）案例要旨

电梯是民用建筑的一部分，电梯的设计、建设与安装均应符合《民用建筑隔声设计规范》（GB50118—2010）的规定。经过监测，涉案电梯的噪声值已经超过国家标准，构成噪声污染。根据《民法典》第一千二百三十条（原《侵权责任法》第六十六条）的规定，广州嘉富房地产发展有限公司（以下简称"嘉富公司"）要对其行为与损害不存在因果关系或者减轻责任的情形承担举证证明责任。在嘉富公司未能提供证据证明袁科威对涉案电梯噪声超标存在过错或故意，亦不能证明噪声超标系第三人、不可抗力、正当防卫或紧急避险等原因造成，其不存在法律规定的不承担责任或者减轻责任的情形，应承担相应的侵权责任。本案的审理结果具有很好的警示作用，尤其是生产经营者要在机械设备的设计、建造、安装及日常运营过程中，关注噪声是否达标，自觉承担应有的环境保护社会责任。

---

① 案例来源：广东省广州市中级人民法院〔2015〕穗中法民一终字第 5108 号民事判决书。本案入选最高人民法院 2015 年十大环境侵权典型案例。

（二）案情概要

1. 基本案情

被告嘉富房公司是广州市越秀区水荫路嘉富广场三期住宅楼工程的发展商，原告袁科威是该住宅楼其中一个物业的产权人。2014 年 2 月，袁科威委托中国科学院广州化学研究所测试分析中心对居住的房屋进行环境质量监测，该中心作出分析编号 CZ140221B-01、报告编号为 YW140221-11 的环境监测报告，监测结果为：监测点主卧室的室内噪声超过国家标准。袁科威交纳鉴定费 1500 元。袁科威主张，由于住宅的电梯临近其房屋，电梯设备直接设置于与其住房客厅共用墙之上，嘉富公司未进行任何隔音处理，致使电梯存在噪声污染，向法院提起诉讼，要求判令嘉富公司承担侵权责任。被告嘉富公司对该监测报告的真实性、合法性、关联性均不予认可，主张案涉电梯质量合格，住宅设计和电梯设计、电梯安装均符合国家规定并经政府部门验收合格，故其不应承担侵权责任。诉讼中，嘉富公司认为袁科威自行改变房屋结构，致使不能按房屋原始状态进行鉴定，故不申请对涉案电梯是否存在噪声问题、是否影响袁科威居住使用进行鉴定。

广东省广州市越秀区人民法院一审认为，嘉富公司主张案涉电梯在设计、建筑、安装均符合国家相关部门的规定并经验收合格才投入使用，且电梯每年均进行年检并达标，但这只能证明电梯能够安全运行。袁科威购买的房屋经监测噪声值超过国家规定标准，构成了噪声污染。

2. 法院判决

广州市越秀区人民法院一审判决：一、嘉富公司在判决发生法律效力之日起 60 日内对广州市越秀区水荫路 61 号住宅电梯采取相应的隔声降噪措施，使袁科威居住的 3201 房屋的噪声达到《民用建筑隔声设计规范》规定的噪声最高限值以下；逾期未达标准，按每日 100 元对袁科威进行补偿。二、嘉富公司在该判决发生法律效力之日起 3 日内支付鉴定费 1500 元给袁科威。三、嘉富公司在该判决发生法律效力之日起 3 日内支付精神抚慰金 10000 元给袁科威。

嘉富公司不服一审判决，向广州市中级人民法院提起上诉。广州市中级人民法院经审理，二审判决驳回上诉，维持原判。

3. 案件争议焦点

本案审理中，原告认为，嘉富公司安装的电梯存在噪声污染。对此，原告提供了由中国科学院广州化学研究所测试分析中心的环境监测报告，监测结果证实其主卧室噪声超过了《民用建筑隔声设计规范》规定的噪声最高限值标准。由于住宅的电梯临近袁科威房屋，电梯设备直接设置于与袁科威住房客厅共用墙之上，而嘉富公司未进行任何隔音处理从而造成房屋噪声超标，构成噪声污染。被告认为：第一，检测报告是由袁科威单方制作，而不是委托法院鉴定得出的结果，不能作为定案依据；第二，原告提供的检测报告是依据《社会生活噪声排放标准》进行检测得出的结果，而根据《环境保护部关于居民楼内噪声适用问题的复函》的第二条，前述排放标准不适用于居民楼内为居民生活设置的设备，因此不具备合法性；第三，《民用建筑隔声设计规范》是在涉案电梯安装之后发布的规范，根据法不溯及既往的原则，涉案电梯不适用该规则。可见，本案的争议焦点是：如何认定嘉富公司安装的电梯是否对袁科威造成噪声污染？

（三）法理评析

本案系噪声污染侵权责任纠纷，认定行为人的侵权责任，除应根据一般的环境侵权责任构成要件进行认定，还应认定行为人排放的噪声污染超过了国家标准。因此，本案除了适用《民法通则》（1986）、《侵权责任法》（2009）（2021年1月1日《民法典》生效实施后，该两部法律均已废止）和最高人民法院相关司法解释外，还应适用《噪声污染防治法》（2021年修订）的有关规定，从而准确地认定嘉富公司安装的电梯对袁科威造成噪声污染及其应承担的赔偿责任。

本案具体涉及的法律条款有《民法典》第一千一百六十五条规定："行为人因过错侵害他人民事权益造成损害的，应当承担侵权责任。"第一千二百二十九条规定："因污染环境、破坏生态造成他人损害的，侵权人应当承担侵权责任。"（原《民法通则》第一百二十四条、原《侵权责任法》第六十五条："因污染环境造成损害的，污染者应当承担侵权责任。"）第一千二百三十条："因污染环境、破坏生态发生纠纷，行为人应当就法律规定的不承担责任或者减轻责任的情形及其行为与损害之间不存在因果关系承担举证责任。"（原《侵权责任法》第六十六条）《噪声污染防治法》第二条第一款规定："本法所称噪声，是指在工业生产、建筑施工、交通运输和社会生活中产生的干扰周围生活环境的声音。"第二款规定："本法所称噪声污染，是指超过噪声排放标准或者未依法采取防控措施产生噪声，并干扰他人正常生活、工作和学习的现象。"第四十条规定："施工单位应当按照规定制定噪声污染防治实施方案，采取有效措施，减少振动、降低噪声。"第八十六条："受到噪声侵害的单位和个人，有权要求侵权人依法承担民事责任。"《最高人民法院关于审理环境侵权责任纠纷案件适用法律若干问题的解释》（2020 年 12 月修正）第一条第三款："侵权人不承担责任或者减轻责任的情形，适用海洋环境保护法、水污染防治法、大气污染防治法等环境保护单行法的规定；相关环境保护单行法没有规定的，适用民法典的规定。"

关于本案中嘉富公司安装的电梯对袁科威造成环境噪声污染及其应承担的赔偿责任的认定有如下三点依据：

首先，原告袁科威提供了由中国科学院广州化学研究所测试分析中心的环境监测报告，显示的检测结果证实其主卧室噪声超过了《民用建筑隔声设计规范》规定的噪声最高限值标准。袁科威对被告存在噪声污染侵权行为以及该噪声超标这一侵权损害结果完成了举证责任。《民用建筑隔声设计规范》是对民用建筑隔声设计制定的相关标准，无论案涉电梯安装在该标准出台前还是出台后，都应当接受该标准的调整和约束，在该标准出台前安装的涉案电梯不符合该规范的应当整改至符合该规范规定的标准。

其次，根据《民法典》第一千二百三十条（原《侵权责任法》第六十六条）的规定，嘉富公司应对其行为与损害不存在因果关系或者减轻责任的情形承担举证责任。本案中，虽然嘉富公司不认可该原告提供的检测结果，认为涉案噪声是因为袁科威擅自改变其房屋结构以及房屋外围噪音而引起的，但为提供证据证明其主张，因此嘉富公司应当承担举证不能的责任。

最后，虽然嘉富公司举证证明案涉电梯的设计、建筑、安装、验收都是达标的，但其所提供的证据只能证明电梯安装符合规定，不能证明案涉电梯的噪音是达标的。嘉富公司未能提供证据证明其对涉案电梯噪音超标存在法律规定的不承担责任或者减轻责任的情形及其行为与损害之间不存在因果关系，应向袁科威承担噪声污染侵权责任。

十、倪旭龙与丹东海洋风力发电有限责任公司环境污染侵权纠纷案①

（一）案例要旨

本案系因风力发电产生的噪声、光影及电磁造成损害的新类型环境污染侵权纠纷。噪声是风力发电场典型的污染因素。光影的影响，虽未明确作为环境污染的类别，但与光污染类似，且相关研究表明风电场光影的规律性变化和晃动可能对居民和敏感生物产生影响，是可致污染的重要因素。关于电磁波污染，由于风力发电的原理即在于利用风力使得叶片带动磁场转动，由磁场能量转化为电能，在此过程中会产生磁场或电磁波的负面影响，也是已知的可能污染源。本案再审法院根据案件系风力发电厂噪声、光影及电磁致损的新类型污染的特点，综合相关部门就鉴定资质出具的证据，对于鉴定机构的鉴定资质进行了审查判断，未予采信鉴定意见，同时依据风力发电机组与养殖场的距离、风力发电厂生态建设相关规范文件，结合中华鳖的习性，认定了风力发电产生的噪声、光影及电磁与中华鳖的死亡具有一定的因果关系，体现了环境资源审判中对于专业性问题审查判断的特殊性，对于准确认定污染行为和损害的因果关系具有一定示范意义。

（二）案情概要

1. 基本案情

原告倪旭龙于 1993 年秋建温室甲鱼养殖场，从事野生中华鳖（俗称甲鱼）的驯化、养殖。2000 年 3 月，被告丹东海洋风力发电有限责任公司（以下简称"海洋风电公司"）在原告养殖场及周边村落建成大规模风力发电机组，其中一组位于养殖场东南约 100 米处，另一组位于养殖场西北 400～500 米处。2000 年 9 月份以后，甲鱼大量死亡，原告认为是由于风力发电机叶片转动时产生的低频噪音在水产养殖场棚顶形成动态阴影导致了甲鱼的死亡。2001 年 7 月 25 日，原告委托辽宁省淡水渔业环境监督检测站针对被

---

① 案例来源：辽宁省高级人民法院〔2013〕辽审三民提字第 45 号民事判决书。本案入选最高人民法院 2017 年环境资源刑事、民事、行政十大典型案例。

告海洋风电公司对原告甲鱼场生产影响进行了论证，该站作出的《丹东海洋红风力发电有限责任公司对倪旭龙甲鱼场生产影响的论证报告》认为：养殖用水源和养殖池中水质的各项指标符合国家渔业水质标准，能够满足甲鱼生长对水质的要求，饲料中各项指标正常；风力发电机叶轮转动投影及噪声扰乱改变了温室大棚中甲鱼所需的安静生活环境，而且这种惊扰正值四、五月的甲鱼繁殖、发育和生长，导致了一系列不良后果。后原告又委托丹东国信资产评估有限责任公司进行了评估鉴定，并依据该公司作出的丹国信评报字〔2001〕第 439 号资产评估报告，向法院提起诉讼，要求被告海洋风电公司赔偿其养殖经营损失价值为 1508400 元，养殖经营场所迁移费用为 129566 元，总计 1637966 元。

2003 年 6 月 26 日，法院委托原农业部黄渤海区渔业生态环境监测中心进行现场试验鉴定，并作出《丹东海洋红风力发电厂对室内养殖的中华鳖生长影响的现场试验鉴定报告》，结论为：试验现场的噪声、电磁辐射以及转动的阴影，不会对中华鳖的存活和生长造成影响。庭审中，原告提供原农业部渔业局资源环保处出具的一份证明材料，该份证明材料认为：原农业部黄渤海区渔业生态环境监测中心"关于风车的噪声、电磁辐射、转动阴影等因素对中华鳖的存活和生活影响的试验鉴定"已超出该局核发的《渔业污染事故调查鉴定资格证书》的业务范围。原农业部黄渤海区渔业生态环境监测中心持有中华人民共和国渔政渔港监督管理局颁发的"渔业污染事故调查鉴定甲级资质证书"，2004 年 6 月 11 日在山东省高级人民法院审核注册。

一审法院认为，原告养殖的中华鳖（俗称甲鱼）于 2000 年 9 月份后大量死亡的客观事实存在，但原农业部黄渤海区渔业生态环境监测中心作出的《丹东海洋红风力发电厂对室内养殖的中华鳖生长影响的现场试验鉴定报告》的结论证实："试验现场的噪声、电磁辐射以及转动的阴影，不会对中华鳖的存活和生长造成影响。"嗣后，原告虽提供一份原农业部渔业局资源环保处出具的证明材料，欲证明原农业部黄渤海区渔业生态环境监测中心"关于风车的噪声、电磁辐射、转动阴影等因素对中华鳖的存活和生活影响的试验鉴定"已超出原农业部渔业局核发的《渔业污染事故调查鉴定资格证书》的业务范围。但原农业部渔业局复函："依据农业部《渔业污染事故调查鉴定资格管理办法》，农业部黄渤海区渔业生态环境监测中心持有我局颁发的《渔业污染事故调查鉴定资格证书》（甲级），具有渔业污染事故调查资格。"故黄渤海区渔业生态环境监测中心作出的海洋风电公司对室内养殖的中华鳖生长影响的现场试验鉴定报告应予采信，即原告养殖的中华鳖死亡与被告建成的风力发电机组产生的噪声、电磁辐射以及转动的阴影无因果关系，被告抗辩主张成立。原告要求被告赔偿损失无事实及法律依据，判决驳回原告倪旭龙对被告海洋风电公司的诉讼请求。

原告倪旭龙不服一审判决，向辽宁省丹东市中级人民法院提起上诉。二审法院判决驳回上诉，维持原判。倪旭龙不服，向辽宁省高级人民法院申请再审。

辽宁省高级人民法院认为，本案存在发生损害的事实，且海洋风电公司客观上实施风力发电所产生的噪声、光影及电磁可能会形成环境污染，海洋风电公司应当就倪旭龙饲养的中华鳖死亡与其实施的风力发电行为之间不存在因果关系承担举证责任。如果举证不能，应当承担相应的民事责任。原审中，经法院委托，渔业生态监测中心作出鉴定，结论是现场的噪声、电磁辐射以及转动的阴影，不会对中华鳖的存活和生长造成影响。但渔政渔港监督管理局实际上并未对本案噪声、电磁辐射、转动阴影等因素对中华鳖的影响是否系渔业生态监测中心的鉴定范围作出实质性答复。原农业部渔业局资源环保处答复称渔业生态监测中心"关于风车的噪声、电磁辐射、转动阴影等因素对中华鳖的存活和生活影响的试验鉴定"已经超出核发的《渔业污染事故调查鉴定资格证书》的业务范围。该答复与渔政渔港监督管理局的答复并不矛盾，且说明渔业生态监测中心在鉴定资质上存在问题，应当认定渔业生态监测中心不具有涉及本案环境污染的鉴定资质。根据《辽宁省风力发电厂生态建设管理暂行办法》的规定，1500 千瓦及以下机组应与噪声及光影敏感目标保持 500 米以上防护距离，并根据风力发电机组型号和地形地貌等实际情况核定防护距离。本案中风力发电机最近一组机组距离养殖场仅 100 米，不符合规范要求。该文件可以印证中华鳖死亡与风力发电机所产生的噪声、转动阴影、电磁辐射等因素具有一定因果关系。海洋风电公司未完成中华鳖死亡与其实施的风力发电行为之间不存在因果关系的证明责任，应承担相应的民事责任。综合考虑本案客观实际，裁量上述损失由海洋风电公司承担 80% 民事责任。遂判决撤销一审、二审民事判决，并判决由被告海洋风电公司赔偿倪旭龙经济损失 1310327.8

元（总计损失 1637966 元的 80%）。

2. 法院判决

一、二审法院判决驳回原告倪旭龙的诉讼请求。倪旭龙申请再审，辽宁省高级人民法院再审判决：撤销一、二审法院民事判决；被告海洋风电公司赔偿原告倪旭龙经济损失 1310327.8 元。

3. 案件争议焦点

（1）原农业部黄渤海区渔业监测中心是否具有鉴定资质？

（2）被告海洋风电公司的风力发电行为与原告甲鱼场的损失是否存在因果关系？

（三）法理评析

1. 关于黄渤海区渔业监测中心是否具有鉴定资质的问题

渔业水域污染一般是指水体受到物质污染的影响，继而影响水体内生物的生存所造成的污染。根据《渔业水域污染事故调查处理程序规定》，渔业水域污染事故是指由于单位和个人将某种物质和能量引入渔业水域，损坏渔业水体使用功能，影响渔业水域内的生物繁殖、生长或造成该生物死亡、数量减少，以及造成该生物有毒有害物质积累、质量下降等，对渔业资源和渔业生产造成损害的事实。但是本案的环境污染是基于风力发电产生的噪声、光影及电磁造成的新类型环境污染，而噪声、光影及电磁对中华鳖生长和生存可能造成的影响，并非一定通过污染其生存的水域产生，可能会直接作用于生物体本身。因此，本案不属于一般意义上的渔业水域污染，仅具有渔业污染鉴定资质的机构所出具的鉴定结论不能作为定案的依据。

本案中，原审法院委托渔业生态监测中心作出鉴定，结论是现场的噪声、电磁辐射以及转动的阴影，不会对中华鳖的存活和生长造成影响。针对该鉴定结论双方发生争议，渔政渔港监督管理局和原农业部渔业局资源环保处分别作出了答复，渔政渔港监督管理局虽称渔业生态环境监测中心具有渔业污染事故鉴定资质，但实际上并未对本案噪声、电磁辐射、转动阴影等因素对中华鳖的影响是否系渔业生态监测中心的鉴定范围作出实质性答复。原农业部渔业局资源环保处答复称，渔业生态监测中心"关于风车的噪声、电磁辐射、转动阴影等因素对中华鳖的存活和生活影响的试验鉴定"已经超出核发的《渔业污染事故调查鉴定资格证书》的业务范围。该答复为确定性答复，与渔政渔港监督管理局的答复并不矛盾，且说明渔业生态监测中心在鉴定资质上存在问题，应当认定渔业生态监测中心不具有涉及本案环境污染的鉴定资质。

2. 关于被告海洋风电公司的风力发电行为与原告甲鱼场的损失是否存在因果关系的问题

行为人的侵权行为与损害之间是否存在因果关系需要在诉讼中通过当事人举证证明，由法院根据法律的规定进行认定。我国相关法律和司法解释对环境污染侵权责任的因果关系的认定作了规定。《侵权责任法》（2009年）第六十五条规定："因污染环境造成损害的，污染者应当承担侵权责任。"第六十六条规定："因污染环境发生纠纷，污染者应当就法律规定的不承担责任或者减轻责任的情形及其行为与损害之间不存在因果关系承担举证责任。"《民法典》第一千二百二十九条、第一千二百三十条在此基础上作了进一步规定。2002年4月1日起实施的《最高人民法院关于民事诉讼证据的若干规定》（2019年法释〔2019〕19号修改）第二条第一款规定："当事人对自己提出的诉讼请求所依据的事实或者反驳对方诉讼请求所依据的事实有责任提供证据加以证明。"第二款规定："没有证据或者证据不足以证明当事人的事实主张的，由负有举证责任的当事人承担不利后果。"第四条规定："因环境污染引起的损害赔偿诉讼，由加害人就法律规定的免责事由及行为与损害结果之间不存在因果关系承担举证责任。"《最高人民法院关于审理环境侵权责任纠纷案件适用法律若干问题的解释》（2020年12月修订）第六条："被侵权人根据民法典第七编第七章的规定请求赔偿的，应当提供证明以下事实的证据材料：（一）侵权人排放了污染物或者破坏了生态；（二）被侵权人的损害；（三）侵权人排放的污染物或者其次生污染物、破坏生态行为与损害之间具有关联性。"第七条规定："侵权人举证证明下列情形之一的，人民法院应当认定其污染环境、破坏生态行为与损害之间不存在因果关系：（一）排放污染物、破坏生态的行为没有造成该损害可能的；（二）排放的可造成该损害的污染物未到达该损害发生地的；（三）该损害于排放污染物、破坏生态行为实施之前已发生的；（四）其他可以认定污染环境、破坏生态行为与损害之间不存在因果关系的情形。"

本案中，中华鳖大量死亡损害事实客观存在，海洋风电公司客观上实施风力发电所产生的噪声、光影及电磁可能会形成环境污染，原告已经举证证明了其受到的损害以及该损害与被告风力发电所产生的噪声、光影及电磁污染之间的因果关系。中华鳖属于对噪声及光影敏感生物，而本案中风力发电机最近一组机组距离养殖场仅 100 米，不符合《辽宁省风力发电厂生态建设管理暂行办法》的规范要求。该文件确定了风力发电机对环境具有的影响，并作出强制性的规定予以规范。该证据可以印证中华鳖死亡与风力发电机所产生的噪声、转动阴影、电磁辐射等因素具有一定因果关系。海洋风电公司否定其应承担损害赔偿责任，应当就倪旭龙饲养的中华鳖死亡与其实施的风力发电行为之间不存在因果关系承担举证责任；如果举证不能，应当承担相应的民事责任。

辽宁省高级人民法院通过对鉴定机构资质的判断以及综合案件具体情况认定该因果关系存在是正确的。在侵权法上，加害行为与损害结果之间的因果关系有两个特征：一是该因果关系具有客观性，符合自然科学上的因果规律；二是该因果关系认定具有主观性，社会内在的文化观念、习俗伦理、立法政策都影响该因果关系的认定。法律上的因果关系认定不仅依赖自然科学知识，还依赖法学的价值判断。本案存在对鉴定机构资质出具的两份结论相悖的意见，辽宁省高级人民法院在采信证据方面没有依赖鉴定意见，而是在审查鉴定机构资质确定不予采信鉴定意见基础上，从规范要求和侵权行为的特殊性出发，依据风力发电机最近一组机组距离养殖场仅 100 米，选址违反法律规定等因素，对因果关系予以认定，体现了法学的价值判断对认定因果关系成立与否的重要意义。

第二章 环境刑事案例

一、张震污染环境罪案[①]

（一）案例要旨

环境污染案件依赖于环境科学技术，专业性强的特征在此案中得到充分体现。环境污染案件是一类较特殊的案件，在事实认定、赔偿数额等方面的确定中，与环境科学技术紧密相连。通常而言，在具体案件中，一般会申请有资质的机构对损害情况予以鉴定，出具鉴定报告。本案中，由江苏省环境科学学会进行环境污染损害技术鉴定并出具鉴定报告。基于此种科学性分析所得出来的证据无疑对于法院认定案件事实，加快诉讼进程都有着重要的推动作用。

（二）案情概要

1. 基本案情

2011年以来，张震向洪泽逸洋钢管有限公司提供浓硫酸，并以自己挂靠的淮安市众轩汽车运输公司与该公司签订使用后的废酸运输合同，在没有处理资质的情况下将该公司800余吨废酸运走处理，其中两次共将16吨废酸运至淮安市淮阴区淮翔化工厂院内进行非法倾倒。

2011年六七月份的一天，张震安排驾驶员季某、押运员陈某使用苏H×××××号危险品运输车从洪泽逸洋钢管有限公司拖运1车8吨重的废硫酸，并倾倒在淮翔化工厂院内西北侧的储水池边地上。2011年七八月份的一天，张震安排驾驶员季某、押运员陈某使用苏H×××××号危险品运输车从洪泽逸洋钢管有限公司拖运1车8吨重的废硫酸，并倾倒在淮翔化工厂院内中间的水泥地面上。他们倾倒的废酸经渗透、扩散后致使淮翔化工厂院内地块及周围环境遭受污染，并致使淮安四方热力能源有限公司铺设在该厂院墙北侧的供热管道遭受腐蚀从而形成蒸汽泄漏。经江苏省环境科学学会鉴定，张震倾倒废酸污染的淮翔化工厂院内经抽样的四个地块土壤环境污染损害值为258.70万元，被腐蚀管道的损失值为67.76万元。

另查明，2012年3月26日，淮安市公安局淮阴分局办案人员了解到张

---

① 案例来源：江苏省淮安市中级人民法院〔2014〕淮中环刑终字第0001号刑事判决书。

震曾安排人员在淮翔化工厂院内倾倒过废酸。3月27日，办案人员电话通知张震到淮安市公安局淮阴分局了解情况，张震没有承认在淮翔化工厂院内安排人员倾倒过废酸；3月28日上午，办案人员再次电话通知张震到淮安市公安局淮阴分局，张震交代了两次安排人员非法倾倒16吨废酸的事实。3月28日，公安机关对此立案侦查，同日，张震被刑事拘留。

2. 法院判决

一审法院判决：张震犯污染环境罪，判处有期徒刑四年，并处罚金人民币100万元。被告人张震不服，提起上诉。江苏省淮安市中级人民法院二审判决：张震犯污染环境罪，判处有期徒刑三年六个月，并处罚金人民币80万元。

3. 案件争议焦点

（1）张震倾倒废酸导致300余万元损失，是否属于"后果特别严重"？

（2）本案应适用《最高人民法院、最高人民检察院关于办理环境污染刑事案件适用法律若干问题的解释》，还是应适用《中华人民共和国刑法修正案（八）》？

（三）法理评析

1. 关于被告人张震倾倒废酸导致三百余万元损失是否属于"后果特别严重"的问题

《中华人民共和国刑法修正案（八）》第四十六条规定将刑法第三百三十八条修改为："违反国家规定，排放、倾倒或者处置有放射性的废物、含传染病病原体的废物、有毒物质或者其他有害物质，严重污染环境的，处三年以下有期徒刑或者拘役，并处或者单处罚金；后果特别严重的，处三年以上七年以下有期徒刑，并处罚金。"《最高人民法院、最高人民检察院关于办理环境污染刑事案件适用法律若干问题的解释》（法释〔2013〕15号）（最高人民法院、最高人民检察院于2016年12月进行修改，并以法释〔2016〕29号公布）第三条规定："实施刑法第三百三十八条、第三百三十九条规定的行为，具有下列情形之一的，应当认定为'后果特别严重'：（四）致使公私财产损失一百万元以上的。"

对于张震非法倾倒废酸造成的损害，经江苏省环境科学学会进行环境污染损害技术鉴定及鉴定人出庭说明，证明张震在A、D地块倾倒废酸，由于地表的漫流、渗透、扩散，且B地块处于低洼处，能够造成B地块土壤的污染；倾倒时由于槽罐车内液位高，有一定的压力，出流时形成射流，酸液延续几十米，通过地表的漫流、渗透、扩散，亦能造成 C 地块土壤受到污染。根据现场实地勘查和监测数据，鉴定人员按照保守计算，以被污染的土壤深度为 80cm 计算受污染土壤土方量，同时按照最保守的评估原则取推荐值中的最低值确定土壤污染的单位治理成本，最终确认倾倒 16 吨废酸造成的土壤环境污染损害值为 258.70 万元。淮海路盐河桥（南岸）300米处供热管道的蒸汽泄漏与张震非法倾倒废酸存在直接的因果关系，即因废酸腐蚀管道后造成蒸汽泄漏，腐蚀管道损失为 67.76 万元。鉴定报告系由具有鉴定资质的鉴定机构和人员做出，结论明确，程序合法，与案件证明对象相关联，鉴定意见应予采信。二审庭审中检察机关补充出示《洪泽逸洋钢管有限公司质量环境管理作业文件汇编》和对鉴定人贺某教授的询问笔录，亦进一步说明张震倾倒的废酸能够造成鉴定报告认定的土壤污染及管道损失。故其明显属于"后果特别严重"。

2. 关于本案应适用《最高人民法院、最高人民检察院关于办理环境污染刑事案件适用法律若干问题的解释》，还是应适用《中华人民共和国刑法修正案（八）》的问题

第一，张震安排人员在淮翔化工厂院内两次非法倾倒废酸共 16 吨，有张震供述，证人季某、陈某等人证言笔录，书证废酸托运登记表等予以证实，事实清楚，证据确实充分。证人杨某等人证言笔录均证实张震从 2011年 6 月份开始将废酸从洪泽逸洋钢管有限公司运出处理，且废酸拖运登记表亦证实从 2011 年 6 月 23 日至 2012 年 3 月 13 日张震拖运废酸共计 813.44吨，张震两次倾倒废酸的行为均发生在 2011 年 5 月 1 日以后，应当适用《中华人民共和国刑法修正案（八）》，其行为应当以污染环境罪追究。

第二，2011 年 5 月 1 日《中华人民共和国刑法修正案（八）》实施后，《中华人民共和国刑法》第三百三十八条的罪名已经修改为污染环境罪，根据《最高人民法院、最高人民检察院关于适用刑事司法解释时间效力问题的规定》第二条规定："对于司法解释实施前发生的行为，行为时没有相关司法解释，司法解释施行后尚未处理或者正在处理的案件，依照司法解释的规定办理。"案件处理前《最高人民法院、最高人民检察院关于办理环境污染刑事案件适用法律若干问题的解释》已经施行，且该司法解释与《最高人民法院关于审理环境污染刑事案件具体应用法律若干问题的解释》关于"后果特别严重"的规定一致,即"致使公私财产损失一百万元以上",一审、二审法院适用《最高人民法院、最高人民检察院关于办理环境污染刑事案件适用法律若干问题的解释》是正确的。

二、梁连平污染环境罪案①

(一)案例要旨

本案对司法解释兜底性条款的适用体现出我国立法不全面的问题。本案在被告人行为确已严重污染环境的情形下,却只能适用兜底性条款进行裁判。虽然就本案惩治污染环境行为的情形而言,适用司法解释的兜底性规定并无不当,但其中反映出的我国司法解释不全面、立法粗俗的问题也需要我们进行仔细思考,探索解决方案。

(二)案件简介

1. 基本案情

2013年9月9日23时许,被告人梁连平至浙江省台州市路桥区金清镇泗水村老人协会东边荒地,违反国家法规,明知焚烧工业垃圾会产生有害物质,仍点火焚烧近20吨工业垃圾,导致垃圾燃烧持续近两天两夜,向空气排放大量苯并[a]芘、氯化氢、二噁英等气体污染物,严重污染周边空气,并使附近群众感到明显不适。同年10月17日,路桥环保分局执法人员将被告人梁连平涉嫌污染环境罪一案移送至路桥公安分局。案发后经检测,现场遗留的两堆工业垃圾燃烧残渣的苯并[a]芘含量分别为12.6g/kg、78.4g/kg。

2. 法院判决

浙江省台州市路桥区人民法院经审理,判决被告人梁连平犯污染环境罪,判处有期徒刑一年六个月,并处罚金人民币5万元。

3. 案件争议焦点

如何认定被告人梁连平的行为构成污染环境罪?

---

① 案例来源:浙江省台州市路桥区人民法院〔2014〕台路刑初字第26号刑事判决书。

（三）法理评析

我国《刑法》第三百三十八条规定："违反国家规定，排放、倾倒或者处置有放射性的废物、含传染病病原体的废物、有毒物质或者其他有害物质，严重污染环境的，处三年以下有期徒刑或者拘役，并处或者单处罚金；后果特别严重的，处三年以上七年以下有期徒刑，并处罚金。"

污染环境罪是指违反防治环境污染的法律规定，造成环境污染，后果严重，依照法律应受到刑事处罚的行为。污染环境罪的构成要件包括客体要件、客观要件、主体要件和主观要件。

第一，客体要件。本罪侵犯的客体是国家防治环境污染的管理制度。为了防治环境污染、保护和改善生活、生态环境，国家先后制定了《环境保护法》《大气污染防治法》《水污染防治法》《海洋环境保护法》《固体废物污染环境防治法》等法律，以及《放射防护条例》《工业"三废"排放试行标准》《农药安全使用条例》等一系列专门法规。违反这些法律、法规的规定，构成犯罪的行为，就是侵犯国家对自然环境的保护和管理制度。本罪的对象为危险废物。具体包括放射性废物、含传染病病原体的废物、有毒物质或者其他危险废物。

第二，客观要件。本罪在客观方面表现为违反国家规定，向土地、水体、大气排放、倾倒或者处置有放射性的废物、含传染病病原体的废物、有毒物质或其他危险废物，造成环境污染，致使公私财产遭受重大损失或者人身伤亡的严重后果的行为。其一，实施本罪必须违反国家规定。其二，实施排放、倾倒和处置行为。排放即把各种危险废物排入土地、水体、大气的行为，包括泵出、溢出、泄出、喷出、倒出等，倾倒是指通过船舶、航空器、平台或者其他载运工具，向土地、水体、大气倾卸危险废物的行为；处置是指以焚烧、填埋或其他改变危险废物属性的方式处理危险废物或者将其置于特定场所或者设施并不再取回的行为。其三，必须造成了环境污染，致使公私财产遭受重大损失或者人身伤亡的严重后果。本罪属结果犯，行为人非法排放、倾倒、处置危险废物的行为是否构成犯罪，应对其行为所造成的后果加以认定。如该行为造成严重后果，则以本罪论；否则不能以犯罪论处。

第三，主体要件。本罪的主体为一般主体，即凡是达到刑事责任年龄具有刑事责任能力的人，均可构成本罪。单位可以成为本罪主体。

第四，主观要件。本罪在主观方面表现为过失。这种过失是指行为人对造成环境污染，致公私财产遭受重大损失或者人身伤亡严重后果的心理态度而言，行为人对这种事故及严重后果本应预见，但由于疏忽大意而没有预见，或者虽已预见到但轻信能够避免。至于行为人对违反国家规定排放、倾倒、处置危险废物这一行为本身常常是有意为之，但这并不影响本罪的过失犯罪性质。

《最高人民法院、最高人民检察院关于办理环境污染刑事案件适用法律若干问题的解释》第一条规定，实施刑法第三百三十八条规定的行为，具有下列情形之一的，应当认定为"严重污染环境"：（一）在饮用水水源一级保护区、自然保护区核心区排放、倾倒、处置有放射性的废物、含传染病病原体的废物、有毒物质的；（二）非法排放、倾倒、处置危险废物三吨以上的；（三）排放、倾倒、处置含铅、汞、镉、铬、砷、铊、锑的污染物，超过国家或者地方污染物排放标准三倍以上的；（四）排放、倾倒、处置含镍、铜、锌、银、钒、锰、钴的污染物，超过国家或者地方污染物排放标准十倍以上的；（五）通过暗管、渗井、渗坑、裂隙、溶洞、灌注等逃避监管的方式排放、倾倒、处置有放射性的废物、含传染病病原体的废物、有毒物质的；（六）二年内曾因违反国家规定，排放、倾倒、处置有放射性的废物、含传染病病原体的废物、有毒物质受过两次以上行政处罚，又实施前列行为的；（七）重点排污单位篡改、伪造自动监测数据或者干扰自动监测设施，排放化学需氧量、氨氮、二氧化硫、氮氧化物等污染物的；（八）违法减少防治污染设施运行支出一百万元以上的；（九）违法所得或者致使公私财产损失三十万元以上的；（十）造成生态环境严重损害的；（十一）致使乡镇以上集中式饮用水水源取水中断十二小时以上的；（十二）致使基本农田、防护林地、特种用途林地五亩以上，其他农用地十亩以上，其他土地二十亩以上基本功能丧失或者遭受永久性破坏的；（十三）致使森林或者其他林木死亡五十立方米以上，或者幼树死亡二千五百株以上的；（十四）致使疏散、转移群众五千人以上的；（十五）致使三十人以上中毒的；（十六）致使三人以上轻伤、轻度残疾或者器官组织损伤导致一般功能障碍的；（十七）致使一人以上重伤、中度残疾或者器官组织损伤导致严重功能障碍的；（十八）其他严重污染环境的情形。

本案被告人梁连平违反国家法规，明知焚烧工业垃圾会产生有害物质，仍点火焚烧近 20 吨工业垃圾，导致垃圾燃烧持续近两天两夜，向空气排放大量苯并［a］芘、氯化氢、二噁英等气体污染物，严重污染周边空气，现场遗留的两堆工业垃圾燃烧残渣的苯并［a］芘含量分别为 12.6g/kg、78.4g/kg，已经达到《刑法》和"两高"司法解释规定的"严重污染环境"的情节，构成了污染环境罪。

三、蔡卫军、常勇环境监管失职罪案①

（一）案例要旨

法院在本案法庭审理过程中采用证据材料多为水污染监测及应急处理相关评估，专业性较强。这较以前的案件审理而言具有明显的进步，凸显了环境刑事案件审判过程中相关环境专业知识的进步。涉及环境污染的刑事犯罪案件，更能够彰显环境案件的特殊性与专业性，这对案件的审理具有重要的指导意义。法院有效采用相关评估手段，对环境污染情况提起证据，对案件的审理具有重大的帮助作用。在我国环境法的发展过程中，环境污染破坏行为需要刑事处罚手段的辅助，在相关的刑事案件审判中环境法专业知识也显得尤为重要。

（二）案情概要

1. 基本案情

被告人蔡卫军为山东省鄄城县原环境保护局旧城环境保护所所长，被告人常勇为鄄城县原环境保护局污染防治股股长，根据法律、规章、行政规范性文件的规定，负有环境保护监督管理的职责。两被告人在任上述职务期间，根据菏泽市原环境保护局信访案件交办通知，要求查处鄄城县左营乡浮桥王子鱼村的化工厂水污染严重的问题。2012 年 11 月 23 日上午，被告人蔡卫军、常勇到河南省清丰县城关镇双楼村村民郝某甲（已判刑）等人在鄄城县左营乡浮桥北与河南省交界处的树林内设立的化工厂进行检

---

① 案例来源：山东省鄄城县人民法院〔2014〕鄄刑初字第 132 号刑事判决书。

查，在郝某甲提供了该化工厂位于河南省范县陆集乡前石胡同村的证明后，未严格按照程序执法，未检查治污设施、原材料及生产产品，也未进一步确定该化工厂的界址、地属，亦未按照《环境信访办法》《山东省信访规定》等规章的规定，将环境信访事项转送河南省范县环境保护部门，使范县环保部门未能进行检查；被告人蔡卫军草率出具"群众反映的王子鱼村隶属河南省范县陈庄乡"书面材料，交郓城县环境保护相关部门向菏泽市原环境保护局予以了回复，以致未能发现该化工厂所占用土地权属部分在郓城县左营乡范围内，应由郓城县环保部门监管、治理，从而未能对上述化工厂的排污行为及时发现、治理，并在检查后收受郝某甲给予的现金人民币 2000 元，被两被告人均分。由于两被告人严重不负责任，未能发现并制止该化工厂的排污行为，致使该化工厂产生的大量有毒有害废水未经净化处理便排放到土壤及深井内。经山东省分析测试中心司法鉴定所鉴定，该废水中的化学需氧量和对人体、水生物有毒有害的氨氮含量均严重超过国家污水排放标准，对周围环境造成污染。经物价部门鉴定，该化工厂排放有毒有害废水的行为造成公私财产损失人民币 1893000 元。

2. 法院判决

山东省郓城县人民法院判决：蔡卫军犯环境监管失职罪，判处拘役六个月；常勇犯环境监管失职罪，判处拘役五个月，缓刑八个月。

3. 案件争议焦点

蔡卫军、常勇是否构成环境监管失职罪？

（三）法理评析

《中华人民共和国刑法》第四百零八条规定："负有环境保护监督管理职责的国家机关工作人员严重不负责任，导致发生重大环境污染事故，致使公私财产遭受重大损失或者造成人身伤亡的严重后果的，处三年以下有期徒刑或者拘役。"

环境监管失职罪是指负有环境保护监督管理职责的国家机关工作人员严重不负责任、导致发生重大环境污染事故，致使公私财产遭受重大损失或者造成人身伤亡的严重后果的行为。本罪的构成要件包括主体要件、主观要件、客体要件和客观要件。

第一，主体要件。本罪主体为特殊主体，即是负有生态环境保护监督管理职责的国家机关工作人员，具体是指在国务院生态环境行政主管部门、县级以上生态环境行政主管部门从事生态环境保护工作的人员，以及在国家海洋行政主管部门、港务监督、渔政渔港监督、军队生态环境保护部门和各级公安、交通、铁路、民航管理部门中，依照有关法律的规定对环境污染防治实施监督管理的人员。此外，县级以上人民政府的土地、矿产、林业、农业、水利行政主管部门中依照有关法律的规定对资源的保护实施监督管理的人员，也可以构成本罪的主体。负有生态环境保护监督管理职责的国家机关，既包括对生态环境保护工作实施统一监督管理工作的各级生态环境行政主管部门，也包括生态环境保护的协管部门，即依照有关法律规定对环境污染防治实施监督管理的其他部门，分别依照《土地管理法》《矿产资源法》《森林法》《野生动物保护法》《草原法》《渔业法》《水法》的规定对有关资源的保护实施监督管理。可见，本罪主体范围十分广泛，并不局限于某一特定部门，凡对生态环境保护实行监督管理职责的工作人员，无论在政府的何种部门工作，都可以构成本罪。

第二，主观要件。本罪在主观方面必须出于过失，即针对发生重大环境污染事故，致使公私财产遭受重大损失或者造成人身伤亡的严重后果而言，是应当预见却由于疏忽大意而没有预见或者虽然预见却轻信能够避免，以致发生了这种严重后果。

第三，本罪侵犯的客体是国家对生态环境保护和环境污染防治的管理制度。生态环境是人类自身赖以生存和发展的基础，保护生态环境是一切单位和每个公民应尽的义务，更是生态环境保护部门及其工作人员的职责。生态环境保护部门的工作人员，因严重不负责任，造成重大环境污染事故，导致公私财物重大损失或者人员伤亡的，是一种严重的渎职行为，直接危害了生态环境保护部门的正常管理活动，因此，必须依法予以刑事制裁。

第四，客观要件。本罪在客观方面表现为严重不负责任，导致发生重大环境污染事故，致使公私财产遭受重大损失或者造成人身伤亡的严重后果的行为。

一是必须有严重不负责任的行为。行为人有我国《环境保护法》《水污染防治法》《土壤污染防治法》《大气污染防治法》《海洋环境保护法》《固体废物污染防治法》等法律及其他有关法规所规定的关于生态环境保护部门监管工作人员不履行职责，工作极不负责的行为。

二是严重不负责任的行为必须导致重大环境污染事故的发生并致使公私财产遭受重大损失或者造成人身伤亡的严重后果。所谓环境污染是指由于有关单位违反法律、法规规定，肆意、擅自向土地、水体、大气排放、倾倒或者处置有放射性的废物、含传染病病原体的废物、有毒物质或其他危险废物，致使土地、水体、大气等环境的物理、化学、生物或者放射性等方面特性的改变，致使影响环境的有效利用、危害人体健康或者破坏生态环境，造成环境恶化。所谓环境污染事故，则是因为环境污染致使在利用这些环境的过程中造成人身伤亡、公私财产遭受损失后果。根据最高人民检察院司法解释的规定，涉嫌下列情形之一的应予立案：造成直接经济损失 30 万元以上的；造成人员死亡 1 人以上，或者重伤 3 人以上，或者轻伤 10 人以上的；使一定区域内的居民的身心健康受到严重危害的；其他致使公私财产遭受重大损失或者造成人员伤亡严重后果的情形。

三是严重不负责任行为与造成的重大损失结果之间，必须具有刑法上的因果关系，这是确定刑事责任的客观基础。严重不负责任行为与严重危害结果之间的因果关系错综复杂，应当追究刑事责任的则是指严重不负责任行为与严重危害后果之间有必然因果联系的行为。

本案被告人蔡卫军、常勇身为负有环境保护监督管理职责的国家机关工作人员，代表鄄城县原环境保护局处理公务，在工作中严重不负责任，对不符合环境保护条件的企业、事业单位，发现污染隐患，不采取预防措施，不依法责令其整顿，导致发生重大环境污染事故，致使公私财产遭受重大损失，其行为侵犯了国家对保护环境防治污染的管理制度，已构成环境监管失职罪。

四、洪承周、李佑平、储某、洪某甲、王某等人污染环境罪案件①

（一）案例要旨

第一，该案被告人人数较多，通过检察机关控诉，法院审理将被告人

---

① 案例来源：湖南省靖州苗族侗族自治县人民法院〔2015〕靖刑初字第 72 号刑事判决书。

定罪，体现了刑法在维护环境利益，保护社会环境方面发挥的重要作用，对破坏环境者也能起到很好的警示作用。

第二，法院判决采用了人身罚与财产罚相结合的处罚方式，通过人身罚能够起到有效打击犯罪的作用，通过财产罚不仅能够惩罚犯罪，也能够将罚金用于环境维护工作中来。

（二）案情概要

1. 基本案情

被告人洪承周于2007年与被告人储某、洪某甲和洪建平、朱某、李某甲、朱登强、刘某甲、岳某等人，在湖南省靖州苗族侗族自治县五老峰山脚下合伙开办了"靖州县金鸡岩采石场"进行开采矿石，2009年采石场迁入田铺村"白虎桥"。2011年6月采石场经过湖南省林业厅审核同意批准占用林地面积为1.6309公顷。2013年"靖州县金鸡岩采石场"更名为"靖州县兴金鸡岩采石场"，工商登记个体工商户，并办理了安全许可证、采矿许可证等相关证件，但未办理环评审批手续。2013年上半年储某离开后，增加李某乙任销售员，唐正平抓安全生产，刘某甲负责采购。该采石场开采出的矿石，主要是以销售"煤矸石"的形式到水泥厂等作为原材料。由于在开采过程中，没有按规定进行操作，导致山体垮塌、煤层"自燃"、矿石中的重金属镉等融入水中，造成严重的环境污染。

2010年至2013年7月份，靖州苗族侗族自治县原环境保护局执法人员多次对该采石场现场勘查中发现该采石场在无任何配套环境设施情况下开采，且采矿过程中产生的废渣随意堆放，多次下达《环境违法行为限期改正通知书》。2012年1月18日，靖州苗族侗族自治县国土资源局委托湖南省地质矿产勘查开发局407队专家对该采石场滑坡、对采石场后续开采的影响程度进行技术鉴定，2013年1月该局鉴定意见为不宜继续开采。2013年1月9日，"靖州县金鸡岩采石场"在开采矿石期间由于管理不善，过度开采造成了采石场中心开采矿石的位置垂直横截面过大过高，发生严重的山体垮塌，垮塌下来的土石方掩盖了周围的林地，造成占用林地面积扩大，这次塌方对林地造成了严重破坏。经怀化市旭日司法鉴定所司法鉴定："靖州县兴金鸡岩采石场"非法占用农用地地类为林地中的灌木林地，面积为45.15亩，"采石场"停止生产。2012年12月10日和30日"靖州县金鸡岩采石场"采矿许可证和安全生产许可证到期，2013年9月3日靖州苗族侗族自治县国土资源局在该矿山没有环境影响评价报告和评审意见的情况下将"靖州县金鸡岩采石场"更名为"靖州县兴金鸡岩采石场"，其采矿许可证有效期限延续至 2014 年 9 月 3 日，采石场继续生产。该采石场在采矿过程中，将运输车上掉落及开采后还来不及运输的矿石堆放在矿区旁的文昌溪边，矿石经雨水冲刷后流入文昌溪，造成文昌溪下游村民稻田污染，该采石场从 2011 年开始每年赔偿江东乡受污染组村民的污染费至今。2014 年 4 月 18 日和 19 日，经怀化市环境保护监测站监测，并经湖南省环境监测中心站确认，采石场旁的文昌溪水质重金属镉超标 3 倍以上。2014 年 1 月份，采石场煤层"自燃"，产生的二氧化硫烟雾造成周边湿地松、杉木和马尾松出现叶黄、枝条枯萎及死亡症状。后经怀化市旭日司法鉴定所鉴定，林木受害面积 15.46 公顷，受害林木株数 24224 株及湖南省野生动植物司法鉴定中心植物种类鉴定意见书证实，被鉴定的湿地松、杉木和马尾松出现叶黄、枝条枯萎及死亡症状与栽植区域长时间较高浓度二氧化硫烟雾存在因果关系。2014 年 8 月份，靖州苗族侗族自治县人民政府委托湖南省水工环地质工程勘察院对"靖州县兴金鸡岩采石场"预防"自燃"、灭火及恢复进行综合治理，已花费人民币 11784992.16 元，且还在治理中。

2. **法院判决**

湖南省靖州苗族侗族自治县人民法院判决：洪承周犯污染环境罪，判处有期徒刑三年六个月，并处罚金人民币 15 万元；李佑平犯污染环境罪，判处有期徒刑三年三个月，并处罚金人民币 15 万元；储某犯污染环境罪，判处有期徒刑三年，并处罚金人民币 15 万元；洪某甲犯污染环境罪，判处有期徒刑三年，并处罚金人民币 15 万元；王某犯污染环境罪，判处有期徒刑三年，缓刑四年，并处罚金人民币 15 万元。

3. **案件争议焦点**

公诉机关湖南省靖州苗族侗族自治县人民检察院认为，洪承周等人违反国家规定，在开采矿石处置有害物质过程中，严重污染环境，后果特别严重，其行为均已触犯《中华人民共和国刑法》第三百三十八条的规定，犯罪事实清楚，证据确实、充分，应当以污染环境罪追究其刑事责任。

被告人洪承周辩称，采石场虽从未通过环境评价审批手续，但依法取得了相关资格证，属合法生产企业。因生产给周边村、组及空气造成污染，是因长期雨水冲刷、岩层经雨水浸泡产生能量而引发的，是不可抗力。

本案被告人洪承周等人的行为是否构成污染环境罪？

（三）法理评析

我国《刑法》第三百三十八条规定："违反国家规定，排放、倾倒或者处置有放射性的废物、含传染病病原体的废物、有毒物质或者其他有害物质，严重污染环境的，处三年以下有期徒刑或者拘役，并处或者单处罚金；后果特别严重的，处三年以上七年以下有期徒刑，并处罚金。"

污染环境罪是指违反防治环境污染的法律规定，造成环境污染，后果严重，依照法律应受到刑事处罚的行为。本罪的构成要件有四点：

第一，本罪侵犯的客体是国家防治环境污染的管理制度。即违反了《环境保护法》《大气污染防治法》《水污染防治法》《海洋环境保护法》《固体废物污染环境防治法》等法律法规的规定，侵犯了国家对自然生态环境的保护和管理制度。

第二，本罪在客观方面表现为违反国家规定，向土地、水体、大气排放、倾倒或者处置有放射性的废物、含传染病病原体的废物、有毒物质或其他危险废物，造成环境污染，致使公私财产遭受重大损失或者人身伤亡的严重后果的行为。即行为人违反国家规定，把各种危险废物排入土地、水体、大气的行为，造成了环境污染，致使公私财产遭受重大损失或者人身伤亡的严重后果。本罪属结果犯，行为人非法排放、倾倒、处置危险废物的行为是否构成犯罪，应对其行为所造成的后果加以认定，如该行为造成严重后果，则以本罪论。

第三，本罪的主体为一般主体，即凡是达到刑事责任年龄具有刑事责任能力的人，均可构成本罪。单位可以成为本罪主体。

第四，本罪在主观方面表现为过失。这种过失是指行为人对造成环境污染，致公私财产遭受重大损失或者人身伤亡严重后果的心理态度而言，行为人对这种事故及严重后果本应预见，但由于疏忽大意而没有预见，或者虽已预见到但轻信能够避免。

可见，本案被告人洪承周等人的行为已构成污染环境罪。被告人洪承周称因生产给周边村、组及空气造成污染是不可抗力，其辩解是不成立的。

五、胡文标、丁月生投放危险物质罪案[①]

(一)案例要旨

此案为国内第一例公司企业排放危险废物污染环境，司法机关以投放危险物质罪对污染事件的主要责任人进行刑事处罚的案件。本案发生在《刑法修正案（八）》公布实施之前，公安机关以重大环境污染事故罪（《刑法修正案（八）》修改为"污染环境罪"）对被告人胡某、丁某进行刑事拘留，检察机关以投放危险物质罪对被告人批准逮捕、提起公诉。本案作为典型案例的要旨是：行为人应当知道向公共水源故意排放毒害性污染会造成危害公共安全的后果，但其仍然排放并放任危害结果发生的，构成危害公共安全犯罪中的投放危险物质罪。本案对于在司法实践中区分投放危险物质罪与污染环境罪以及区分个人犯罪和单位犯罪具有重大意义。

(二)案情概要

1. 基本案情

2007年11月底至2009年2月16日期间，被告人胡文标、丁月生明知江苏省盐城市标新化工有限公司（以下均简称为"标新化工公司"）系环保部门规定的"废水不外排"企业，亦明知该公司在"氯代醚酮"生产过程中所产生的废水含有有毒、有害物质，仍将大量废水排放至该公司北侧的五支河内，任其流经蟒蛇河污染盐城市区城西、越河自来水厂取水口，致2009年2月20日盐城市区20多万居民饮用水停水长达66小时40分，造成直接经济损失人民币543.21万元。盐城市盐都区人民检察院认为，胡文标、丁月生明知道自己管理的企业是环保监管部门规定的超标废水不能直接外排企业的情况下，依旧放任将大量钾盐工业废水排入到公司附近的小河之中，使盐城水厂的水源地受破坏，其行为触犯《刑法》第一百一十五条规定，已构成投放危险物质罪，以被告人胡文标、丁月生犯投放危险物质罪向盐城市盐都区人民法院提起公诉。

---

① 案例来源：江苏省盐城市盐都区人民法院〔2009〕都刑初字第155号刑事判决书；江苏省盐城市中级人民法院〔2009〕盐刑一终字第0089号刑事裁定书。本案系2013年最高人民法院公布的环境污染犯罪典型案例。

2. 法院判决

江苏省盐城市盐都区人民法院一审判决：被告人胡文标犯投放危险物质罪，判处有期徒刑十年，加上其以前所判处的刑期（因缓刑未执行），对被告人胡文标决定执行十一年的有期徒刑并立即执行；被告人丁月生犯投放危险物质罪，判处有期徒刑六年。

胡文标、丁月生均不服一审判决，提出上诉。江苏省盐城市中级人民法院经审理，裁定驳回上诉人胡文标、丁月生的上诉，维持原判。

3. 案件争议焦点

（1）行为人明知污水中含有有毒物质，仍然违规排污并造成巨大损失的行为是构成污染环境罪，还是构成投放危险物质罪？

（2）本案是自然人犯罪还是单位犯罪？

（3）本案所涉水污染事件是不是标新化工公司排污造成的？

（4）胡文标、丁月生主观上是故意还是过失？

（5）丁月生的行为是否构成犯罪？

（三）法理评析

1. 关于本案两被告的行为是构成污染环境罪还是构成投放危险物质罪的问题

本案中，两名被告人明知污水中含有有毒物质，仍然违规排污并造成重大损失，其行构成投放危险物质罪。一、二审法院认定二被告人的行为构成投放危险物质罪是正确的。

投放危险物质罪，是指故意投放毒害性、放射性、传染病病原体等物质，危害公共安全的行为。我国《刑法》第一百一十四条规定："放火、决水、爆炸以及投放毒害性、放射性、传染病病原体等物质或者以其他危险方法危害公共安全，尚未造成严重后果的，处三年以上十年以下有期徒刑。"第一百一十五条第一款："放火、决水、爆炸以及投放毒害性、放射性、传染病病原体等物质或者以其他危险方法致人重伤、死亡或者使公私财产遭受重大损失的，处十年以上有期徒刑、无期徒刑或者死刑。"第二款："过失犯前款罪的，处三年以上七年以下有期徒刑；情节较轻的，处三年以下有期徒刑或者拘役。"本罪的客观方面表现为实施了投放毒害性、放射性、传染病病原体等物质，危害公共安全的行为。本罪的主体为一般主体。本罪的主观方面必须是行为人主观上有故意或者过失。行为人明知自己投放危险物质的行为会发生危害不特定或多数人的生命、健康或重大财产的结果，并且希望或者放任这种结果的发生。根据《刑法》第一百一十五条第二款的规定，过失也可以构成投放危险物质罪。

污染环境罪是指违反国家规定，排放、倾倒或者处置有放射性的废物、含传染病病原体的废物、有毒物质或者其他有害物质，严重污染环境的行为。我国《刑法》第三百三十八条第一款规定："违反国家规定，排放、倾倒或者处置有放射性的废物、含传染病病原体的废物、有毒物质或者其他有害物质，严重污染环境的，处三年以下有期徒刑或者拘役，并处或者单处罚金；情节严重的，处三年以上七年以下有期徒刑，并处罚金；有下列情形之一的，处七年以上有期徒刑，并处罚金：（一）在饮用水水源保护区、自然保护地核心保护区等依法确定的重点保护区域排放、倾倒、处置有放射性的废物、含传染病病原体的废物、有毒物质，情节特别严重的；（二）向国家确定的重要江河、湖泊水域排放、倾倒、处置有放射性的废物、含传染病病原体的废物、有毒物质，情节特别严重的；（三）致使大量永久基本农田基本功能丧失或者遭受永久性破坏的；（四）致使多人重伤、严重疾病，或者致人严重残疾、死亡的。"本罪侵犯的客体是国家防治环境污染的管理制度。本罪在客观方面表现为，行为人违反国家相关规定，排放、倾倒或者处置有放射性的废物、含传染病病原体的废物、有毒物质或者其他有害物质，严重污染环境。本罪在主观方面表现为过失，即行为人对造成环境污染，致公私财产遭受重大损失或者人身伤亡严重后果本应预见，但由于疏忽大意而没有预见，或者虽已预见到但轻信能够避免。

投放危险物质罪与污染环境罪的主要区别在于：一是客观方面不同。污染环境罪表现为违反国家规定，向土地、水体、大气排放、倾倒或者处置不放射性的废物、含传染病病原体的废物、有毒物质或者其他危险废物的行为，投放危险物质罪则是将毒害性、放射性、传染病病原体等物质投放到足以危害公共安全的食用物或者饮用物中，从而造成危害公共安全的后果。二是犯罪主体不同。污染环境罪的构成主体既包括自然人，也包括单位，而投放危险物质罪的主体只能是自然人。三是主观方面不同。污染环境罪的要件方面是过失，而投放危险物质罪的主观要件主要是故意，但过失也可以构成投放危险物质罪。

本案所涉水污染事件是标新化工公司排污造成的。被告人胡文标、丁月生明知标新化工公司系环保部门规定的"废水不外排"企业，亦明知该公司在"氯代醚酮"生产过程中所产生的废水含有有毒、有害物质，仍将大量废水排放至该公司北侧的五支河内，任其流经蟒蛇河污染盐城市区城西、越河自来水厂取水口，致2009年2月20日盐城市区20多万居民饮用水停水长达66小时40分，造成重大损失。两被告人对这一结果的发生持放任的态度。因此，两被告人主观上具有投放危险物质的间接故意，应该认定为投放危险物质罪。

其一，我国《刑法》第十四条、第一百一十四条、第一百一十五条第一款关于犯罪故意和投放危险物质罪所规定的"危害社会的结果"，既可以是已经发生的危害公共安全结果，也可以是尚未发生但可能发生的危害公共安全结果，只要投放危险物质的行为足以危害公共安全即可，并不要求已经造成他人重伤、死亡或者公私财产重大损失等情形。本案中，虽然两被告人均声称没有想到偷排有毒、有害废水会发生严重后果，但其在标新化工公司申办、试生产或正常生产期间，以及环保检查人员的多次检查过程中，已经知道其公司生产所产生的废水含有酚类有毒、有害物质，不得向外排放废水，且其因排放毒害性废水两次被行政处罚，并常年赔偿因公司排放废水造成周围群众的经济损失，足以表明其对排放毒害性废水可能危害公共安全应有比较清楚的、现实的认识，应当认定两被告人主观上具有明知偷排毒害性废水会发生危害公共安全结果的认识因素。

其二，虽然两被告人不希望其偷排废水产生危害社会的严重后果，但其明知公司周边的河道与盐城市区居民饮用水源紧密连通，在其通过水塘渗透的间接方式偷排毒害性废水已经造成周边农田减产的情况下，非但不采取有效措施，以防止危害公共安全结果的发生和扩大，反而以比渗透性排放危害更快、危害更大的向下水道排放废水的直接方式偷排毒害性废水，乃至毒害性废水直接污染城市居民饮用水源，造成严重的后果，证明其主观上具有放任危害公共安全结果发生的意志因素。据此，应当认定两名被告人的行为符合投放危险物质罪间接故意的主观构成要件。

2. 关于本案是自然人犯罪还是单位犯罪的问题

被告人胡文标的辩护人认为：本案的排污主体是单位，不是个人，不符合投放危险物质罪的主体要件，因为单位不构成投放危险物质罪。结合本案事实，法院认定本案是个人犯罪而不是单位犯罪是正确的。

单位犯罪是指公司、企业、事业单位、机关、团体实施的依法应当承担刑事责任的危害社会的行为。我国《刑法》第三十条规定："公司、企业、事业单位、机关、团体实施的危害社会的行为，法律规定为单位犯罪的，应当负刑事责任。"第三十一条规定："单位犯罪的，对单位判处罚金，并对其直接负责的主管人员和其他直接责任人员判处刑罚。本法分则和其他法律另有规定的，依照规定。"单位犯罪的主体包括公司、企业、事业单位、机关、团体；单位犯罪必须是在单位主体的意志支配下实施的；单位犯罪具有法定性，必须由刑法分则或分则性条文明确规定。单位故意犯罪的集体意志，在很大程度上是通过决策主体体现出来的。判断犯罪行为是否体现了单位的集体意志，需要看犯罪行为是否经单位负责人决定，否则无法形成一个单位的犯罪意志。但是，也不能简单地认为，负责人做出的决定，就可以认定为单位的犯罪意志，还是要通过具体分析才能确定是否是单位的犯罪意志。如《最高人民法院关于审理单位犯罪具体应用法律有关问题的解释》（1999 年 6 月 25 日）规定：个人为进行犯罪违法活动而设立的公司、企业、事业单位实施犯罪的，或者公司、企业、事业单位设立后，以实施犯罪为主要活动的，不以单位犯罪论处。

本案中，经法院查明，标新化工公司没有集体性的领导和决策机构，公司的经营方针、经营方式、重要措施等都由胡文标一人决定。被告人胡文标作为公司的投资者、法定代表人和主管人员，明知其公司应为废水零排放企业，必须投资兴建废水净化设施，但其因购买净化材料费用较高，为了牟取非法的高额利润，擅自决定不购置净化材料和设备，而向公司周围河道偷排毒害性废水，放任危害公共安全结果的发生，其行为不仅侵害了社会公共安全利益，而且也违背其公司的宗旨，最终必将损害其公司的利益，明显属于滥用公司管理权力。对被告人胡文标的行为应以自然人犯罪论处，直接追究其个人的刑事责任。另外，虽然被告人胡文标与其妻共同投资设立的标新化工公司是有限责任公司，但其家庭财产系其夫妻二人共同共有，标新化工公司的财产与胡文标的家庭、个人财产混同，标新化工公司的利益与胡文标的家庭、个人利益具有实质上的同一性。对于胡文标名义上为其公司，实质上为其家庭、个人牟取非法利益而实施的犯罪行为，更不应当以单位犯罪论处。

3. 关于本案所涉水污染事件是不是标新化工公司排污造成的问题

本案的证人证言、现场勘验照片、检查笔录、标新化工公司周边水系分布图和鉴定结论，特别是 2009 年 2 月 20 日科学技术取样检测证实：（1）盐城市城西水厂取水口污染物挥发酚的含量为每升 0.556 毫克，对照国家地表水三类标准超标 110 倍；（2）污染源在蟒蛇河与朱沥沟交汇处下游至鞍湖盐化厂和光明桥上游一带；（3）污染源所涉范围内，共有包括标新化工公司、绿叶化工公司等 12 家化工生产企业，但在生产中用挥发酚作原料或者产生挥发酚污染物的企业仅有标新化工公司和绿叶化工公司；（4）绿叶化工公司虽有挥发酚排放，但该企业的特征污染物是氯苯，与城西水厂取水口的污染物特征相异；（5）标新化工公司有挥发酚大量排放，其特征污染物是挥发酚，与城西水厂取水口的污染物具有同一特征；（6）标新化工公司合成车间东侧水池中的水样挥发酚的含量约为每升 0.676 毫克，合成车间东北角排水沟中的水样挥发酚的含量约为每升 7.87 毫克；（7）标新化工公司厂区北侧生产沟内挥发酚的含量为每升 9.04 毫克，对照国家地表水三类标准超标 1807 倍，而厂区东侧生产沟内挥发酚的含量为每升 0.677 毫克，对照国家地表水三类标准超标 134 倍；（8）污染物挥发酚的主要迁移途径是从标新化工公司厂区东侧生产沟向南迁移，并通过一号闸排入蟒蛇河；次要迁移途径是从标新化工公司厂区北侧生产沟向东迁移至盐河，再排入蟒蛇河。根据上述事实，认定标新化工公司外排废水造成 2009 年 2 月 20 日盐城市区居民饮用水污染事件，事实清楚，证据确实、充分，结论准确、可靠。所以，完全可以认定本案所涉水污染事件是标新化工公司排污造成的。

4. 关于胡文标、丁月生主观上是故意还是过失的问题

其一，《刑法》第十四条、第一百一十四条、第一百一十五条第一款关于犯罪故意和投放危险物质罪所规定的"危害社会的结果"，既可以是已经发生的危害公共安全结果，也可以是尚未发生但可能发生的危害公共安全结果，只要投放危险物质的行为足以危害公共安全即可，并不要求已经造成他人重伤、死亡或者公私财产重大损失等情形。本案中，虽然胡文标、丁月生均声称没有想到偷排毒害性废水会发生严重后果，但其在标新化工公司申办、试生产或正常生产期间，以及环保检查人员的多次检查过程中，已经知道其公司生产所产生的废水含有酚类有毒、有害物质，不得向外排放废水，且其因排放毒害性废水两次被行政处罚，并常年赔偿因公司排放

废水造成周围群众的经济损失，足以表明其对排放毒害性废水可能危害公共安全应当有清楚的、现实的认识，应当认定胡文标、丁月生主观上具有明知偷排毒害性废水会发生危害公共安全结果的认识因素。其二，虽然胡文标、丁月生也不希望其偷排废水实际发生危害社会的严重后果，但其明知公司周边的河道与盐城市区居民饮用水源紧密连通，在其通过水塘渗透的间接方式偷排毒害性废水已经造成周边农田减产的情况下，非但不采取有效措施，以防止危害公共安全结果的发生和扩大，反而以比渗透性排放危害更快、危害更大的向下水道排放废水的直接方式偷排毒害性废水，乃至毒害性废水直接污染城市居民饮用水源，造成严重的后果，证明其主观上具有放任危害公共安全结果发生的意志因素。故而不论其先前和继后排放的方式如何，均属故意排放。据此，应当认定胡文标、丁月生的行为符合投放危险物质罪的主观构成要件。所以，胡文标、丁月生主观上具有投放危险物质的间接故意和行为。

5. 关于丁月生的行为是否构成犯罪的问题

丁月生虽然是打工人员，没有参与公司分红，但其作为公司的生产负责人，明知偷排毒害性废水会发生危害社会的结果，仍听从胡文标的指挥，组织、执行胡文标的错误指示，与胡文标共同放任危害公共安全结果的发生，构成投放危险物质罪的共同犯罪，应当承担相应的刑事责任。至于其是否属于打工人员、有没有参与公司分红，均不影响对其行为性质的评价和认定。

六、张永明、毛伟明、张鹭犯故意损毁名胜古迹罪案[①]

（一）案例要旨

风景名胜区的核心景区是受我国刑法保护的名胜古迹。三清山风景名胜区列入世界自然遗产、世界地质公园名录，巨蟒峰地质遗迹是其珍贵的标志性景观和最核心的部分，既是不可再生的珍稀自然资源性资产，也是可持续利用的自然资产，具有重大科学价值、美学价值和经济价值。本案

---

① 案例来源：江西省上饶市中级人民法院〔2018〕赣11刑初34号刑事判决书；江西省高级人民法院〔2020〕赣刑终44号刑事裁定书。

被告人违反社会管理秩序，采用破坏性攀爬方式攀爬巨蟒峰，在巨蟒峰花岗岩柱体上钻孔打入 26 个岩钉，对巨蟒峰造成严重损毁，情节严重，其行为已构成故意损毁名胜古迹罪，应依法惩处。本案的审理，不仅是对被告人所实施行为的否定评价，更是警示世人不得破坏国家保护的名胜古迹，从而引导社会公众树立正确的生态文明观，珍惜和善待人类赖以生存和发展的自然资源和生态环境。

江西省上饶市人民检察院对本案提起刑事诉讼的同时，向上饶市中级人民法院提起了生态破坏民事公益诉讼。法院根据刑事判决确认的事实，委托专家对独特景观的生态服务价值损失进行评估，确定损害赔偿数额，判令被告承担生态环境损害赔偿责任。该环境民事公益诉讼案被最高人民检察院公布为指导性案例（检例 114）。其指导意义体现在：一是对景观生态服务价值的破坏行为，检察机关依法可以提起公益诉讼。自然遗迹和风景名胜是环境的组成部分，属于不可再生资源，具有代表性的自然遗迹和风景名胜的生态服务价值表现在社会公众对其享有的游憩权益和对独特景观的观赏权益。任何对其进行破坏的行为都是损害人类共同享有的环境资源、损害社会公共利益，检察机关应当及时依法提起检察公益诉讼。二是对独特景观的生态服务价值损失，可以采用条件价值法进行评估。因独特的环境资源、自然景观缺乏真实的交易市场，其环境资源和生态服务的价值难以用常规的市场方法评估，损害赔偿数额无法通过司法鉴定予以确定。在此情况下，可以委托专家，采用条件价值法进行评估，该方法被认为特别适用于独特景观、文物古迹等生态服务价值评估。三是对于严重破坏或损害自然遗迹、风景名胜的行为，行为人应当依法承担刑事责任。其造成的公共利益损害，在无法恢复原状的情况下，可根据相关法律的规定诉请侵权人赔偿损失。由行为人承担高额环境资源损失赔偿的民事侵权责任，充分体现了公益诉讼保护公共利益的独特制度价值，既有助于修复受损的公共利益，又能警示潜在的违法者，唤醒广大公众保护环境、珍惜自然资源的意识。

（二）案情概要

1. 基本案情

2017 年 4 月份左右，被告人张永明、毛伟明、张鹭三人通过微信联系，约定前往三清山风景名胜区攀爬"巨蟒出山"岩柱体（又称巨蟒峰）。2017

年 4 月 15 日凌晨 4 时许，张永明、毛伟明、张鹭三人携带电钻、岩钉（即膨胀螺栓、不锈钢材质）、铁锤、绳索等工具到达巨蟒峰底部。被告人张永明首先攀爬，毛伟明、张鹭在下面拉住绳索保护张永明的安全。在攀爬过程中，张永明在有危险的地方打岩钉，使用电钻在巨蟒峰岩体上钻孔，再用铁锤将岩钉打入孔内，用扳手拧紧，然后在岩钉上布绳索。张永明通过这种方式于早上 6 时 49 分左右攀爬至巨蟒峰顶部。毛伟明一直跟在张永明后面为张永明拉绳索做保护，并沿着张永明布好的绳索于早上 7 时左右攀爬到巨蟒峰顶部。在巨蟒峰顶部，张永明将多余的工具给毛伟明，毛伟明顺着绳索下降，将多余的工具带回"女神宾馆"，随后又返回巨蟒峰，攀爬至巨蟒峰 10 多米处，被三清山管委会工作人员发现后劝下并被民警控制。在张永明、毛伟明攀爬开始时，张鹭为张永明拉绳索进行保护，之后张鹭回宾馆拿无人机，再返回巨蟒峰，沿着张永明布好的绳索于早上 7 时 30 分左右攀爬至巨蟒峰顶部，在顶部使用无人机进行拍摄。在工作人员劝说下，张鹭、张永明先后于 9 时、9 时 40 分左右下到巨蟒峰底部并被民警控制，随后，三被告人被带到公安局。经现场勘查，张永明在巨蟒峰上打入岩钉 26 个。经专家论证，三被告人的行为对巨蟒峰地质遗迹点造成了严重损毁。事后，三清山管委会建设了巨蟒峰智能监测系统，为此支付建设费用 510826.40 元。

2017 年 4 月 28 日，上饶市公安局三清山分局委托专家组成的专家组出具了《关于"4·15"三名游客攀爬三清山世界级地质遗迹点巨蟒峰毁损情况的意见》。该意见载明：其一，巨蟒峰地质遗迹点是公园内珍贵的标志性景观，是不可再生的珍稀自然资源性资产，也是可持续利用的自然遗产，具有重大科学价值、美学价值和经济价值。其二，三清山巨蟒峰地质遗迹点，是花岗岩体在多组节理构造切割下，再经长期自然风化和重力崩解作用形成巨型花岗岩石柱，垂直高度 128 米，最细处直径仅约 7 米，花岗岩柱体上有多组（多个方向）节理构造切割形成的结构面。花岗岩属于脆性岩石，因多向节理切割结构面的存在和长期自然风化与重力崩解作用形成四周临空的花岗岩柱，在自然常态下，是一个经历长期自然风化与重力崩解作用下形成的相对平衡稳定的花岗岩柱体，但在遭受非常态外力作用下（如地震等自然外力和人为外力作用），这个四周临空、分布有多向节理切割结构面的细长花岗岩柱体，将可能因失去自然平衡而崩解。其三，三名游客攀爬巨蟒峰地质遗迹点造成的损毁情况。（一）26 个膨胀螺栓钉入巨蟒峰地质遗迹点（花岗岩柱体），对该处世界自然遗产（世界级地质遗迹点）的基本属性（自然性、原始性、完整性）造成严重破坏；（二）26个膨胀螺栓属于钢铁物质，钉入巨蟒峰地质遗迹点（花岗岩柱体）会直接诱发和加重物理、化学、生物风化，形成新的裂隙，加快花岗岩柱体的侵蚀进程，甚至造成崩解。（三）巨蟒峰地质遗迹点（花岗岩柱体）的最细处，具有多组多向节理结构面，是岩柱体的脆弱段，已至少被打入4个膨胀螺栓，加重了花岗岩柱体结构的脆弱性。综上所述，"4·15"三名游客攀爬巨蟒峰行为对其造成了严重的损毁。

2018年5月3日，受上饶市检察院委托，江西财经大学专家组出具了《三清山巨蟒峰受损价值评估报告》。该评估报告载明：专家组依据确定的价值类型，采用国际上通行的意愿价值法对上述故意损毁行为及其后果进行价值评估，巨蟒峰价值受损评估结果为，"巨蟒峰案"三名当事人的行为虽未造成巨蟒峰山体坍塌，但对其造成了不可修复的严重损毁，对巨蟒峰作为世界自然遗产的存在造成了极大的负面影响，加大了山体崩塌的可能性。因此，此次"巨蟒峰案的价值损失评估值"不应低于该事件对巨蟒峰非使用价值造成损失的最低阈值，即1190万元。上饶市检察院为此支付专家费用15万元。

2018年8月21日，上饶市人民检察院以张永明、毛伟明、张鹭犯故意毁坏名胜古迹罪向上饶市中级人民法院提起公诉。

2. 法院判决

江西省上饶市中级人民法院一审判决：被告人张永明犯故意损毁名胜古迹罪，判处有期徒刑一年，并处罚金人民币10万元。被告人毛伟明犯故意损毁名胜古迹罪，判处有期徒刑六个月，缓刑一年，并处罚金人民币5万元。被告人张鹭犯故意损毁名胜古迹罪，免予刑事处罚。

被告人张永明对一审判决不服，提出上诉。江西省高级人民法院经审理，裁定驳回上诉，维持原判。

3. 案件争议焦点

（1）本案被告人打岩钉攀爬的行为是否造成巨蟒峰"严重损毁"的损害结果？

（2）本案被告人是否具有损毁名胜古迹犯罪的主观故意？

（3）本案被告人的行为是否构成故意损毁名胜古迹罪？

（三）法理评析

1. 关于本案被告人打岩钉攀爬的行为是否造成巨蟒峰"严重损毁"的损害结果的问题

三清山于 1988 年经国务院批准列为国家重点风景名胜区，2008 年被列入世界自然遗产名录，2012 年被列入世界地质公园名录。巨蟒峰是三清山核心标志性景观，独一无二，弥足珍贵，其不仅是不可再生的珍稀自然资源型资产，也是可持续利用的自然资产，具有重大科学价值、美学价值和经济价值。巨蟒峰是经由长期自然风化和重力崩解作用形成的巨型花岗岩体石柱，垂直高度 128 米，最细处直径仅 7 米。本案中，侦查机关依法聘请的专家经过现场勘查、证据查验、科学分析，对巨蟒峰地质遗迹点的价值、成因、结构特点及三被告人的行为给巨蟒峰柱体造成的损毁情况给出了专家意见。专家从地学专业角度，认为被告人的打岩钉攀爬行为对世界自然遗产的核心景观巨蟒峰造成了永久性损害，破坏了自然遗产的基本属性即自然性、原始性、完整性，特别是在巨蟒峰柱体的脆弱段打入至少 4 个膨胀螺栓（岩钉），加重了巨蟒峰柱体结构的脆弱性，即对巨蟒峰的稳定性产生了破坏，26 个膨胀螺栓会直接诱发和加重物理、化学、生物风化程度，形成新的裂隙，加快花岗岩柱体的侵蚀进程，甚至造成崩解。

受侦查机关的委托，四位专家组成的专家组就张永明、毛伟明、张鹭三人采取打岩钉的方式攀爬巨蟒峰造成的损毁情况进行研讨分析，并出具了《关于"4·15"三名游客攀爬三清山世界级地质遗迹点巨蟒峰毁损情况的意见》（以下简称《专家意见》）。出具《专家意见》的四名专家均属于"有专门知识的人"，他们接受侦查机关的有权委托且有详细的检查验证过程，程序合法，结论明确。其中两名专家经法院通知，以检验人的身份出庭，对《专家意见》的形成过程进行了详细的说明，并接受了控、辩双方及审判人员的质询。故该《专家意见》从主体到程序符合法定要求，可以作为认定事实的根据。《专家意见》认定"4·15"三名游客即张永明、毛伟明、张鹭三人打岩钉攀爬巨蟒峰行为对巨蟒峰的自然性、原始性、完整性造成严重破坏；打入的岩钉会诱发和加重物理、化学、生物风化程度，加快巨蟒峰花岗岩柱体的侵蚀过程，甚至造成崩解；在巨蟒峰最细处，也是巨蟒峰最脆弱段打入 4 个岩钉加重了巨蟒峰花岗岩柱体的脆弱性。

《最高人民法院关于适用〈中华人民共和国刑事诉讼法〉的解释》第八十七条规定："对案件中的专门性问题需要鉴定，但没有法定司法鉴定机构，或者法律、司法解释规定可以进行检验的，可以指派、聘请有专门知识的人进行检验，检验报告可以作为定罪量刑的参考。"本案法院依据专家意见认定被告人打岩钉攀爬的行为造成了巨蟒峰"严重损毁"的损害结果，符合法律规定。

2. 关于本案被告人是否具有损毁名胜古迹犯罪的主观故意问题

本案中，被告人张永明、毛伟明、张鹭三人的微信聊天记录证明，三人明知攀爬巨蟒峰是违法的，甚至知道会坐牢，仍然要去攀爬巨蟒峰。攀岩作为一项体育运动，主要分为徒手攀岩和借助器械攀岩。借助器械进行的攀岩，在一定程度上对自然环境的损害是显而易见的，关键在于该损害是否在合法合理范围内。根据最高人民法院、最高人民检察院《关于办理妨害文物管理等刑事案件适用法律若干问题的解释》第四条第一款的规定，"风景名胜区的核心景区"应当认定为刑法第三百二十四条第二款规定的"国家保护的名胜古迹"。本案被告人张永明、毛伟明、张鹭作为经常从事攀岩活动人员，对于三清山名胜风景区核心景观巨蟒峰的独一无二的价值是明知的，打入26个岩钉，从下至上对岩柱体造成通体性的破坏，事实上即是对损毁巨蟒峰存在放任的故意。

3. 关于本案被告人的行为是否构成犯罪的问题

本案被告人张永明、毛伟明、张鹭三人通过打岩钉攀爬巨蟒峰，造成巨蟒峰严重受损的事实，有三被告人的微信聊天记录、公安机关的讯问笔录、现场勘验笔录、三被告人自行拍摄的原始视频、证人证言、现场扣押的手机、无人机、对讲机、攀岩绳、铁锤、电钻、岩钉等作案工具以及专家意见等充分、确凿的证据予以证实。我国《刑法》第三百二十四条第二款规定："故意损毁国家保护的名胜古迹，情节严重的，处五年以下有期徒刑或者拘役，并处或者单处罚金。"三被告人故意损毁国家法律保护的名胜古迹，造成严重损毁的后果，根据最高人民法院、最高人民检察院《关于办理妨害文物管理等刑事案件适用法律若干问题的解释》第四条第二款第（一）项规定，属于刑法上的"情节严重"。被告人张永明、毛伟明、张鹭三人的行为已触犯《刑法》第三百二十四条第二款的规定，构成故意损毁名胜古迹罪。

第三章 环境行政案例

一、林国雄与莆田市荔城区人民政府、莆田市荔城区西天尾镇人民政府环保行政强制案①

（一）案例要旨

行政机关作出行政行为必须具有法定的职权依据，其在行政诉讼中，应当提供作出该行政行为合法的证据和依据。人民法院在审判中，判断行政机关实施强制拆除的具体行政行为是否合法，首先必须研究和分析行政机关是否有实施强制拆除的权限。根据我国《行政强制法》的规定，行政强制执行由法律设定，政府规章无权设定行政强制执行。法律没有规定行政机关强制执行的，作出行政决定的行政机关应当申请人民法院强制执行。

（二）案情概要

1. 基本案情

福建省莆田市人民政府为进一步推进畜禽养殖污染整治，保护水环境，对全市畜禽养殖进行整治，将荔城区西天尾镇纳入 2011 年中心城区的整治范围。荔城区政府 2010 年 7 月 15 日作出荔政综〔2010〕60 号《莆田市荔城区人民政府关于畜禽养殖禁养区、禁建区划定及其污染防治管理的通告》，将作为福建省小城镇综合改革建设试点镇的荔城区西天尾镇，列入畜禽养殖禁养区范围，同时要求除木兰溪、延寿溪以外的禁养区畜禽养殖场于 2010 年 9 月 15 日前必须全部关闭、拆除，其他禁养区畜禽养殖场 2011 年 9 月前必须全部关闭、拆除，否则区人民政府将依法采取强制措施予以拆除。原告林国雄未经行政审批许可，在自家房屋附近建盖了 2 座养殖猪场，被列入清理范围，但其拒不接受整治工作事项，既不协商拆除养猪场补偿事宜，又不自行拆除。被告于 2011 年 5 月 20 日对原告两处养猪场进行现场丈量并绘制丈量登记表，确认建筑面积为 265.99 平方米，该登记表原告拒签，由丈量人及村干部签字。2011 年 10 月 20 日，荔城区政府发布《限期拆除通知书》，通知原告林国雄于 2011 年 10 月 29 日前自行拆除，否则荔城

---

① 案例来源：福建省高级人民法院〔2014〕闽行再终字第 2 号行政判决书。

区政府将于 2011 年 11 月 1 日起对其 265.99 平方米的畜禽养殖场进行依法拆除。该《限期拆除通知书》于 2011 年 10 月 24 日送达原告，但原告拒绝签字接收，由送达人及见证人签字。2011 年 12 月 12 日，被告荔城区政府发布《依法拆除通知书》，再次通知原告林国雄须在 2011 年 12 月 31 日前自行拆除，否则荔城区政府将于 2012 年 1 月 1 日起对其畜禽养殖场进行依法拆除，在此期限前，原告必须将养殖场内的畜禽和物品全部清理，否则后果自负。该《依法拆除通知书》于 2011 年 12 月 15 日送达原告，但原告拒绝签字接收，由送达人及见证人签字。上述《限期拆除通知书》及《依法拆除通知书》均引用"莆政办〔2010〕105 号、莆政办〔2011〕93 号、荔政办〔2010〕91 号和荔政综〔2010〕60 号文件"作依据。鉴于原告林国雄逾期拒绝自行拆除其生猪养殖场，被告荔城区政府于 2012 年 3 月 5 日组织有关部门人员对该生猪养殖场实施强制拆除。林国雄向莆田市荔城区人民法院提起诉讼，要求确认莆田市荔城区人民政府、莆田市荔城区西天尾镇人民政府的强制拆除其生猪养殖场的具体行政行为违法。

2. 法院判决

（1）莆田市荔城区人民法院一审判决：驳回林国雄要求确认莆田市荔城区人民政府和莆田市荔城区西天尾镇人民政府拆除其生猪养殖场的具体行政行为违法的诉讼请求。

（2）林国雄不服一审判决，向莆田市中级人民法院提起上诉。二审法院判决驳回上诉，维持原判。

（3）林国雄不服，向福建省高级人民法院申请再审。福建省高级人民法院再审判决，撤销一审、二审行政判决，确认荔城区政府、西天尾镇政府强制拆除林国雄养猪场的行为违法。

3. 案件争议焦点

荔城区人民政府强制拆除林国雄生猪养殖场的具体行政行为是否合法？

（三）法理评析

行政机关作出行政行为必须具有法定的职权依据，其在行政诉讼中，应当提供作出该行政行为合法的证据和依据。判断本案中的荔城区人民政府强制拆除林国雄生猪养殖场的具体行政行为是否合法，首先必须研究和分析两被告是否有强制拆除的权限。

其一，本案一审法院认为，在原告拒绝自行拆除的情况下，被告荔城区政府根据有关法律、法规及莆田市人民政府对畜禽养殖污染整治工作的有关文件规定，向原告送达《限期拆除通知书》及《依法拆除通知书》，之后，组织实施强制拆除，事实清楚，所依据的规范性文件是合法有效的。一审法院的认定是错误的。我国2012年1月1日起施行的《行政强制法》第十三条第一款规定："行政强制执行由法律设定。"第二款规定："法律没有规定行政机关强制执行的，作出行政决定的行政机关应当申请人民法院强制执行。"本案中，被告实施强制拆除的具体行政行为的依据是莆政办〔2010〕105号《莆田市2010年畜禽养殖业污染整治工作方案》、莆政办〔2011〕93号《莆田市人民政府办公室关于印发莆田市2011年畜禽养殖污染整治工作方案的通知》、荔政综〔2010〕60号《关于畜禽养殖禁养区、禁建区划定及其污染防治管理的通告》以及荔政办〔2010〕91号《莆田市荔城区2010年畜禽养殖污染整治实施方案的通知》，这些规范性文件无权设定行政强制措施执行。因此，本案中，被告实施强制拆除具体行政行为的法律依据不足。

其二，二审法院认为，根据《中华人民共和国水污染防治法》第四条，县级以上地方人民政府对本行政区域范围内的水环境质量负责，应当采取防治水污染的对策和措施。荔城区政府关于对畜禽禁养区、禁建区划定及其污染防治管理的通告，系根据该规定采取的措施，应认定得到法律法规的授权；并认为，《行政强制法》第五十条规定行政机关依法作出要求当事人履行排除妨碍、恢复原状等义务的行政决定，当事人逾期不履行，经催告仍不履行，其后果已经或者将危害交通安全、造成环境污染或者破坏自然资源的，行政机关可以代履行，或者委托没有利害关系的第三人代履行。二审法院的认定也是不符合我国法律规定的。根据我国相关法律法规的规定，县级人民政府有权组织划定畜禽养殖场禁建区、禁养区，对违反规定的养殖场有权限期搬迁或者责令拆除关闭，但县级人民政府要实施强制拆除必须要有法律的明确授权。我国《环境保护法》《水污染防治法》以及福建省的地方立法等法律、法规和规章，均未规定县级人民政府具有实施强制拆除的职权。而且，《行政强制法》规定的"代履行"的前提条件是行政机关作出的具体行政为是合法的，委托第三人代履行的行政机关本身应具有实施强制措施的权限。行政机关超出自己的权限，其委托第三人代履行也是无效的。

综上，荔城区人民政府对林国雄生猪养殖场实施强制拆除的行为于法无据，福建省高级人民法院再审撤销一、二审法院行政判决，确认荔城区政府、西天尾镇政府强制拆除林国雄养猪场的行为违法，是正确的。

我国《环境保护法》《水污染防治法》等法律都有关于由县级人民政府责令限期拆除等相关规定，但要注意的是并没有规定县级人民政府有实施拆除的权限，相对人不拆除的，由行政机关申请人民法院强制执行。如，《土地管理法》第八十三条规定："依照本法规定，责令限期拆除在非法占用的土地上新建的建筑物和其他设施的，建设单位或者个人必须立即停止施工，自行拆除；对继续施工的，作出处罚决定的机关有权制止。建设单位或者个人对责令限期拆除的行政处罚决定不服的，可以在接到责令限期拆除决定之日起十五日内，向人民法院起诉；期满不起诉又不自行拆除的，由作出处罚决定的机关依法申请人民法院强制执行，费用由违法者承担。"

二、正文花园业委会、乾阳佳园业委会诉上海市环保局不服环评报告审批决定案①

（一）案例要旨

公众参与是实现人民权利的基本途径，是民主决策和科学决策的重要保障。特别是环境保护问题与群众生活休戚相关，更应该加强对公众参与的监督。为推进和规范环境影响评价活动中的公众参与，2006 年 2 月，原国家环境保护总局印发《环境影响评价公众参与暂行办法》（环发〔2006〕28 号）（以下简称《暂行办法》），对环境影响评价公众参与进行了全面系统规定。2018 年 7 月 16 日，生态环境部生态文明建设的新要求，依照修正

① 案例来源：上海市黄浦区人民法院〔2013〕黄浦行初字第 163 号行政判决书。本案例入选最高人民法院 2014 年环境保护行政十大案件。

后的《环境保护法》和《环境影响评价法》的规定，正式公布了《环境影响评价公众参与办法》，针对建设项目环评公众参与相关规定进行了全面修订，进一步优化建设项目环评公众参与，解决公众参与主体不清、范围和定位不明、流于形式、弄虚作假、违法成本低、有效性受到质疑等突出问题，增强其可操作性和有效性。

人民法院审查环评报告审批行为，应严格依据相关法律法规的规定进行审查。本案发生在《暂行办法》实施期间，（一）二审法院依照《暂行办法》的规定对建设项目的公众参与进行了审查，作出符合法律规定的裁判。

（二）案情概要

1. 基本案情

2012 年 5 月 14 日，上海市规划和国土资源管理局向国网上海市电力公司（以下简称电力公司）核发了 500kV 虹杨输变电工程《建设项目选址意见书》，明确了项目用地位置。正文花园（二期）小区、乾阳佳园小区毗邻虹杨变电站站址。同年 6 月 25 日，上海市原环境保护管理局（以下简称市环保局）受理电力公司提出的《500kV 虹杨输变电工程环境影响报告书》（以下简称《环评报告》）审批申请，并网上公示了受理信息。同日，市环保局委托上海市环境科学研究院开展该工程环评文件的技术评估。同年 7 月 5 日，上海市环境科学研究院向被告出具了技术评估报告，认为《环评报告》符合相关环保技术标准，评价结论总体可信。同年 7 月 17 日，市环保局组织召开专家咨询会，与会专家认为市环保局对公众反映问题的说明和处理符合有关规定；虹杨输变电项目对周边环境影响符合相关环保标准，项目不会影响周边居民的重大环境利益。同年 8 月 6 日，市环保局经审查认为，电力公司提交的《环评报告》符合相关要求，拟作出批准决定，遂在"上海环境网"就该工程拟批准情况进行公示。同年 10 月 22 日，市环保局作出《关于 500kV 虹杨输变电工程环境影响报告书的审批意见》，同意项目建设。上海市杨浦区正文花园（二期）业主委员会、乾阳佳园业主委员会认为居民小区附近不应建高压变电站项目，市环保局不考虑建设项目对居民的实际影响而作出审批系违法，向原环境保护部申请行政复议。复议机关维持审批决定。于是原告向上海市黄浦区人民法院提起行政诉讼。

2. 法院判决

上海市黄浦区人民法院一审判决驳回原告诉讼请求。原告不服提起上诉，上海市第二中级人民法院二审判决驳回上诉，维持原判。

3. 案件争议焦点

本案中，行政机关在审批环境影响评价报告过程中以专家咨询会替代听证会、论证会、座谈会等公众参与是否符合法律规定？

（三）法理评析

我国《环境保护法》（2014 年修正）第五十三条规定："公民、法人和其他组织依法享有获取环境信息、参与和监督环境保护的权利。"第五十六条规定："对依法应当编制环境影响报告书的建设项目，建设单位应当在编制时向可能受影响的公众说明情况，充分征求意见。"《环境影响评价法》（2018 年 12 月修正）第二十一条规定："除国家规定需要保密的情形外，对环境可能造成重大影响、应当编制环境影响报告书的建设项目，建设单位应当在报批建设项目环境影响报告书前，举行论证会、听证会，或者采取其他形式，征求有关单位、专家和公众的意见。"

关于环境影响评价中征求公众意见的形式，《环境影响评价公众参与暂行办法》第十九条规定："建设单位或者其委托的环境影响评价机构调查公众意见可以采取问卷调查等方式，并应当在环境影响报告书的编制过程中完成。"第二十条："建设单位或者其委托的环境影响评价机构咨询专家意见可以采用书面或者其他形式。"第二十一条："建设单位或者其委托的环境影响评价机构决定以座谈会或者论证会的方式征求公众意见的，应当根据环境影响的范围和程度、环境因素和评价因子等相关情况，合理确定座谈会或者论证会的主要议题。"可见，《暂行办法》对建设项目环境影响评价中应采取何种公众参与的形式征求公众意见，规定得并不是很明确。

本案发生在《暂行办法》实施期间，原告在诉讼中主张，被告审批过程中不应以专家咨询会替代听证会、论证会、座谈会等公众参与，电力公司在编制环评报告过程中，公众参与不符合法定要求。由于当时适用的法律法规对"专家咨询会"和"听证会、论证会、座谈会"等公众参与的形式规定得并不十分明确，原告主张不应以专家咨询会替代听证会等公众参与没有法律依据。经法院审理查明，本案被告在环评文件审批过程中的公众参与活动有专家咨询会意见、网上公示信息等证据证明，根据《暂行办法》规定，环评审批过程中环保部门可以通过咨询专家意见的方式开展公众参与，故被告的公众参与活动并不违反法律法规的规定。而且，《环评报告》中对180份调查问卷的发放和分布、公众参与信息公示等均有明确记载，并附录了公众意见采纳或不采纳的说明。因此，环评文件编制过程中公众参与活动的开展符合法律、法规的要求。所以，本案行政机关在审批环境影响评价报告过程中以专家咨询会替代听证会、论证会、座谈会等公众参与符合当时的法律规定。

值得注意的是，生态环境部2018年7月16日公布了修订后的《环境影响评价公众参与办法》（生态环境部4号令），自2019年1月1日起施行。该办法对公众参与的形式作了更加具体明确的规定，第十三条规定："公众可以通过信函、传真、电子邮件或者建设单位提供的其他方式，在规定时间内将填写的公众意见表等提交建设单位，反映与建设项目环境影响有关的意见和建议。"第十四条规定："对环境影响方面公众质疑性意见多的建设项目，建设单位应当按照下列方式组织开展深度公众参与：（一）公众质疑性意见主要集中在环境影响预测结论、环境保护措施或者环境风险防范措施等方面的，建设单位应当组织召开公众座谈会或者听证会。座谈会或者听证会应当邀请在环境方面可能受建设项目影响的公众代表参加。（二）公众质疑性意见主要集中在环境影响评价相关专业技术方法、导则、理论等方面的，建设单位应当组织召开专家论证会。专家论证会应当邀请相关领域专家参加，并邀请在环境方面可能受建设项目影响的公众代表列席。"所以，新的《环境影响评价公众参与办法》实施以后，对环境影响方面公众质疑性意见多的建设项目（如本案就属于这一类），建设单位应当根据公众质疑性意见的不同情况，分别以召开座谈会或听证会、专家论证会的形式，组织开展深度公众参与。

三、吴轶诉江苏省环境保护厅不履行法定职责案①

（一）案例要旨

本案属于规范环保机关履行环保监督管理职责的典型案例。近年来，不少地方因高速公路车流量增长迅猛，加之过去规划不当等原因，噪声污染问题日趋严重，群众不堪其扰、身心受损，需要有关部门以人为本，解民之忧，切实采取措施加强监督管理，确保居民生活环境符合相关降噪标准。特别是当不同部门职能交叉、界限不清时，相互间宜主动沟通，共同协调解决，不宜简单将群众关切与投诉问题归于信访，一推了之。本案中，法院通过调查，认定涉案高速公路省环保厅直接进行环保验收，省环保厅对群众投诉的噪声污染问题负有不可推卸的监管职责，法院裁判有利于避免行政机关之间相互推诿，有利于督促责任主体尽快履责，有利于减少公众投诉无门或乱投诉现象，彰显了司法保障民生的正当性。

（二）案件概要

1. 基本案情

2015 年 1 月 20 日，吴轶通过"江苏省环境违法行为举报网上受理平台"向江苏省原环境保护厅（以下简称省环保厅）投诉，反映其住宅距离沿江高速公路 18 米，噪声白天达 70 分贝、夜晚达 60 分贝以上，其身体健康受到很大损害，要求省环保厅履行对噪声的管理和监督义务。省环保厅收到投诉后，网上转交无锡市原环保局办理，该局网上签收又转交江阴市原环保局办理。2015 年 1 月，江阴市原环保局通过邮局给吴轶寄出《信访事项不予受理告知书》称："你反映的噪声扰民问题已向江阴市法院提起诉讼，目前针对你的部分诉讼请求江阴市法院已作出予以支持的判决。按照《信访条例》规定，属于不予受理的第二类情况。"吴轶不服诉至法院，请求判令省环保厅履行监督管理法定职责。

---

① 案例来源：江苏省江阴市人民法院〔2015〕澄环行初字第 0001 号行政裁定书；江苏省无锡市中级人民法院〔2015〕锡环行初字第 1 号行政裁定书。本案入选最高人民法院公布的人民法院环境保护行政案件十大案例（第二批）。

另外，原告吴轶就沿江高速公路噪声问题，向江苏省江阴市人民法院提起了民事诉讼，江阴市人民法院作出〔2014〕澄环民初字第0001号判决书，判令江苏沿江高速公路有限公司限期采取有效措施将原告居住房屋内外的噪声降至国家标准范围。原告吴轶还就本案分别以江阴市原环境保护局、江阴市人民政府为被告，分别提起行政诉讼，请求判令江阴原环保局、江阴市人民政府依法履行监督和管理职责，使沿江高速公路交通噪声降至国家标准以下，并承担本案相关的检测费用和诉讼费用。江阴市人民法院和无锡市中级人民法院均裁定驳回原告吴轶的起诉。

2. 法院判决

法院判决确认被告省环保厅不履行环保行政管理职责行为违法，并责令被告省环保厅于判决生效之日起30日内针对原告的投诉履行相应法定职责。

3. 案件争议焦点

（1）环境保护行政机关对于公民提出的履责要求，能否仅作为信访事项转交下级环保部门处理？

（2）如何判断环境行政诉讼中的"重复起诉"？

（三）法理评析

1. 关于环境保护行政机关对于公民提出的履责要求，能否仅作为信访事项转交下级环保部门处理的问题

本案所涉沿江高速公路的环保验收工作系被告省环保厅直接验收并公示的。被告在验收涉案工程时已经检测到该工程在"夜间都有不同程度的超标"，并称"正在实施安装隔声窗等降噪措施，计划2006年6月完成"，故对于该工程所产生的噪音扰民问题负有不可推卸的监督管理职责。被告对于原告吴轶提出的履责要求，未采取切实措施，仅作为信访事项转交下级环保部门处理，此做法明显错误。省环保厅收到投诉后应当及时采取措施，而不是作为信访事项转交下级环保部门处理。并且，江阴市原环保局以《信访条例》不予受理的第二情况（已经或依法通过诉讼、仲裁、行政复议等法定途径解决的）回复原告明显误解了法律的规定。《信访条例》是为了保持各级人民政府同人民群众的密切联系，保护信访人的合法权益，

维护信访秩序所制定的。不予受理情况规定的设立目的是督促信访人积极通过诉讼、仲裁、行政复议等法定途径解决纠纷，维护权益。原告虽然已经起诉要求沿江高速公司承担噪声污染的民事责任，这与原告要求行政机关履行对噪声的管理和监督义务不同，被告请求法院以《信访条例》不予受理第二情况回复明显错误，混淆了民事诉讼途径解决与行政职能的关系。

综上，原告诉省环保厅不履行法定职责的请求完全成立，法院判决确认被告不履行环保行政管理职责行为违法，并责令被告于判决生效之日起30日内针对原告的投诉履行相应法定职责符合法律规定。

2. 关于如何判断环境行政诉讼中的"重复起诉"的问题

根据最高人民法院关于适用《中华人民共和国行政诉讼法》的解释（法释〔2015〕9号）第三条（2018年修改后的法释〔2018〕1号司法解释第六十九条）的规定，人民法院对于重复起诉或者诉讼标的已为生效裁判所羁束的，应当裁定驳回起诉。对如何理解行政诉讼中的"重复起诉"，法释〔2015〕9号司法解释没有进行解释。最高人民法院2018年进行修改后并以重新公布实施的法释〔2018〕1号司法解释对此进行了解释。法释〔2018〕1号司法解释第一百零六条规定："当事人就已经提起诉讼的事项在诉讼过程中或者裁判生效后再次起诉，同时具有下列情形的，构成重复起诉：（一）后诉与前诉的当事人相同；（二）后诉与前诉的诉讼标的相同；（三）后诉与前诉的诉讼请求相同，或者后诉的诉讼请求被前诉裁判所包含。"

本案中，原告吴轶在诉沿江高速公司噪声污染民事责任纠纷的民事判决生效后，有权依照法律规定提起行政诉讼要求行政机关履行对噪声污染的监管责任，这是他寻求多个权利救济渠道的表现，不属于重复诉讼。但是，原告吴轶向南京市中级人民法院提起行政诉讼的同时，又以同样的诉讼请求、事实与理由，分别以江阴市原环境保护局、江阴市人民政府为被告提起行政诉讼，请求判令江阴市原环保局、江阴市人民政府依法履行监督和管理职责，后起诉的这两个行政诉讼的被告与其在南京市中院提起的行政诉讼虽然不同，但后提起的两个行政诉讼的诉讼标的和诉讼请求与其向南京市中院提起的行政诉讼完全相同，这应该认定为"重复起诉"。并且，原告吴轶对江阴市原环保局、江阴市人民政府基于同一事实理由、诉讼标的提起的诉讼，已为南京市中院作出的生效判决的效力所羁束。所以，根据最高人民法院法释〔2015〕9号司法解释第三条以及最高人民法院法释〔2018〕1号司法解释第六十九条、第一百零六条关于"人民法院对于重复起诉或者诉讼标的已为生效裁判所羁束的，应当裁定驳回起诉"的规定，江阴市人民法院和无锡市中级人民法院裁定驳回原告吴轶的起诉是符合法律规定的。

四、唐与茂与烟台市牟平区人民政府不履行法定职责案①

（一）案例要旨

本案反映出行政诉讼的受案范围有待于进一步明确和扩张。处理生活废弃物涉及环境权益，而行政诉讼法中并未将侵害环境权益的行为纳入可诉的范围，一方面导致各地法院司法适用情况不同，另一方面也不利于生态环境的保护。立法应予以扩张，考虑将保护环境权益纳入可诉范围。

（二）案情概要

1. 基本案情

唐与茂系山东省烟台市牟平区宁海街道办事处东油坊村村民。2015年7月28日，唐与茂烟台市牟平区人民政府信访部门向烟台市牟平区人民政府提出申请，请求监督处置其住房边上的农村生活废弃物。烟台市牟平区人民政府未予办理或组织处置，工作人员当场答复唐与茂依法律程序起诉，烟台市牟平区人民政府委托代理人认为此答复的中心含义是要唐与茂通过诉讼向有监督权的相关行政主管部门主张权利。唐与茂遂于2015年8月3日向山东省烟台市中级人民法院提起诉讼，请求判令被告烟台市牟平区人民政府依法履行监督处置其住房边上的农村生活废弃物的职责，并判决被告赔偿因拒不履行法定职责造成原告和有关家庭成员的损失200万元。被告烟台市牟平区人民政府在举证期限内及庭审时，未提交证据证明其对唐与

---

① 案例来源：山东省高级人民法院〔2016〕鲁行终348号行政判决书。

茂申请事项已组织落实或交办，也未主张在唐与茂本次申请前曾经组织落实或交办过。对于唐与茂提及的生活废弃物构成及堆积现状，烟台市牟平区人民政府委托代理人称"烟台市牟平区人民政府人员没有去现场核实过"。

2. 法院判决

山东省烟台市中级人民法院一审判决：被告牟平区政府在判决生效后60日内针对原告唐与茂的申请事项履行法定职责。原告唐与茂及被告牟平区政府均不服，提起上诉。山东省高级人民法院二审判决：驳回上诉，维持原判决。

3. 案件争议焦点

（1）被告牟平区人民政府是否具有监督处置农村生活废弃物的职责？

（2）原告请求判决被告赔偿因拒不履行法定职责造成原告和有关家庭成员的损失200万元，法院未对此作出判决是否符合法律规定？

（三）法理评析

1. 关于牟平区人民政府是否具有监督处置农村生活废弃物职责的问题

我国《环境保护法》第三十七条规定："地方各级人民政府应当采取措施，组织对生活废弃物的分类处置、回收利用。"第四十九条第四款规定："县级人民政府负责组织农村生活废弃物的处置工作。"以上规定显示，对于农村生活废弃物的分类处置、回收利用等，县级人民政府具有组织处置的职责。2014年新修订的《环境保护法》进一步明确了政府对环境保护的监督管理职责，规定"县级人民政府负责组织农村生活废弃物的处置工作"，即是加强农村环境保护的重要立法举措。法律规定县级人民政府的"组织处置"职责体现在县级人民政府要从管理机构的设置、规划编制、设施建设、资金支持、技术支持和长效运行管理等方面进行全方位设计、执行，确保县域生活垃圾的全面收运和无害化处置，以实现新农村建设的村容整洁要求。被告牟平区人民政府依法具有监督处置农村生活废弃物的职责，对于人民群众提出的农村生活废弃物的处置诉求，应当予以重视，并及时采取措施进行组织协调处理。

本案中，唐与茂所在牟平区宁海街道办事处东油坊村系"城中村"，其向牟平区政府投诉请求监督处置其居住附近的生活废弃物，属于要求县级人民政府履行《环境保护法》规定的法定职责，组织农村生活废弃物的处置工作职责的情形。但牟平区政府仅当场答复让唐与茂依照法律程序起诉，不符合法律规定，属于未履行法定职责。

2. 关于原告请求判决被告赔偿因拒不履行法定职责造成原告和有关家庭成员的损失 200 万元，法院未对此作出判决是否符合法律规定的问题

我国《国家赔偿法》第九条规定："赔偿请求人要求赔偿，应当先向赔偿义务机关提出，也可以在申请行政复议或提起行政诉讼时一并提出。"本案中，原告唐与茂在原审中提出的第二项诉讼请求为"判决被告拒不履行法定职责侵害原告及家庭和有关家庭相关成员所造成侵害损失 200 万元"，属于在提起履行职责之诉的同时一并提出行政赔偿请求的情形，按照《最高人民法院关于审理行政赔偿案件若干问题的规定》第四条关于"公民、法人或者其他组织在提起行政诉讼的同时一并提出行政赔偿请求的，人民法院应一并受理"的规定，原审法院应予受理。但依据《最高人民法院关于审理行政赔偿案件若干问题的规定》第二十八条关于"当事人在提起行政诉讼的同时一并提出行政赔偿请求，或者因具体行政行为和与行使行政职权有关的其他行为侵权造成损害一并提出行政赔偿请求的，人民法院应当分别立案，根据具体情况可以合并审理，也可以单独审理"的规定，法院对原告唐与茂提起的履责之诉和行政赔偿之诉应分别立案受理。本案一审法院在向原告唐与茂释明赔偿请求应另案起诉而唐与茂明确不予撤回的情况下，对其赔偿请求未在本案中审理，符合司法解释的规定。

五、动感酒吧诉武威市凉州区环境保护局环保行政命令案①

（一）案例要旨

环保机关根据群众投诉，对社会生活中经常发生的噪声扰民现象作出合法适度处理，人民法院依法给予支持。行政审判通过监督环保机关履行

---

① 案例来源：甘肃省武威市中级人民法院〔2014〕武中行终字第 12 号行政判决书。本案入选最高人民法院 2014 年十大环境保护行政案例。

保护环境职责，对合法行政行为给予支持，对违法行政行为监督纠正，有利于保护受污染群体的利益，促进人民群众生活环境的改善。本案中，人民法院支持行政机关对噪声扰民的合法适度处理，而且以裁判方式明确了噪声相关标准执法适用范围。原环境保护部、原国家质量监督检验检疫总局 2008 年 10 月 1 日发布施行的《声环境质量标准》《社会生活环境噪声排放标准》《工业企业厂界环境噪声排放标准》是环境检测、执法人员进行噪声监管的重要依据。前一项是环境质量标准，后两项是排放标准，它们的适用范围、检测方法及限值等均有不同，应根据检测对象及目的等因素作出正确选择。本案法院判决对行政命令和行政处罚的法律性质和适用范围作了正确区分，对环保机关正确执法和人民法院审理类似行政案件具有示范作用。

（二）案情概要

1. 基本案情

甘肃省武威市凉州区原环境保护局（以下简称"区环保局"）接到群众对凉州区动感酒吧环境噪声污染的投诉，遂组织环境检查执法人员和环境检测人员先后于 2012 年 11 月 23 日、12 月 20 日和 12 月 22 日 22 时 5 分至 23 时 5 分，对动感酒吧环境噪声及环境噪声污染防治情况实施了现场检查和采样检测，其夜间场界 4 个检测点环境噪声排放值分别达到 58.9 dB（A）、55.4dB（A）、52.9dB（A）、56.9dB（A），均超过国家《社会生活环境噪声排放标准》（GB22337—2008）规定的环境噪声排放标准。区环保局于 2012 年 12 月 22 日制作了检测报告，认定动感酒吧夜间噪声达 58.9 分贝，超过国家规定的排放标准，其行为违反了《中华人民共和国环境噪声污染防治法》第四十三条第二款规定，并依据该法第五十九条规定，作出凉环责改字〔2013〕2 号《责令改正违法行为决定书》，责令动感酒吧立即停止超标排放环境噪声的违法行为，限于 2013 年 2 月 28 日前采取隔音降噪措施进行整改，并于 2013 年 2 月 28 日前将改正情况书面报告。动感酒吧于 2013 年 2 月 27 日向区环保局提交了防噪音处理报告及申请，证明其已整改，同时申请对整改后的噪音再次测试，区环保局未予答复，也未再组织测试。同年 4 月 17 日，动感酒吧就区环保局于 1 月 18 日作出的上述责令改正违法行为决定书向武威市原环保局申请复议，复议机关以逾期为由不予受理。动感酒吧以区环保局为被告提起行政诉讼，请求法院撤销区环保局作出的凉环责改字〔2013〕2 号《责令改正违法行为决定书》。

2. 法院判决

武威市凉州区人民法院一审判决：维持被告区环保局作出的凉环责改字〔2013〕2 号《责令改正违法行为决定书》。动感酒吧不服，提起上诉，武威市中级人民法院二审判决驳回上诉、维持原判决。

3. 案件争议焦点

（1）如何正确区分《社会生活环境噪声排放标准》和《声环境质量标准》的法律性质和适用范围？

（2）如何正确区分环境行政命令和环境行政处罚？

（三）法理评析

1. 关于正确区分《社会生活环境噪声排放标准》和《声环境质量标准》的法律性质和适用范围的问题

本案中，被告区环保局的检测报告所适用的检测标准（《社会生活环境噪声排放标准》）与原告所述的检测标准（《标准声环境质量标准》）是法律规定的两个不同的标准，前者是适用于对营业性文化娱乐场所、商业经营活动中使用的向环境排放噪声的设备、设施的管理、评价与控制的排放标准，后者是适用于声环境质量评价与管理的环境质量标准，被告检测噪音的方式方法并不违背法律规定，其检测结果合法有效。动感酒吧在夜间经营期间环境噪声排放及环境噪声污染噪声已超过《社会生活环境噪声排放标准》规定限度，其行为违反了《中华人民共和国环境噪声污染防治法》第四十三条第二款（2021 年 12 月修改后的《中华人民共和国噪声污染防治法》第六十一条）关于"经营中的文化娱乐场所，其经营管理者必须采取有效措施，使其边界噪声不超过国家规定的环境噪声排放标准"的规定，一、二审法院判决维持被告区环保局作出的凉环责改字〔2013〕2 号《责令改正违法行为决定书》是正确的。

2. 关于环境行政命令和环境行政处罚的区别

环境行政命令是享有环境保护监督管理行政职权的行政机关依照法律

规定作出的对行政管理相对人具有强制拘束力的行政行为。环境行政命令以其最能体现统治权力的特征而在环境保护行政监督管理中得到广泛运用，包括命令污染排放者自我检测（监测）和申报污染物、对污染源进行综合治理、立即停止违法排污或者破坏资源的行为、缴纳排污费等。环境行政命令在防治环境污染和生态破坏方面作用巨大，我国《环境保护法》和水、土壤、大气、噪声污染防治立法以及土地资源、矿产资源、水资源、野生动植物资源等保护立法都广泛地运用了行政命令的手段。环境行政命令在法律法规中一般不用"命令"，而是用"责令"的语气表述。如《环境保护法》第六十条规定："企业事业单位和其他生产经营者超过污染物排放标准或者超过重点污染物排放总量控制指标排放污染物的，县级以上人民政府环境保护主管部门可以责令其采取限制生产、停产整治等措施；情节严重的，报经有批准权的人民政府批准，责令停业、关闭。"环境行政命令须以法律为依据作出，是针对环境保护监督管理中的具体事件、具体的相对人作出，一经作出，即对相对人具有法律拘束力，相对人应当按照环境行政命令的要求实施环境保护行为，否则要承担相关的法律后果。环境保护行政机关针对保护环境的具体事件、具体人作出的环境行政命令属于行政强制措施，根据我国《行政强制法》的规定，相对人不服的，可以申请复议或者向人民法院起诉。

环境行政处罚是指环境保护行政机关依照环境保护法律法规，对实施环境违法行为的个人或组织作出的具体的行政制裁措施，其直接结果是确定环境行政责任，包括行政拘留、罚款等多种具体形式，广泛适用于不同的环境违法行为。环境违法的行政处罚只能由依法行使环境保护监督管理权的行政机关，按法定程序作出并付诸执行。根据《行政处罚法》的规定，被处罚的相对人不服的，有权提起行政复议或行政诉讼。

可见，环境行政命令和环境行政处罚都是环境保护行政机关实施环境保护监督管理职责过程中对具有环境违法行为的相对人采取的行政行为，但环境行政命令是要求相对人为或不为一定的行为，如果相对人按照环境行政命令的要求完成了所要求的行为，如停止排污或进行了污染治理，则不会产生相应的法律后果；如果相对人不按照环境行政命令的要求为或不作为的，则环境保护行政机关可以依照法律规定对相对人进行行政处罚。

在环境资源法律法规中，有许多法律责任的规定都是先规定行政命令，在相对人不履行行政命令要求的情况下，再规定相应的行政处罚。如，《环境保护法》第五十九条第一款规定："企业事业单位和其他生产经营者违法排放污染物，受到罚款处罚，被责令改正，拒不改正的，依法作出处罚决定的行政机关可以自责令改正之日的次日起，按照原处罚数额按日连续处罚。"按照这一规定，实施"按日处罚"的前提是违法排污者受到了罚款处罚，且环境保护行政机关责令其改正但拒不改正（即拒不履行行政命令）。

本案中，武威市凉州区原环保局作出凉环责改字〔2013〕2 号《责令改正违法行为决定书》，责令动感酒吧立即停止超标排放环境噪声的违法行为，限于 2013 年 2 月 28 日前采取隔音降噪措施进行整改。这是环境行政命令，不是环境行政处罚，所以不能适用《行政处罚法》以及原环境保护部颁布的《环境行政处罚办法》的相关规定。

六、岳阳市蓝天冶金建材有限公司诉岳阳市环境保护局许可补偿案①

（一）案例要旨

岳阳市蓝天冶金建材有限公司（以下简称蓝天公司）诉岳阳市原环境保护局行政补偿一案，为我国环境保护行政主管部门在监管过程中历时时间久，从环境保护法律体系不健全到相对健全的阶段发生的环境类行政诉讼。此案实际影响深远。在环境保护高速发展的过程中，环境保护行政主管部门此类监管情况在全国各地存在不少，引发连锁反应的可能性极大。该案由于完整地经过了一审、重审、二审、再审诉讼程序，对于我国环境类行政诉讼的探讨具有典型意义。通过深入剖析该案，在诉讼时效的确定、行政补偿主体的确认及行政补偿范围的人认定等方面进行了新的论证，对我国生态环境保护行政执法具有参考价值，对法院在审理环境行政纠纷案

---

① 案例来源：湖南省高级人民法院〔2016〕湘行再 19 号行政判决书。

件中如何正确适用法律也具有重要意义。

（二）案情概要

1. 基本案情

岳阳市蓝天冶金建材有限公司（以下简称蓝天公司）是 1996 年 1 月 17 日注册的一家以矿物粗铅冶炼、销售、建筑材料批发、零售为主的有限责任公司。此前，蓝天公司为在岳阳市湖滨月山建设 2000 吨粗铅冶炼的蓝天冶炼厂，向岳阳市原经济委员会和原岳阳市环保局进行过项目申报。岳阳市原经济委员会于 1996 年 1 月 14 日同意该立项申请，岳阳市原环保局于同月 18 日同意开工建设。岳阳市原环保局的审批意见第 5 点载明：项目需经环保局验收后方可投用。蓝天公司随后开始营建，包括土地的平整、机器设备的购置和生产厂房的建设。同年 12 月 6 日，岳阳市原环保局向蓝天公司下达停建通知，要求蓝天公司立即停止粗铅冶炼厂的建设。该通知除概括引用国发〔1996〕31 号《国务院关于环境保护若干问题的决定》外，没有具体列明停建理由，也无后续处理方案。1997 年 3 月 21 日，蓝天公司向岳阳市政府和岳阳市原环保局出具报告，拟用增加产能的方式满足对环保企业的认定，同时请求环保局撤销停建通知。岳阳市原经济委员会于同年 12 月 5 日同意蓝天公司增加产能的相关请求，但岳阳市原环保局对此一直未予回复。停建通知发出后，蓝天公司未停止项目的投入，项目断断续续至 2001 年初建设完成。蓝天公司于 2001 年 2 月 21 日和同年 3 月 5 日，先后取得国税登记和矿产品经营许可。同年 4 月 20 日，蓝天公司委托岳阳市环境保护监测站进行了环保设施的验收监测，在未得到岳阳市原环保局许可的情况下，蓝天公司自行开工生产。因环境污染问题，蓝天公司与周边居民发生矛盾，被迫停止生产。同年 10 月 17 日，岳阳市政府对纠纷协调处理，形成会议纪要：蓝天冶炼厂当初选址不慎，污染较重，影响了南湖旅游资源的开发，且擅自扩大规模，根据政策应予关闭，但考虑到有关职能部门已经批准该厂开工，且作了大量投资，会议决定实行过渡办法，同意暂时予以保留，该企业排放指标符合环保标准，允许从事一段时间的生产，待还清集资款后，实施关闭搬迁。岳阳市建材工业办委托湖南省环境监测中心站对蓝天公司厂界外邻近区域环境空气质量进行监测，监测报告显示各项空气排放达标。此后，蓝天公司在生产过程中又与周边群众发生矛盾，致使其于 2005 年 5 月被迫彻底关停。蓝天公司不断向岳阳市政府上访，以岳阳市原环保局煽动群众阻止生产致其被迫关停为由，要求政府给予补偿或赔偿。2011 年 11 月 4 日，岳阳市原环保局作出《不予赔偿决定书》，载明：岳阳市环保局执法行为中无违法行为；蓝天公司因自身原因自行关闭，损失自负；赔偿请求人的申请已超过法定时效。对此决定不服，可向人民法院起诉。2012 年 1 月 4 日，蓝天公司以岳阳市原环保局多次在政府协调会上要求该公司关停存在重大过错为由，向法院提出行政赔偿诉讼，请求判令岳阳市原环保局赔偿其经济损失 2905.11 万元。一审法院判决驳回蓝天公司的诉讼请求。蓝天公司不服，提起上诉。二审法院审理后，以事实不清发回重审。案件在重审过程中，蓝天公司变更诉讼请求，要求判令岳阳市原环保局补偿其经济损失 673 万元及利息损失 2419.02 万元。一审法院作出〔2013〕楼行初字第 72 号行政判决后，蓝天公司、岳阳市原环保局均提起上诉。岳阳市中级人民法院作出终审判决后，蓝天公司不服，向湖南省高级人民法院申请再审。

  2. **法院判决**

  （1）岳阳市岳阳楼区人民法院一审判决：驳回原告蓝天公司的诉讼请求。岳阳市中级人民法院作出〔2012〕岳中行终字第 21 号行政裁定，将案件发回重审。

  （2）岳阳市岳阳楼区人民法院重审后，作出〔2013〕楼行初字第 72 号行政判决：岳阳市环保局在本判决生效后 30 天内补偿蓝天公司撤回行政许可后的损失 3961670 元，并依照中国人民银行一年期贷款利率承担自 1996 年 12 月 6 日至款项还清之日的利息（不计复利）。

  （3）岳阳市中级人民法院二审判决：撤销岳阳市岳阳楼区人民法院〔2013〕楼行初字第 72 号行政判决；岳阳市环境保护局在本判决生效后 30 天内补偿蓝天公司损失 2897818 元。

  （4）湖南省高级人民法院再审判决：撤销湖南省岳阳市中级人民法院〔2015〕岳中行终字第 74 号行政判决；由岳阳市环境保护局补偿蓝天公司 2927089 元（含已给付的 2897818 元），并按中国人民银行一年期存款利率支付该款从 2005 年 6 月 1 日起至 2014 年 7 月 15 日止的同期利息。

3. 案件争议焦点

（1）法院受理蓝天公司提起的行政补偿之诉是否合法？

（2）蓝天公司的起诉是否已超过诉讼时效？

（3）法院参照适用《中华人民共和国行政许可法》判决岳阳市原环境保护局对蓝天公司的经济损失予以补偿是否有法律依据？

（三）法理评析

1. 关于法院审理蓝天公司提起的行政补偿之诉的合法性问题

我国《行政许可法》（2003 年 8 月 27 日通过，2004 年 7 月 1 日生效实施，2019 年 4 月修正）第八条第一款规定："公民、法人或者其他组织依法取得的行政许可受法律保护，行政机关不能擅自改变已经生效的行政许可。"第二款规定："行政许可所依据的法律、法规、规章修改或者废止，或者准予行政许可所依据的客观情况发生重大变化的，为了公共利益的需要，行政机关依法可以变更或者撤回已经生效的行政许可。由此给公民、法人或者其他组织造成损失的，行政机关应当依法给予补偿。"

本案被告岳阳市原环保局撤销行政许可的行为发生在《行政许可法》生效实施之前，2011 年 11 月 4 日该局作出《不予赔偿决定书》，蓝天公司对此决定不服，于 2012 年 1 月 4 日向法院提起诉讼。本案涉及的第一个焦点就是新旧法律规范的适用问题。岳阳市岳阳楼区人民法院第一次对本案进行一审后认为，岳阳市原环保局依据新的政策法规，作出责令停止建设符合法律法规，行政机关撤销已生效的行政许可造成法人财产损失的案件，在 2003 年《行政许可法》出台前，法律没有处分规定，政府协调处理会议结论实际就是撤销行政许可后的补偿方案，法院不宜继续审理。

关于法院审理行政案件适用法律规范问题，最高人民法院 2004 年 5 月 18 日发布的《关于审理行政案件适用法律规范问题的座谈会纪要》第三条规定："关于新旧法律规范的适用原则规定：根据行政审判中的普遍认识和做法，行政相对人的行为发生在新法实施以前，具体行政行为作出在新法实施以后，人民法院审查具体行政行为的合法性时，实体问题适用旧法规定，程序问题适用新法规定，但下列情形除外：（一）法律、法规或者规章另有规定的；（二）适用新法对保护行政相对人的合法权益更为有利的；

（三）按照具体行政行为的性质应当适用新法的实体规定的。"最高人民法院 2009 年 12 月 14 日公布实施的《关于审理行政许可案件若干问题的规定》第十四条规定："行政机关依据行政许可法第八条第二款规定，变更或者撤回已生效的行政许可，公民、法人或者其他组织仅主张行政补偿的，应当先行向行政机关提出申请，行政机关在法定期限或者合理期限内不予答复或者对行政机关作出的补偿决定不服的，可依法提起行政诉讼。"

本案中，被告岳阳市原环保局依据国务院令实施撤销行政许可的行为符合法律规定，但在《责令停建通知书》上既未载明停建的法律理由，又没有后续处理方案和相应的救济渠道，致使原告此后不断以扩大产能的方式满足环保企业的认定，并获得政府相关机构的审批，甚至是政府会议通过的"临时保留"方案，所以，被告的撤销许可的行政行为存在欠缺，应给予蓝天公司相应补偿。尽管 1996 年并没有关于"撤回行政许可，给法人造成财产损失的，行政机关应当给予补偿"的具体规定，但依照国家保护公民、法人合法财产权的一般法理，被告岳阳市原环保局应给予蓝天公司相应的补偿。因此，法院审理蓝天公司提起的行政补偿之诉具有合法性。

2. 关于蓝天公司的起诉是否已超过诉讼时效的问题

岳阳市原环保局认为：本单位是在 1996 年 12 月 6 日下达的停建通知，蓝天公司直到 2012 年才向法院提起诉讼，已远远超出 6 个月的，最长不得超过 2 年的诉讼时效。蓝天公司认为：自原环保局下停建通知后，公司没有间断地要求恢复生产或要求善后，但一直没有得到处理，提起诉讼是原环保局作出不予补偿决定后的期限内进行的，不能说明超过了起诉期限。

最高人民法院 2000 年 3 月 10 日公布实施的《关于执行〈中华人民共和国行政诉讼法〉若干问题的解释》（已被 2018 年 2 月 8 日实施的《最高人民法院关于适用〈中华人民共和国行政诉讼法〉的解释》法释〔2018〕1 号废止）第四十一条规定："行政机关作出具体行政行为时，未告知公民、法人或者其他组织诉权或者起诉期限的，起诉期限从公民、法人或者其他组织知道或者应当知道诉权或者起诉期限之日起计算，但从知道或者应当知道具体行政行为内容之日起最长不得超过 2 年。"第四十二条规定："公民、法人或者其他组织不知道行政机关作出的具体行政行为内容的，其起诉期限从知道或者应当知道该具体行政行为内容之日起计算。对涉及不动产的具体行政行为从作出之日起超过 20 年、其他具体行政行为从作出之日起超过 5 年提起诉讼的，人民法院不予受理。"

本案中，自从岳阳市原环保局作出撤销其行政许可行为后，蓝天公司从未间断过寻求救济解决，并要求环保局进行赔偿，但岳阳市原环保局直至 2011 年 11 月才作出《不予赔偿决定书》，且未告知诉权或起诉期限，根据《最高人民法院关于执行〈中华人民共和国行政诉讼法〉若干问题的解释》第四十一条之规定，起诉期限从公民、法人或者其他组织知道或者应当知道诉权或者起诉期限之日起计算，但从知道或者应当知道具体行政行为内容之日起最长不得超过 2 年。蓝天公司于 2012 年 1 月 4 日向法院提起行政诉讼，其起诉没有超过诉讼时效。

3. 关于法院参照适用《中华人民共和国行政许可法》判决岳阳市原环境保护局对蓝天公司的经济损失予以补偿是否有法律依据的问题

如前所述，本案法院按照《最高人民法院关于审理行政案件适用法律规范问题的座谈会纪要》第三条的规定处理本案适用法律规范的问题是正确的。蓝天公司因政策变化被关停而请求政府善后，对其损失进行补偿的行为虽然发生在《行政许可法》实施以前，但该请求补偿的行为一直在持续中，且岳阳市原环保局作出不予补偿决定是在《行政许可法》施行以后，对因取消行政许可的补偿问题在《行政许可法》施行以前没有规定，显然适用《行政许可法》更有利于保护行政相对人的合法权益。所以，一审法院在重审中参照适用《中华人民共和国行政许可法》的规定，判决岳阳市原环境保护局对蓝天公司的经济损失予以补偿是符合最高人民法院的相关规定，适用法律正确。此外，本案中，法院根据《最高人民法院关于审理行政许可案件若干问题的规定》第十五条关于"法律、法规、规章或者规范性文件对变更或者撤回行政许可的补偿标准未作规定的，一般在实际损失范围内确定补偿数额；行政许可属于行政许可法第十二条第（二）项规定情形的，一般按照实际投入的损失确定补偿的数额"的规定，对岳阳市原环保局补偿蓝天公司进行补偿的金额作出了合理的裁判。

七、臧学文诉徐州市贾汪区环境保护局、贾汪区农业委员会不履行法定职责案①

（一）案例要旨

臧学文诉江苏省徐州市贾汪区原环境保护局、贾汪区原农业委员会不履行法定职责案是环境行政部门的不作为涉诉的典型案例。本案的争议焦点主要在于本案事故水域是否属于渔业水域，非渔业养殖水域的污染事故应由农委还是环保部门调查、处理，以及原告臧学文的起诉是否已过诉讼期限。结合本案的事实，从法律解释、法律适用等方面分析得出结论：非渔业水域的污染事故应由当地环境保护行政主管部门调查、处理，未按法定程序处理污染事故的，应该承担环境行政不作为的责任。

（二）案情概要

1. 基本案情

引粮河系流经徐州市贾汪区境内的连接不牢河与屯头河的排洪灌溉河流。2002 年 1 月 10 日，臧学文与徐州市贾汪区大吴镇原水产管理服务站签订水面养殖利用协议，双方约定该站将北起"310"公路、南至旗权铁路的长 1200 米、宽 40 米的引粮河水域承包予原告从事水产养殖，承包期限从 2002 年 1 月起至 2020 年止。2011 年 7 月，臧学文发现养殖水面陆续出现死鱼现象，多次向徐州市贾汪区原环境保护局、徐州市贾汪区原农业委员会及其他部门反映上述情况，均未获得答复。同年 8 月 8 日，《徐州日报》以"近百亩水面死鱼万斤"为题对臧学文反映的死鱼问题进行了报道，徐州市贾汪区原环境保护局、徐州市贾汪区原农业委员会及有关部门对此仍不予理睬。臧学文遂以徐州市贾汪区原环境保护局、徐州市贾汪区原农业委员会不履行法定职责为由向新沂市人民法院提起行政诉讼。新沂市人民法院经审理，判决确认被告徐州市贾汪区原环境保护局未对原告所养鱼被水体污染事件及时调查、监测、处理的不作为行为违法。同时，驳回原告对被

---

① 案例来源：江苏省徐州市中级人民法院〔2015〕徐环行终字第 00004 号行政判决书。

告徐州市贾汪区原农业委员会的诉讼请求。案件受理费 50 元，由被告徐州市贾汪区原环境保护局负担。

另查明：2011 年 3 月 26 日，徐州市贾汪区人民政府制发"贾政办发〔2011〕32 号"文件，将贾汪区原农业局的职能并入贾汪农委即本案被告，其主要职责第（十）项表述为"监督管理渔业安全生产；行使渔政监督管理权，维护渔业水域生态环境、渔业生产秩序和生产者合法权益"，其内设机构"水产科"的职责为"监督实施渔业专项发展规划、计划、政策；指导大中型水域渔业资源增殖和开发利用；承办渔业资源保护工作，组织全市渔业防疫检疫工作"。同日，徐州市贾汪区人民政府以"贾政办发〔2011〕36 号"文件即《关于印发〈贾汪区环境保护局主要职责内设机构和人员编制规定〉的通知》设立贾汪区环境保护局，其主要职责包括环境保护统一监督管理、环境监察、环境监测和信息发布等。

2. 法院判决

一审法院判决：一、确认被告徐州市贾汪区原环保局未对原告所养鱼被水体污染事件及时调查、监测、处理的不作为行为违法。二、驳回原告对被告徐州市贾汪区原农业委员会的诉讼请求。

一审判决宣告后，臧学文、徐州市贾汪区原环保局均不服，向徐州市中级人民法院提起上诉。二审法院对贾汪区原农业委员会、贾汪区原环境保护局是否存在不作为，该案原审原告的起诉是否超过法定的起诉期限，臧学文诉请原审两被告应该对其不作为行为承担行政赔偿责任这四个问题进行了详细分析，最终得出结论，认定原审法院判决认定事实清楚，适用法律正确，审判程序符合法律规定，判决驳回上诉，维持原判。

3. 案件争议焦点

（1）本案事故水域是否属于渔业水域？

贾汪区原农业委员会认为臧学文所诉养鱼区域不属于渔业水域。贾汪区原环保局则提出，臧学文所诉养鱼区域属于渔业水域，根据我国《环境保护法》的规定，环保部门不具有查处渔业水域污染事故的职责。

（2）本案污染事故应由农委还是由环保部门调查、处理？

贾汪区原农业委员会认为，原告臧学文所诉养鱼区域属于排洪灌溉河流，不属于渔业水体，根据贾汪区人民政府文件，该段河流禁止养鱼。对于非渔业水域发生的污染事故，农委没有法定的职责对事故进行调查、处理。贾汪区原环保局认为，一审法院认为发生在渔业水域的污染事故应由渔业管理部门处理，认定本案发生在非渔业水域的污染事故应由环保局进行处理的观点不符合法律规定。

（3）原告臧学文起诉是否已经超过诉讼期限？

贾汪区原环保局认为，已有证据证明 2011 年 8 月初原告主动向贾汪区环保局投诉其鱼死亡事故，因原告臧学文是主动投诉，按照行政诉讼法解释相关起诉期限规定，如果贾汪区原环保局应履行职责，则应在两个月内作出；未作出的，臧学文应在两个月期限届满后的六个月内起诉。本案臧学文起诉的时间为 2014 年，已经远远超过法定起诉期限。

（三）法理评析

1. 关于本案事故水域是否属于渔业水域的问题

我国《渔业法》第七条第二款规定："江河、湖泊等水域的渔业，按照行政区划由有关县级以上人民政府渔业行政主管部门监督管理。"第十条规定："县级以上地方人民政府根据国家对水域利用的统一安排，可以将规划用于养殖业的全民所有的水面、滩涂，确定给全民所有制单位和集体所有制单位从事养殖生产，核发养殖使用证，确认使用权。"根据《渔业法实施细则（2020 年修订）》第二条第一款第（三）项的规定，"渔业水域"是指中华人民共和国管辖水域中鱼、虾、蟹、贝类的产卵场、索饵场、越冬场、洄游通道和鱼、虾、蟹、贝、藻类及其他水生动植物的养殖场所。《渔业水域污染事故调查处理程序规定》（农业部令第 13 号）第三条规定："本规定所称的渔业水域是指鱼虾贝类的产卵场、索饵场、越冬场、洄游通道和鱼虾贝藻类及其他水生动植物的增养殖场。"此外，《水污染防治法（2017 年修正）》第一百零二条第一款第（四）项规定："渔业水体，是指划定的鱼虾类的产卵场、索饵场、越冬场、洄游通道和鱼虾贝藻类的养殖场体。"本案，案涉养鱼区域属于引粮河，该河段属于排洪灌溉河流，根据贾汪区人民政府相关文件，该段河流是禁止养鱼的，并且原告也未办理相关的渔业养殖证，所以被告贾汪区原农业委员会不具有原告所报告的死鱼事故进行调查处理的法定职权，即本案事故水域并不是法定的渔业水域范围。

2. 关于本案污染事故应由农委还是由环保部门调查处理的问题

我国《水污染防治法》第七十八条第二款规定："造成渔业污染事故或者渔业船舶造成水污染事故的，应当向事故发生地的渔业主管部门报告，接受调查处理。"《渔业法》第七条第二款规定："江河、湖泊等水域的渔业，按照行政区划由有关县级以上人民政府渔业行政主管部门监督管理。"《渔业法实施细则》第三条第三款规定："内陆水域渔业，按照行政区划由当地县级以上地方人民政府渔业行政主管部门监督管理。"《渔业水域污染事故调查处理程序规定》第五条进一步明确规定："地（市）、县主管机构依法管辖其监督管理范围内的较大及一般性渔业水域污染事故。"本案中，臧学文养鱼区域不是规划养殖区域，属于排洪河道，该水域不属于渔业水体，臧学文也未办理渔业养殖证，因而臧学文养殖水体发生的水污染鱼死亡事故，并不属于在合法从事渔业生产过程中受到环境污染损害的"渔业污染事故"。且贾汪区原农业委员会在该事件发生后，立即派出人员到现场进行勘察，做了现场勘察笔录，向臧学文做了询问，经调查后认为该事件并非在合法渔业生产过程中受到环境污染损害的"渔业污染事故"，对该案件不予立案，并且告知了臧学文本人。根据我国《水污染防治法》的规定，本案污染事故应由环境行政主管部门进行处理。因此，本案原告所诉的污染事故应由贾汪区原环保局进行调查处理。

3. 关于原告臧学文起诉是否已超过诉讼期限的问题

我国《行政诉讼法（2017年修正）》第四十七条第一款规定："公民、法人或者其他组织申请行政机关履行保护其人身权、财产权等合法权益的法定职责，行政机关在接到申请之日起两个月内不履行的，公民、法人或者其他组织可以向人民法院提起诉讼。法律、法规对行政机关履行职责的期限另有规定的，从其规定。"《最高人民法院关于适用〈中华人民共和国行政诉讼法〉的解释》第六十六条规定："公民、法人或者其他组织依照行政诉讼法第四十七条第一款的规定，对行政机关不履行法定职责提起诉讼的，应当在行政机关履行法定职责期限届满之日起六个月内提出。"本案中，经法院查明，臧学文2011年8月1日向贾汪区原环保局反映死鱼情况并要求其调查取证处理，贾汪区原环保局先是告知其向贾汪区农委报告处理，后又于8月3日派员到现场进行监督检查，到其投诉的企业进行现场查看，没有发现违排现象，但未对现场进行调查取证，取得被污染河段检测数据及水文资料并进行科学分析作出认定，也未告知臧学文委托有资质鉴定单位对鱼死亡原因进行鉴定并对养殖水域的水样进行取样监测。按照法律规定，贾汪区原环保局应在接到投诉后两个月内履行职责。如果贾汪区原环保局不履行法定职责，原告臧学文应当在贾汪区原环保局履行法定职责期限届满之日起六个月内向人民法院提起诉讼。但是，本案中，由于被告贾汪区原环保局在原告向其反映死鱼情况并要求其调查处理时，未向原告明确告知职责范围，也未明确告知原告不履行法定职责，且8月3日又指定环境监测站对原告诉称水域的污染事故进行了监测调查，这可以认定贾汪区原环保局已经开始履行其法定的调查处理职责。由于被告贾汪区原环保局一直未将调查处理的结果告知原告臧学文，因而，本案不应认定原告的起诉超过起诉期限。

第四章 环境民事公益诉讼案例

一、中华环保联合会与宜兴市江山生物制剂有限公司水污染责任纠纷公益诉讼案[①]

（一）案例要旨

本案显示了环保组织在环境保护方面发挥的重要作用。由环保组织提起环境公益诉讼，能够有效平衡原被告之间的实力，克服诉讼技术上的困难，能够对政府环境行为进行有效监督。中华环保联合会是经中华人民共和国国务院批准，民政部注册，中华人民共和国原环境保护部主管，由热心环保事业的人士、企业、事业单位自愿结成的、非营利性的、全国性的社团组织。法院依据《民事诉讼法》第五十五条的有关规定，依法确认了该组织提起环境公益诉讼的主体资格。

另外，本案发生在我国《民法典》和《最高人民法院关于审理环境民事公益诉讼案件适用法律若干问题的解释》公布实施之前，法院在审理本案中，在生态环境执法部门的协助下，依据《环境保护法》《侵权责任法》和最高人民法院有关文件的规定，依法对本案作出了公正判决。

（二）案情概要

1. 基本案情

江苏省宜兴市江山生物制剂有限公司（以下简称"江山制剂公司"）成立于 1999 年 10 月，许可经营项目包括环氧漆稀释剂、环氧富锌底漆、丙烯酸烘漆、冰乙酸漆稀释剂、氨基清烘漆、氨基漆稀释剂的制造；一般经营项目包括酵母粉的加工，酵母浸膏、塑料制品、水性涂料、AC 系列橡塑粉料的制造，三类化学试剂的分装，化工产品及原料的销售，氨基涂料、丙烯酸涂料的制造，环氧涂料的配制。生产经营地距离太湖约两公里，背靠农田，处于太湖流域生态红线一级管控区内。1999 年 10 月 9 日，筹建中的江山制剂公司就酵母浸膏、三类化学试剂分装项目新建向环保部门提交《建设项目环境影响申报表》，其中环境影响初步分析明确：异味、噪声、废渣、废水、废液对环境有一定影响，废渣、废液作猪饲料。1999 年 10 月

---

① 案例来源：江苏省无锡市中级人民法院〔2014〕锡环公民初字第 2 号民事判决书。

21 日，负责审批的宜兴市原环境保护局批复：同意项目的申办，但必须严格执行"三同时"制度，经验收合格后方可生产。2000 年 11 月 30 日，江山制剂公司就酵母浸膏项目变更向环保部门提交《建设项目环境影响申报表》，其中环境影响初步分析明确：噪声、废渣、烟尘对环境有一定影响，废渣出售用作饲料。2000 年 11 月 30 日，负责审批的宜兴市原环境保护局批复：同意变更经营地址、原经营范围不变，同意项目的申办，但必须严格执行"三同时"制度，经验收合格后方可生产。

2001 年 2 月 9 日，江山制剂公司就环氧涂料、稀释剂制造、塑料制品制造项目向环保部门提交《建设项目环境影响申报表》，其中环境影响初步分析明确：燃煤烟尘、异味、生活废水对环境有一定影响。2001 年 2 月 12 日，负责审批的宜兴市原环境保护局批复：同意项目的申办，但必须严格执行"三同时"制度，经验收合格后方可生产。2001 年 8 月 25 日，江山制剂公司就酵母浸膏年产 180 吨、环氧涂料年产 150 吨项目向环保部门提交《建设项目环境保护工程（设施）竣工验收报告表》。2001 年 11 月 6 日，环保部门出具验收意见：一、依据宜环监站验字（三）第 3-020 号报告，其水、气、声均能达标排放，渣外运作饲料，同意通过验收并予以正式投产。二、企业必须制订严格的环保管理规章制度，抓好长效管理，落实岗位责任制，抓考核，抓落实；进一步完善台账记录，坚持治理设施正常运转，确保达标排放。三、对操作工进行专业培训，熟悉操作流程，严格控制生产过程中的跑、冒、滴、漏。四、深化治理，搞好厂区绿化。据此，宜兴市原环境保护局审批同意通过验收并予以正式投产。

2002 年 8 月 13 日，江山制剂公司就亚硫酸钠、酒石酸、四乙酸二钠、磷酸二氢钾分装项目新建向环保部门提交《建设项目环境影响申报（登记）表》（工业和其他项目类），其中拟采取的污染防治措施明确：生产过程无"三废"排放，包装瓶采用塑料新瓶，不进行清洗。2002 年 8 月 14 日，宜兴市原环境保护局批复：根据无锡市环保局意见，在不进行包装瓶清洗及场地清洗的情况下，确保无任何废水排放的前提下，同意企业申报项目在宜兴市江山生物制剂有限公司内建设，该项目仅进行分装、不进行生产。

2003 年 10 月 15 日，江山制剂公司就氨基涂料、丙烯酸涂料、水性涂料项目向环保部门提交《建设项目环境影响申报（登记）表》，其中拟采取的污染防治措施明确：新增项目生产工艺为物理搅拌过程，整体无"三废"

排放。2003 年 10 月 17 日，无锡市原环境保护局审批意见：在符合乡镇发展和用地规划要求、生产工艺纯属物理搅拌、生产废水零排放的前提下，委托宜兴市环保局审批和管理该项目，有关材料报我局备案。2003 年 10 月 24 日，江山制剂公司就氨基涂料、丙烯酸涂料、水性涂料项目向环保部门提交《建设项目环境影响报告表》。2003 年 10 月 27 日，宜兴市原环境保护局批复：一、同意氨基涂料、丙烯酸涂料、水性涂料项目在洋溪镇和渎村建设。二、生产工艺必须严格按照环评所述方案执行，清洗废水经沉淀后回用，废水严格做到零排放。三、生活污水经化粪池消化处理后做农肥使用。四、噪声必须经隔音和衰减后达标排放。五、过滤产生的滤渣填埋处理。六、污染物排放执行环评报告表中所列标准。七、试生产应报请批准，在试生产三个月内，必须报请验收，经验收合格后方可正式生产。依据《建设项目环境影响报告表》以及环评单位填写的《建设项目环境保护审批登记表》，被告应按照当时有效的《大气污染物综合排放标准》（GB16297—1996）表 2 和《污水综合排放标准》（GB8978—1996）表 4 执行，即：污染物控制指标：COD（化学需氧量）处理前浓度为 350mg/L、允许排放浓度为 150mg/L。2005 年 9 月 21 日，环保部门审批同意江山制剂公司"氨基涂料、丙烯酸涂料"项目通过环保竣工验收，准予正式投产。2004 年 7 月 5 日，江山制剂公司就酵母粉加工项目向环保部门提交《建设项目环境影响申报（登记）表》（工业和其他项目类），其中拟采用的污染防治措施明确：无"三废"排放。2004 年 7 月 5 日，无锡市原环保局批复：根据企业申报情况，同意酵母粉加工项目的申报，生产工艺严格按照申报内容进行，企业必须做好环境保护工作。2006 年 7 月 26 日，江山制剂公司就橡塑粉料项目向环保部门提交《建设项目环境影响申报（登记）表》（工业类）；宜兴市原环境保护局审批同意橡塑粉料项目立项，要求企业委托有资质的环评中介机构编制环境影响报告表报请审批，环评报告未经批准，不得开工建设。

2006 年 8 月 11 日，江山制剂公司就 AC 系列橡塑粉料项目向环保部门提交《建设项目环境影响报告表》。2006 年 8 月 30 日，宜兴市原环境保护局批复：一、按照"清污分流、雨污分流"完善厂区排水管网建设，该项目实施过程中无废水产生，不得设置废水排放口；二、本项目实施过程中应按照报告表要求，粉碎、过筛等工序都必须使用密闭设备进行生产，确保粉尘零排放；三、生产设施要采取有效降噪措施，使厂界噪音满足《工业企业厂界噪音标准》（GB12348—90）中II类标准，白天≤60dB（A），夜间≤50dB（A）；四、对生产过程中可能产生的无组织排放源要加强管理，生产过程中的无组织排放必须满足当时有效的《大气污染物综合排放标准》（GB16297—1996）、《工业企业设计卫生标准》（TJ36—79）和《工作场所有害因素职业接触限值》（GBZ2—2002）中的标准；五、生产过程中若有扰民现象，则必须无条件停产；六、按《江苏省城市居住区和单位绿化标准》（GB32/139—95）的要求做好厂区绿化工作，厂区绿化要考虑乔、灌、草相结合，厂界要设置一定宽度的绿化厚度；七、《报告表》经批准后，如项目的性质、规模、地点、采用的生产工艺、拟采用的防止污染及防止生态破坏的措施发生重大变动或自批准之日起满5年方开工建设的，需报请重新审批；八、在三个月试生产期限内，必须报请"三同时"验收，经验收合格后方可正式投产。2007年1月19日，宜兴市原环境保护局审批同意江山制剂公司AC系列橡塑粉料项目通过环保竣工验收，准予正式投产。

2014年3月25日，无锡市原环保局对江山制剂公司作出《行政处罚决定书》认定：2013年8月21日，江山制剂公司场地冲洗废水流经雨水沟至外环境，厂区内清（雨）水排水口外排废水氨氮16.8mg/L、总氮27mg/L、总磷1.8mg/L，超过了国家和江苏省规定的排放标准；江山制剂公司的行为违反了《中华人民共和国水污染防治法》第二十二条第二款"禁止私设暗管或者采取其他规避监管的方式排放水污染物"的规定。为此，无锡市原环保局责令江山制剂公司立即改正，并处以罚款人民币陆万元整。

江山制剂公司在接受无锡市原环保局行政处罚过程中，于2013年10月8日向环保部门提交了整改方案：其一，维护并修复空气吸收装置，并恢复正常运行；其二，对隔套冷却水采用循环回用方式，循环使用；其三，对公司职工厕所生活污水，在原三格式化粪池的基础上，再增加三格变成六格式化粪池，并采用中转收集后用水泵提升直接打入污水管网；其四，对职工食堂采用油水分离装置，进入公司污水收集池处理，纳管排放；其五，对原办公楼生活污水进行纳管并对有微量渗漏采用截污收集，用泵提升直接进入污水管网；其六，对原清雨水出水口，进行封堵改造，调至公司厂区西南侧作为清雨水口排放；其七，对南围墙清雨水总出水口及其管道进行改造，并进行水泥浇筑硬覆盖。

2013 年 10 月，中华环保联合会接到群众举报，对江山制剂公司进行调查。调查中拍摄的南围墙外沟渠照片显示，江山制剂公司有通过雨水管道排放污水的情况，并对周边环境造成了污染。2014 年 7 月 18 日，法院对江山制剂公司采取了证据保全和行为保全措施，查封、扣押了被告江山制剂公司自成立以来至 2014 年 7 月期间的生产报表、生产日志、原辅材料台账及环评相关资料，对被告江山制剂公司的污水处理、排放及对周边环境的污染状况进行拍照、录像，委托无锡市原环境保护局分别在被告厂区雨水收集池、雨水排放口、污水处理设施中的接触氧化池和厂区围墙西侧橘园内水池采集了水样进行检测鉴定，并裁定被告江山制剂公司立即停止排放废水、污染环境行为。

2014 年 7 月 23 日，江山制剂公司就存在的环境保护问题向法院提交升级整改方案：其一，由于厂区办公楼前雨水修建年代长，原采用的是地下水泥导管，加上淤泥沉积较多密封性较差，所以，公司将该废弃雨水沟改成地面明沟；其二，为了方便上级职能部门的监管，公司对厂区雨污分流进行认真规划，并制作成不锈钢雨污分流图上墙，方便职能部门系统了解公司雨污分流情况。上述整改方案经当地环保部门同意并经法院确认后，由被告江山制剂公司予以实施。2014 年 9 月 9 日，被告江山制剂公司在实施完毕上述整改方案后向法院提交了《关于宜兴市江山生物制剂有限公司已完成全部环境整改内容并经宜兴市环保局验收通过的报告》，并附宜兴市原环保局《宜兴市江山生物制剂有限公司整改验收意见》。报告和验收意见明确：被告于 2013 年 9 月初开始进行厂区环境改造，主要整改内容包括封堵原清雨水排放口，对初期雨水收集系统改建成明沟收集，重新铺设雨污分流管道，对厂区外沟渠进行"雨污分流"改造，职工生活污水改造接入污水管网，维护环保处理设施，更换污水处理设施内的填充层，检修废气处理设施，修复吸收塔；2014 年 8 月完成全部改造工程，实现了"雨污分流"。2014 年 9 月 4 日，宜兴市原环保局对江山制剂公司环境改造工程进行了验收并出具验收意见：一、企业通过全面的环境整改，完成了"雨污分流"系统，完善了厂区排水管网的建设；二、企业内部必须制定完善的环境管理体系和环境管理制度，落实各项防范措施，坚持环保治理设施长期有效运行，确保达标排放；三、同意宜兴市江山生物制剂有限公司通过环境整改验收。

2014 年 8 月 4 日，无锡市原环保局向法院提交了〔2014〕环监（水）字第（049）号《监测报告》《无锡市环境保护局现场调查（勘察）笔录》《关于对宜兴市江山生物制剂有限公司现场采样说明》。上述材料显示：2014 年 7 月 18 日，无锡市原环保局在江山制剂公司现场采集的废水水样的监测结果分别为：接触氧化池处理水样，化学需氧量"未检出"、总磷 1.33mg/L、氨氮 0.453mg/L；雨水排放口水样，化学需氧量 626mg/L、总磷 2.11mg/L、氨氮 11.2mg/L；厂区西侧桔园内水池，化学需氧量 42mg/L、总磷 0.83mg/L、氨氮 5.27mg/L；雨水收集池，化学需氧量 105mg/L、总磷 1.28mg/L、氨氮 10.1mg/L。

2. 法院判决

江苏省无锡市中级人民法院经审理，作出如下判决：一、江山制剂公司必须严格按照环保部门批复的环境影响申报表或报告表的要求组织生产经营，禁止江山制剂公司向周边环境排放污水和其他污染物、污染破坏环境。二、江山制剂公司按宜兴市环境保护局《宜兴市江山生物制剂有限公司整改验收意见》第二条的要求，在判决生效之日起三个月内制定完善的环境管理体系和环境管理制度，落实各项防范措施，坚持环保治理设施长期有效运行，确保达标排放；并在判决生效满三个月之日起十日内向法院及环境保护部门提交一份环境整改实施情况报告。三、江山制剂公司在判决生效之日起三个月内每月向法院提交一份由宜兴市环境保护局或无锡市环境保护局对企业生产排污情况进行监测、检查的报告；如江山制剂公司不按期提交环境整改实施情况报告、环保部门监测检查报告，或者环保部门监测检查报告显示被告江山制剂公司存在违法排污或其他污染环境行为，则依照《中华人民共和国民事诉讼法》第一百一十一条第一款第（六）项之规定追究江山制剂公司的法律责任。中华环保联合会支出的律师费 41600 元由江山制剂公司负担。

3. 案件争议焦点

（1）社会组织提起环境民事公益诉讼应具备哪些资格条件？

（2）环境民事公益诉讼案件中如何追究违法企业的责任？

（3）环境民事公益诉讼中，原告环保组织支出的律师代理费可否由被告承担？

（三）法理评析

1. 关于社会组织提起环境民事公益诉讼的原告资格

我国 2012 年修订的《民事诉讼法》第五十五条第一款规定："对污染环境、侵害众多消费者合法权益等损害社会公共利益的行为，法律规定的机关和有关组织可以向人民法院提起诉讼。"首次在立法上规定了社会组织提起环境民事公益诉讼的主体资格。2014 年修订的《环境保护法》第五十八条规定"对污染环境、破坏生态，损害社会公共利益的行为，符合下列条件的社会组织可以向人民法院提起诉讼：（一）依法在设区的市级以上人民政府民政部门登记；（二）专门从事环境保护公益活动连续五年以上且无违法记录"，进一步规定了社会组织提起环境公益诉讼的原告主体资格。

本案中，中华环保联合会是经中华人民共和国民政部登记注册，由中华人民共和国原环境保护部（2018 年撤销，组建生态环境部）主管的非营利、全国性社会组织，成立于 2005 年；业务范围包括组织开展维护环境权益活动和环境法律援助、维护公众合法环境权益，开展环境领域公众参与、社会监督，开展环境法律咨询、环保宣传以及国际民间环境交流与合作等。由于本案审理时，新修订的《环境保护法》还没有正式实施。所以，法院依照《环境保护法》（1989）第六条、《水污染防治法》第十条和《民事诉讼法》第五十五条的规定，依法确认中华环保联合会提起环境公益诉讼的原告主体资格。

2. 关于环境民事公益诉讼中如何追究违法企业的责任的问题

本案中，江山制剂公司作为对环境会产生影响的生产经营企业，在新建、扩建或变更相关项目的过程中，按规定向环保部门提交了相应的环境影响申报（登记）表或环境影响报告表，并获得了环保部门的审批及验收。江山制剂公司在生产经营过程中，应严格按照环保部门批复的要求履行达标排放、污染物控制等环境保护义务，但是无锡市原环境保护局在 2013 年 8 月 21 日发现被告江山制剂公司存在"采取其他规避监管的方式排放水污染物"的违法行为，并给予了行政处罚。中华环保联合会现场拍摄的照片也显示江山制剂公司通过雨水管道排放污水的情况。故江山制剂公司存在违法排污的事实。依据《环境保护法》，并参照《中华人民共和国侵权责任法》的规定，判决江山制剂公司停止侵害环境、排除危害。此外，《民事诉讼法》的规定第一百一十一条规定："诉讼参与人或者其他人有下列行为之一的，人民法院可以根据情节轻重予以罚款、拘留；构成犯罪的，依法追究刑事责任：（六）拒不履行人民法院已经发生法律效力的判决、裁定的。""人民法院对有前款规定的行为之一的单位，可以对其主要负责人或者直接责任人员予以罚款、拘留；构成犯罪的，依法追究刑事责任。"法院据此判决，如江山制剂公司不按期提交环境整改实施情况报告、环保部门监测检查报告，或者环保部门监测检查报告显示被告江山制剂公司存在违法排污或其他污染环境行为，则依照该条规定追究江山制剂公司的法律责任。

3. 关于环境民事公益诉讼中原告环保组织支出的律师代理费可否由被告承担的问题

本案审理时，当时的法律法规并没有关于公益诉讼中原告社会组织支出的律师费可以由被告承担的规定，但本案审理中，法院认为由败诉方承担胜诉方的全部或部分律师费用，契合法律的公平正义，也有先例可循，尤其本案属环境公益诉讼。最高人民法院《关于全面加强环境资源审判工作为推进生态文明建设提供有力司法保障的意见》第十四条规定："环境公益诉讼的原告请求被告赔偿预防损害发生或恢复环境费用、破坏自然资源等生态环境造成的损失以及合理的律师费、调查取证费、鉴定评估费等诉讼支出的，可以根据案件审理情况予以支持。"第十五条规定："在原告胜诉时，原告支出的合理的律师费、调查取证费、鉴定评估费等费用可以判令由被告承担。"法院结合本案实际情况，判决原告中华环保联合会支出的41600 元律师费由被告江山制剂公司负担，符合法律精神。

二、自然之友、福建省绿家园诉谢知锦等破坏林地民事公益诉讼案①

（一）案例要旨

本案系最高人民法院发布的 2015 年环境侵权典型案例。本案系 2014 年

---

① 案例来源：福建省南平市中级人民法院〔2015〕南民初字第 38 号民事判决书，福建省高级人民法院〔2015〕闽民终字第 2060 号民事判决书。

修订的《环境保护法》实施后全国首例环境民事公益诉讼，涉及原告主体资格的审查、环境修复责任的承担以及生态环境服务功能损失的赔偿等问题。本案判决依照《环境保护法》第五十八条和《最高人民法院关于审理环境民事公益诉讼案件适用法律若干问题的解释》的规定，确认了自然之友、绿家园作为公益诉讼原告的主体资格；以生态环境修复为着眼点，判令被告限期恢复被破坏林地功能，在该林地上补种林木并抚育管护三年，进而实现尽快恢复林地植被、修复生态环境的目的；首次通过判决明确支持了生态环境受到损害至恢复原状期间服务功能损失的赔偿请求，提高了破坏生态行为的违法成本，体现了保护生态环境的价值理念，判决具有很好的评价、指引和示范作用。

本案经福建省南平市中级人民法院、福建省高级人民法院两审终审，确定了两个裁判要旨：一是只有符合法律规定的社会组织才能向人民法院提起民事公益诉讼。新《环境保护法》第五十八条明确了可以向人民法院提起环境民事公益诉讼的社会组织应符合的条件。人民法院审理环境民事公益诉讼案件必须审查原告的主体资格是否符合法定条件。二是人民法院审理破坏生态环境的案件应以生态环境的修复为着眼点。不仅要判令侵权人停止破坏生态环境的违法行为，也要判令侵权人承担限期修复受损生态环境的责任，还要判令侵权人赔偿生态环境受到损害至恢复原状期间服务功能损失，提高破坏生态环境行为的违法成本。判决的赔偿款专款用于修复生态环境，体现保护生态环境的司法价值理念。

（二）案情概要

1. 基本案情

中国文化书院绿色分院（英文名称为 Friends of Nature，习称"自然之友"）于 2003 年 5 月 8 日经民政部登记，并以"自然之友"名义开展环境保护公益活动。原告自然之友在此基础上于 2010 年 6 月 18 日在北京市朝阳区民政局登记成立，属于民办非企业单位，从事非营利性社会服务活动的社会组织。章程规定的宗旨：倡导生态文明、从事环境研究、促进可持续发展。业务范围：固体废弃物处理技术研究及相关政策研究，固体废弃物对生态环境的影响研究，固体废弃物研究相关科普活动推广及相关环境教育推广。经北京市朝阳区民政局年度检查，2010 年度合格、2011 年度基本合格、2012 年度合格、2013 年度合格。原告自然之友提供了 2009 年至 2014 年各年度工作报告，内容主要体现从事环境问题调查研究、保护生态环境、环保知识教育等公益活动，并声明自成立以来无违法记录。原告福建绿家园是 2006 年 11 月 7 日在福建省民政厅登记的民办非企业单位，是非营利性社会服务活动的社会组织。章程规定的宗旨：普及公民环境保护意识，保护生态环境与生态平衡。业务范围：保护生态环境、传播环境文化、开展学术技术交流。经福建省民政厅年度检查，2009 年至 2013 年度均合格。原告福建绿家园提供了 2009 年至 2013 年各年度工作报告，内容主要体现参与环境问题调查、保护生态环境、宣传环境保护等公益活动，并声明自成立以来无违法记录。

2005 年 5 月 18 日，经第三人延平国土分局许可，被告李名槼取得证号为 3507020520004 的采矿许可证，采矿权人为被告李名槼，矿山名称为南平市延平区恒兴石材厂，有效期限自 2005 年 4 月至 2008 年 8 月，矿区面积 0.0039 平方公里，矿种为饰面花岗岩，开采深度由 282 米至 252 米标高。被告李名槼亦取得南平市延平区恒兴石材厂个体工商户营业执照。2008 年 6 月 3 日，经第三人国土延平分局许可，被告李名槼取得证号为 3507020820014 的采矿许可证，有效期限自 2008 年 6 月至 2008 年 8 月，开采深度由 520 米至 483 米标高，采矿权人、矿山名称、矿区面积、矿种等与 3507020520004 的采矿许可证一致。2008 年 5 月 28 日，被告李名槼向第三人国土延平分局交纳了 10000 元生态环境恢复保证金。被告李名槼采矿过程中未依法取得占用林地许可证。2008 年 11 月，福建省冶金工业设计院出具《南平市延平区砂基洋（恒兴）矿区饰面花岗岩开发利用方案》，对矿区水土保持、土地复垦、闭坑措施等作了可行方案。

2008 年 7 月 28 日，被告李名槼与被告谢知锦签订《采矿权转让合同》。第二天，被告李名槼与被告谢知锦、倪明香、郑时姜又重新签订一份内容相同的《采矿权转让合同》，约定被告李名槼出让给被告谢知锦、倪明香、郑时姜的采矿矿区位于福建省南平市延平区太平镇葫芦山村，矿山名称为南平市延平区恒兴石材厂，矿区面积 0.0039 平方公里，矿种为饰面花岗岩，采矿权四至范围及界址为矿山范围扩大至现采矿点山顶整个范围。登记于李名槼名下的采矿许可证证号为 3507020520004，李名槼负责办理该采矿许可证续期十年。李名槼领取续期采矿许可证之日起配合将采矿权人变更至谢知锦名下。李名槊负责协调开通矿山脚部至山顶的道路。合同末尾注明：原 2008 年 7 月 28 日，被告李名槊与被告谢知锦单独签订的合同无效，以 2008 年 7 月 29 日被告李名槊与被告谢知锦、倪明香、郑时姜三个股东共同重新签订的合同为有效合同。合同还约定了价款支付、违约责任等内容。该合同签订后，未经采矿权审批管理机关审批。被告谢知锦、倪明香、郑时姜三人经商量决定由被告谢知锦具体负责矿山的采矿事宜。此后，在未依法取得占用林地许可证及办理采矿许可续期手续的情况下，被告谢知锦、倪明香、郑时姜改变被告李名槊原有塘口位置从山顶剥山皮、开采矿石，并将剥山皮和开采矿石产生的弃石往山下倾倒，直至 2010 年初停止开采，造成林地原有植被严重毁坏。被告谢知锦、倪明香、郑时姜还在矿山塘口的下方兴建了砖混结构的工棚用于矿山工人居住。在国土资源部门数次责令停止采矿的情况下，2011 年 6 月份，被告谢知锦、倪明香、郑时姜还雇佣挖掘机到该矿山，在矿山边坡处开路和扩大矿山塘口面积，造成该处林地原有植被严重毁坏。经福建天祥司法鉴定所鉴定，被告谢知锦、倪明香、郑时姜采石塘口位于 005 林班 08 大班 040 小班、013 林班 02 大班 050 小班，占用林地面积 10.54 亩；弃石位于 013 林班 02 大班 050 小班和 013 林班 02 大班 020 小班，占用林地的面积 8.62 亩；工棚位于 005 林班 08 大班 070 小班，占用林地的面积 0.28 亩，非法占用林地面积共计 19.44 亩。被告李名槊原采石塘口位于 013 林班 02 大班 020 小班、050 小班、070 小班占用林地面积 8.89 亩。占用林地现场被用于采石、堆放弃石弃土，造成林地的原有植被被严重破坏。被告谢知锦、倪明香、郑时姜因犯非法占用农用地罪，被法院分别判处有期徒刑一年六个月、一年四个月、一年两个月。

2010 年 3 月 26 日，被告李名槊出具委托书委托被告谢知锦、倪明香、郑时姜代为办理证号 3507020520004《采矿许可证》所属矿山的拆迁补偿相关事宜。2014 年 11 月 13 日，第三人延平国土分局向被告李名槊登记的南平市延平区恒兴石材厂发出《关于缴纳矿山生态环境恢复治理保证金的通知》，要求其缴纳矿山生态环境恢复治理保证金 252000 元。

原告自然之友委托北京中林资产评估有限公司评估，评估报告结论为：生态修复项目的总费用在评估基准日的价值为 110.19 万元；价值损害即生态环境受到损害至恢复原状期间服务功能损失为 134 万元，其中损毁林木价值 5 万元，推迟林木正常成熟的损失价值 2 万元，植被破坏导致碳释放的生态损失价值、森林植被破坏期生态服务价值、森林恢复期生态服务价值 127 万元。

原告自然之友为本案支付评估费 6000 元，律师费 96200 元，为本案支出的其他合理费用 31308 元；原告福建绿家园为本案支付律师费 25261 元，为本案支出的其他合理费用 7393.5 元。

2. 法院判决

南平市中级人民法院一审判决：一、被告谢知锦、倪明香、郑时姜和李名渠应于本判决生效后五个月内清除南平市延平区葫芦山砂基洋恒兴石材厂矿山采石处现存工棚、机械设备、石料和弃石，恢复被破坏的 28.33 亩林地功能，按照《造林技术规程》（DB35/T84—2005）标准并结合当地林业行政部门人工造林技术要求在该林地上补种林木，并对补种的林木抚育管护三年（管护时间从补种的林木经验收合格之日起计算）；二、被告谢知锦、倪明香、郑时姜和李名渠不能在第一项判决指定的期限内恢复林地植被，应于期限届满之日起十日内共同赔偿生态环境修复费用 110.19 万元，该款用于本案的生态环境修复；三、被告谢知锦、倪明香、郑时姜和李名渠应于本判决生效后十日内共同赔偿生态环境受到损害至恢复原状期间服务功能损失 127 万元，该款用于本案的生态环境修复或异地公共生态环境修复；四、被告谢知锦、倪明香、郑时姜和李名渠于本判决生效后十日内共同支付原告北京市朝阳区自然之友环境研究所支出的评估费 6000 元、律师费 96200 元、为诉讼支出的其他合理费用 31308 元，合计 133508 元；共同支付原告福建省绿家园环境友好中心律师费 25261 元、为诉讼支出的其他合理费用 7393.5 元，合计 32654.5 元；

3. 案件争议焦点

（1）自然之友、福建省绿家园是否为本案适格的原告？

（2）被告谢知锦、倪明香、郑时姜、李名渠是否应承担破坏生态环境的侵权责任，以及具体的责任形式和责任大小？

（3）最高人民法院司法解释规定的生态环境受到损害至恢复原状期间服务功能损失是否适用于本案？

（4）本案评估费用、律师费以及为诉讼支出的其他合理费用如何确定和承担？

（三）法理评析

1. 关于原告自然之友、福建绿家园的主体资格问题

我国《环境保护法》第五十八条规定："对污染环境、破坏生态，损害社会公共利益的行为，符合下列条件的社会组织可以向人民法院提起诉讼：（一）依法在设区的市级以上人民政府民政部门登记；（二）专门从事环境保护公益活动连续五年以上且无违法记录。"原告自然之友系 2010 年 6 月 18 日在北京市朝阳区民政局登记成立的民办非企业单位，虽然其自登记之日起至本案起诉之日止成立不满五年，但其在登记前已经依法从事环境保护公益活动，至提起本案诉讼前从事环境保护公益活动已满五年，且在本案诉讼过程中其登记设立已满五年，并无违法记录。因此，原告自然之友在本案中符合"从事环境保护公益活动连续五年以上"的主体资格要件。原告福建绿家园于 2006 年 11 月 7 日在福建省民政厅登记，是从事环境保护的非营利性的社会组织，专门从事环境保护公益活动连续五年以上且无违法记录。故法院认定原告自然之友、福建绿家园均符合《环境保护法》第五十八条规定，作为公益诉讼原告的主体适格。

2. 关于被告谢知锦、倪明香、郑时姜、李名槊应承担的破坏生态侵权责任问题

被告谢知锦、倪明香、郑时姜非法占用林地共 19.44 亩，被告谢知锦、倪明香、郑时姜依法应当承担该部分损坏林地植被的恢复义务。虽然被告李名槊与被告谢知锦、倪明香、郑时姜签订了《采矿权转让合同》，但由于该合同未经主管部门批准而未生效，且被告李名槊的采矿许可证到期未经行政主管部门办理续期手续的情况下，擅自将矿山采矿权四至范围扩大至原采矿点整个山顶范围转让给被告谢知锦、倪明香、郑时姜采矿，被告李名槊对被告谢知锦、倪明香、郑时姜非法占用林地造成植被破坏的行为具有共同过错，故被告李名槊对被告谢知锦、倪明香、郑时姜非法占用林地 19.44 亩应承担共同责任。由于被告李名槊的原塘口 8.89 亩部分已被被告谢知锦、倪明香、郑时姜之后采矿期间所产生的弃石、弃土所掩埋，对该部分被告李名槊与被告谢知锦、倪明香、郑时姜的责任无法区分，故被告谢知锦、倪明香、郑时姜也应对该部分承担共同恢复责任。我国《森林法》第十八条规定："进行勘查、开采矿藏和各项建设工程，应当不占或者少占

林地；必须占用或者征用林地的，经县级以上人民政府林业行政主管部门审核同意后，依照有关土地管理的法律、行政法规办理建设用地审批手续，并由用地单位依照国务院有关规定缴纳森林植被恢复费。"被告李名槊和被告谢知锦、倪明香、郑时姜未经林业行政主管部门审批，为采矿先后非法占用林地共 28.33 亩，造成林地的原有植被被严重破坏，属于破坏生态环境、损害社会公共利益的行为。关于被告李名槊提出其采矿的矿区塘口早在 1995 年即已存在，其没有提供证据，且根据《矿山地质环境保护规定》第二十四条规定："采矿权转让的，矿山地质环境保护与治理恢复的义务同时转让。采矿权受让人应当依照本规定，履行矿山地质环境保护与治理恢复的义务。"其受让采矿权的同时，也应承受恢复的义务。综上，法院认定被告谢知锦、倪明香、郑时姜、李名槊应依法共同承担恢复林地植被的义务，如未在判决指定的期限内履行恢复林地植被的义务，则应共同赔偿生态环境修复费用 110.19 万元用于恢复林地植被。

3. 关于本案是否适用《最高人民法院关于审理环境民事公益诉讼案件适用法律若干问题的解释》规定的生态环境受到损害至恢复原状期间服务功能损失的问题

新的法律、法规或者司法解释实施前的有关民事行为或者事件发生纠纷起诉到人民法院，在行为发生时的法律、法规或者司法解释没有明确规定时，可以适用新的法律、法规或者司法解释的规定。2015 年 1 月 7 日《最高人民法院关于审理环境民事公益诉讼案件适用法律若干问题的解释》正式施行，该解释第二十一条规定："原告请求被告赔偿生态环境受到损害至恢复原状期间服务功能损失的，人民法院可以依法予以支持。"本案系于 2015 年 1 月 1 日立案受理，一审审理过程中上述司法解释颁布实施，故该司法解释关于赔偿生态环境服务功能损失的规定，可以适用于本案。因此，原告主张被告赔偿生态环境受到损害至恢复原状期间服务功能损失，法院应予以支持。

4. 关于鉴定费用、律师费以及为诉讼支出的其他合理费用问题

《最高人民法院关于审理环境民事公益诉讼案件适用法律若干问题的解释》第二十二条规定："原告请求被告承担以下费用的，人民法院可以依法予以支持：（一）生态环境损害调查、鉴定评估等费用；（二）清除污染以及防止损害的发生和扩大所支出的合理费用；（三）合理的律师费以及为诉讼支出的其他合理费用。"本案原告自然之友主张的评估费用 6000 元，属于为进行诉讼支出的合理费用；其主张的律师费 96200 元在律师收费相关规定允许范围内，没有违反规定；为进行诉讼而支出的其他合理费用 31308 元亦属必要。原告福建绿家园主张的律师费用 25261 元系参照律师收费办法的规定，在收费幅度内按标的额约 1% 收取，合法合理；为进行诉讼支出的其他合理费用 7393.5 元也是必要的费用。所以，法院对原告提出的鉴定费用、律师费以及为诉讼支出的其他合理费用予以支持是符合法律规定的。

三、中华环保联合会诉德州晶华集团振华有限公司大气污染民事责任公益诉讼案①

（一）案例要旨

本案是 2014 年修订的《环境保护法》实施以后，人民法院受理的首例京津冀及其周边地区大气污染公益诉讼案件，最高人民法院将本案公布为指导案例（第 131 号）。大气具有流动性，其本身具有一定的自净功能，企业超标排放是否构成生态环境损害是本案审理的难点。本案裁判明确超标过量排放二氧化硫、氮氧化物和粉尘将影响大气的生态服务功能，应当承担法律责任，可根据企业超标排放数量以及二氧化硫、氮氧化物和粉尘的单位治理成本计算大气污染治理的虚拟成本，进而作为生态环境损害赔偿的依据，具有一定合理性。振华公司在本案审理期间主动承担社会责任，积极采取措施防止污染的持续和扩大，值得肯定。该案的审结及时回应了社会公众对京津冀及周边地区的大气污染治理的关切，对区域大气污染治理进行了有益的实践探索。

企业事业单位和其他生产经营者多次超过污染物排放标准或者重点污染物排放总量控制指标排放污染物，环境保护行政管理部门作出行政处罚后仍未改正，原告依据《最高人民法院关于审理环境民事公益诉讼案件适

---

① 案例来源：山东省德州市中级人民法院〔2015〕德中环公民初字第 1 号民事判决书。本案系最高人民法院发布的 131 号指导性案例。

用法律若干问题的解释》第一条规定的"具有损害社会公共利益重大风险的污染环境、破坏生态的行为"对其提起环境民事公益诉讼的,人民法院应予受理。本案充分体现了环境司法这一新型司法领域独特的公平正义。第一,关于超标排污的正当性问题。法院判决被告超标排污的行为侵害了社会公共的环境权益,即认定了其行为的违法性和对环境公益的侵害性。这为通过环境公益诉讼的办法,使超标排污造成大气污染得到有效治理开辟了一条新的有效途径。第二,大气污染的因果关系历来是个难点,判决不纠缠于复杂的逻辑争辩,在本案所在城市属于国内污染极为严重城市这一不需要鉴定的事实前提下,确认了鉴定报告可以作为认定事实的依据,采用了国外环境诉讼中的间接因果关系认定说,提高了审判的效率,也完全满足程序正义的要求。第三,大气污染环境公益诉讼的损害数额计算全世界也没有统一的标准,判决认定了鉴定报告采用的"按虚拟治理成本的4倍计算被告振华公司生态损害数额"的计算方法,采用了适中的倍数,为今后环境公益诉讼提供了有益的经验。第四,本案法院及时与政府部门沟通,发挥司法与行政执法协调联动作用,促进污染企业向节能环保型企业转型发展,体现了我国绿色司法追求社会经济发展与生态环境保护双赢的目标和效果。

(二) 案情概要

1. 基本案情

被告德州晶华集团振华有限公司(以下简称"振华公司")成立于2000年,经营范围包括电力生产、平板玻璃、玻璃空心砖、玻璃深加工、玻璃制品制造等。2002年12月,该公司600T/D优质超厚玻璃项目通过环境影响评价的审批,2003年11月通过"三同时"验收。2007年11月,该公司高档优质汽车原片项目通过环境影响评价的审批,2009年2月通过"三同时"验收。

根据山东省德州市环境保护监测中心站的监测,2012年3月、5月、8月、12月,2013年1月、5月、8月,振华公司废气排放均能达标。2013年11月、2014年1月、5月、6月、11月,2015年2月排放二氧化硫、氮氧化物及烟粉尘存在超标排放情况。德州市原环境保护局分别于2013年12月、2014年9月、2014年11月、2015年2月对振华公司进行行政处罚,处罚数额均为 10 万元。2014 年 12 月，原山东省环境保护厅对振华公司进行行政处罚，处罚数额 10 万元。2015 年 3 月 23 日，德州市原环境保护局责令振华公司立即停产整治，2015 年 4 月 1 日之前全部停产，停止超标排放废气污染物。原告中华环保联合会起诉之后，2015 年 3 月 27 日，振华公司生产线全部放水停产，并在德州市德城区天衢工业园以北养马村新选厂址，准备搬迁。

2015 年 12 月，原告中华环保联合会委托原环境保护部环境规划院（以下简称"环境规划院"）对振华公司排放大气污染物致使公私财产遭受损失的数额，包括污染行为直接造成的财产损坏、减少的实际价值，以及为防止污染扩大、消除污染而采取必要合理措施所产生的费用进行鉴定。2016 年 5 月，环境规划院环境风险与损害鉴定评估研究中心根据法院调取并经双方质证的证据作出评估鉴定意见：振华公司位于德州市德城区市区内，周围多为居民小区，原有浮法玻璃生产线三条，1#浮法玻璃生产线已于 2011 年 10 月全面停产，2#生产线 600 t/d 优质超厚玻璃生产线和 3#生产线 400 t/d 高档优质汽车玻璃原片生产线仍在生产。（1）关于污染物性质。污染物性质主要为烟粉尘、二氧化硫和氮氧化物。根据《德州晶华集团振华有限公司关于落实整改工作的情况汇报》有关资料显示，截至 2015 年 3 月 17 日，振华公司浮法二线未安装或未运行脱硫和脱硝治理设施，浮法三线除尘、脱硫设施已于 2014 年 9 月投入运行。（2）关于污染物超标排放时段的确认。二氧化硫超标排放时段为 2014 年 6 月 10 日至 2014 年 8 月 17 日，共计 68 天；氮氧化物超标排放时段为 2013 年 11 月 5 日至 2014 年 6 月 23 日、2014 年 10 月 22 日至 2015 年 1 月 27 日，共计 327 天；烟粉尘超标排放时段为 2013 年 11 月 5 日至 2014 年 6 月 23 日，共计 230 天。（3）关于污染物排放量的确认。在鉴定时段内，由于企业未安装脱硫设施造成二氧化硫全部直接排放进入大气的超标排放量为 255 吨；由于企业未安装脱硝设施造成氮氧化物全部直接排放进入大气的排放量为 589 吨；由于企业未安装除尘设施或除尘设施处理能力不够造成烟粉尘部分直接排放进入大气的排放量为 19 吨。（4）关于单位污染物处理成本。根据数据库资料，二氧化硫单位治理成本为 0.56 万元/吨，氮氧化物单位治理成本为 0.68 万元/吨，烟粉尘单位治理成本为 0.33 万元/吨。（5）关于虚拟治理成本的确认。根据《环境空气质量标准》《环境损害鉴定评估推荐方法（第Ⅱ版）》《突发环境事件应急处置阶段环境损害评估技术规范》，本案项目处于环境功能二类区，生态环境损害数额为虚拟治理成本的 3~5 倍，本报告取参数 5，二氧化硫虚拟治理成本共计 713 万元，氮氧化物虚拟治理成本 2002 万元，烟粉尘虚拟治理成本 31 万元。鉴定结论：被告企业在鉴定期间超标向空气排放二氧化硫共计 255 吨、氮氧化物共计 589 吨、烟粉尘共计 19 吨，单位治理成本分别按 0.56 万元/吨、0.68 万元/吨、0.33 万元/吨计算，虚拟治理成本分别为 713 万元、2002 万元、31 万元，共计 2746 万元。

经法院准许，中华环保联合会申请环境规划院专家吴琼出庭，就二氧化硫、氮氧化物、烟粉尘超标排放给大气造成的损害、污染物排放时间、污染物排放量、单位治理成本、虚拟治理成本、生态损害赔偿数额的确定以及被告投入运营设备是否会对虚拟治理成本产生影响提出专家意见。专家认为：二氧化硫、氮氧化物以及烟粉尘是酸雨的前导物，超标排放肯定会对生态环境造成损害，使大气环境生态服务价值功能受到损害，影响大气环境的清洁程度和生态服务价值功能，进而对财产及人身造成损害；因被告单位项目区域周围多为居民社区，属于环境保护域内保护的敏感点，按照环境损害评估推荐方法虚拟治理成本可取 3~5 倍，可取较高值为参数 5；被告已经投入的运营设备对虚拟治理成本的计算不会产生影响，且虚拟治理成本中不包含惩罚性赔偿因素。

2. 法院判决

山东省德州市中级人民法院一审判决：一、被告振华公司于判决生效之日起 30 日内赔偿因超标排放污染物造成的损失 2198.36 万元，支付至德州市专项基金账户，用于德州市大气环境质量修复；二、被告振华公司在省级以上媒体向社会公开赔礼道歉；三、被告振华公司于本判决生效之日起 10 日内支付原告中华环保联合会所支出的评估费 10 万元。

3. 案件争议焦点

（1）本案原告中华环保联合会主体是否适格？

（2）本案被告振华公司是否主体适格？

（3）被告振华公司应承担何种民事责任？损害赔偿数额如何计算？

（三）法理评析

1. 关于原告中华环保联合会的主体资格问题

我国《环境保护法》第五十八条规定，对污染环境、破坏生态、损害社会公共利益的行为，符合下列条件的社会组织可以向人民法院提起诉讼：
（一）依法在设区的市级以上人民政府民政部门登记；（二）专门从事环境
保护公益活动连续五年以上且无违法记录。原告中华环保联合会于 2005 年
4 月 22 日经民政部登记注册，宗旨为围绕可持续发展战略，围绕实现国家
环境保护目标，围绕维护公众环境权益，发挥政府与社会之间的桥梁和纽
带作用，推动资源节约型、环境友好型社会建设，推动中国及全人类环境
事业的进步与发展。其业务范围包括：围绕国家环境与发展的目标和任务，
充分发挥政府与社会之间的桥梁和纽带作用，为各级政府及其有关行政主
管部门提供决策建议；开展环境领域公众参与、社会监督，多渠道多角度
为环境领域公众参与和社会监督创造条件，构建环境领域公众参与和社会
监督的平台；开展环境政策、法律、法规和环保科技咨询服务；开展环境
保护的宣传教育活动，普及环境保护和维护环境权益知识，提高全民的环
保意识和环境维权意识；等等。经民政部年度检查，2009 年度合格、2010
年度合格、2011 年度基本合格、2012 年度基本合格、2013 年度合格。原告
中华环保联合会提供了 2009 年至 2013 年各年度工作报告，内容主要体现从
事环境问题调研、提供环境保护咨询服务、承接国家课题、召开理论研讨
会和交流会，并声明自成立以来无违法记录。可见，原告中华环保联合会
自登记之日至本案起诉之日成立满五年，从事环境保护公益活动满五年，
并无违法记录。因此，原告中华环保联合会是本案的适格主体。

2. 关于被告振华公司是否本案适格被告的问题

《最高人民法院关于审理环境民事公益诉讼案件适用法律若干问题的解
释》第一条规定："法律规定的机关和有关组织依据民事诉讼法第五十五
条、环境保护法第五十八条等法律的规定，对已经损害社会公共利益或者具
有损害社会公共利益重大风险的污染环境、破坏生态的行为提起诉讼，符合
民事诉讼法第一百一十九条第二项、第三项、第四项规定的，人民法院应予
受理。"第十八条规定："对污染环境、破坏生态，已经损害社会公共利益或
者具有损害社会公共利益重大风险的行为，原告可以请求被告承担停止侵害、
排除妨碍、消除危险、恢复原状、赔偿损失、赔礼道歉等民事责任。"

企业事业单位和其他生产经营者超过污染物排放标准或者重点污染物
排放总量控制指标排放污染物的行为可以视为具有损害社会公共利益重大
风险的行为。本案中，被告振华公司超量排放的二氧化硫、氮氧化物、烟

粉尘会影响大气的服务价值功能。其中，二氧化硫、氮氧化物是酸雨的前导物，超量排放可致酸雨从而造成财产及人身损害，烟粉尘的超量排放将影响大气能见度及清洁度，亦会造成财产及人身损害。被告振华公司自2013年11月起，多次超标向大气排放二氧化硫、氮氧化物、烟粉尘等污染物，经环境保护行政管理部门多次行政处罚仍未改正，其行为属于法律规定的"具有损害社会公共利益重大风险的行为"，故被告振华公司是本案的适格被告。

3. 关于如何确定被告振华公司应承担的民事责任的问题

我国《民法典》第一百七十九条规定，承担民事责任的方式主要有：（一）停止侵害；（二）排除妨碍；（三）消除危险；（四）返还财产；（五）恢复原状；（六）修理、重作、更换；（七）继续履行；（八）赔偿损失；（九）支付违约金；（十）消除影响、恢复名誉；（十一）赔礼道歉。本案审理时，我国《民法典》还没有生效实施，但是，根据《最高人民法院关于审理环境民事公益诉讼案件适用法律若干问题的解释》第十八条的规定，环境民事公益诉讼案件承担责任的方式包括停止侵害、排除妨碍、消除危险、恢复原状、赔偿损失、赔礼道歉六种。原告中华环保联合会要求被告振华公司立即停止超标向大气排放污染物并在省级以上媒体向社会公开赔礼道歉的诉讼请求于法有据。

第一，被告振华公司已于2015年3月27日放水停产，停止使用原厂区，可认定被告振华公司已经停止侵害。环境权益具有公共权益的属性，从经济学角度而言，环境资源是一种综合性的财产，在美学层面上，优良的环境可以成为人的精神活动的对象，因被告振华公司超标向大气排放污染物，其行为侵害了社会公共的精神性环境权益，应当承担赔礼道歉的民事责任。

第二，关于生态损害赔偿费用。为证明被告振华公司因其行为应当承担的生态损害赔偿数额，原告中华环保联合会以双方提交的证据以及法院向环保机关调取的证据为依据，委托环境规划院进行鉴定评估。经评估，二氧化硫单位治理成本为0.56万元/吨，超标排放255吨，虚拟治理成本为142.8万元；氮氧化物单位治理成本为0.68万元/吨，超标排放589吨，虚拟治理成本400.52万元；烟粉尘单位治理成本为0.33万元/吨，超标排放19吨，虚拟治理成本6.27万元。原告中华环保联合会提交的鉴定评估报告虽然是单方委托作出，但评估机构具有法定资质，评估事项与待证事实有关，评估依据均已经过原、被告双方质证，具备证据的真实性、客观性、关联性，且被告振华公司未举出相反证据推翻该鉴定评估报告。因此，该评估报告可以作为认定事实的依据。根据德州市原环境保护局《关于德州晶华集团振华有限公司高档优质汽车玻璃原片项目环境影响评价执行标准的意见》《环境空气质量标准》（GB3095—2012）《环境损害鉴定评估推荐方法（第Ⅱ版）》《突发环境事件应急处置阶段环境损害评估技术规范》的规定，利用虚拟治理成本法计算得到的环境损害可以作为生态环境损害赔偿的依据，被告振华公司所在区域为空气功能区二类，按照规定，环境空气二类区生态损害数额为虚拟治理成本的 3～5 倍，按虚拟治理成本的 4 倍计算生态损害数额，即 2198.36 万元。

第三，按照《民法典》第一千二百三十条（原《侵权责任法》第六十六条）的规定，因污染环境发生纠纷，污染者应当就法律规定的不承担责任或者减轻责任的情形及其行为与损害之间不存在因果关系承担举证责任。《最高人民法院关于审理环境侵权责任纠纷案件适用法律若干问题的解释》第七条规定："污染者举证证明下列情形之一的，人民法院应当认定其污染行为与损害之间不存在因果关系：（一）排放的污染物没有造成该损害可能的；（二）排放的可造成该损害的污染物未到达该损害发生地的；（三）该损害于排放污染物之前已经发生的；（四）其他可以认定污染行为与损害之间不存在因果关系的情形。"本案审理中，被告振华公司主张因其已投入脱硫设备，运营成本 1815 万元，应当据此减轻责任，但是，被告振华公司没有提供不承担责任或者减轻责任的证据，不应减轻其应承担的赔偿责任。

第四，关于原告中华环保联合会要求被告振华公司赔偿因拒不改正超标排放污染物行为造成的损失 780 万元（以 10 万为基数，自 2015 年 1 月 1 日开始暂计算至 2015 年 3 月 19 日）的问题。原告的这项请求属于要求被告承担惩罚性赔偿责任。2021 年 1 月 1 日生效实施的《民法典》第一千二百三十二条规定："侵权人违反法律规定故意污染环境、破坏生态造成严重后果的，被侵权人有权请求相应的惩罚性赔偿。"但本案审理时，我国法律还没有关于环境污染、生态破坏侵权应承担惩罚性赔偿的规定，司法解释也没有相关规定。本案原告中华环保联合会依据我国《大气污染防治法》第九十九条及《环境保护法》第五十九条的规定要求被告承担惩罚性赔偿金780 万元，但该两条是关于行政处罚的规定，而不是民事侵权责任的规定，且 2020 年 12 月修订之前的环境民事公益诉讼司法解释中也没有关于惩罚性赔偿规定，所以，原告中华环保联合会要求被告振华公司赔偿因拒不改正超标排放污染物行为造成的损失 780 万元的诉讼请求，法律依据不足，法院不支持原告的该项诉讼请求是正确的。

四、泰州市环保联合会诉江苏常隆农化有限公司、泰兴锦汇化工有限公司、江苏施美康药业股份有限公司、泰兴市申龙化工有限公司、泰兴市富安化工有限公司、泰兴市臻庆化工有限公司环境污染侵权赔偿民事公益诉讼案①

（一）案例要旨

泰州市环保联合会诉江苏常隆农化有限公司等化工企业环境污染侵权纠纷一案，为 2014 年修订的《环境保护法》实施后，我国首例由环保组织提起的环境民事公益诉讼案，因其高达 1.6 亿元的赔偿额，引起了众多专家学者、社会、媒体的广泛关注，被称为"天价诉讼案"。2014 年 12 月 31 日，英国《金融时报》认为这个案件是中国法院对环境污染企业判决赔偿额最高的案件。报道此案的美国《纽约时报》称："在中国国内，这起环保公益诉讼的额度目前处于最高地位，从这也可看出，对污染环境的企业中国要坚决打击。"

本案入选最高人民法院 2017 年发布的十起环境公益诉讼典型案例。本案经过了一审、二审、再审程序，在确认环保组织原告主体资格、专家辅助人出庭模式、高额赔偿费用的履行方式等方面都有创新，使得本案在我国环境公益诉讼的发展史上添上浓墨重彩的一笔。

（二）案情概要

1. 基本案情

江苏常隆农化有限公司（常隆公司）、泰兴锦汇化工有限公司（锦汇公

---

① 案例来源：江苏省泰州市中级人民法院〔2014〕泰中环公民初字第 00001 号民事判决书；江苏省高级人民法院〔2014〕苏环公民终字第 00001 号民事判决书；最高人民法院〔2015〕民申字第 1366 号民事裁定书。

司）、江苏施美康药业股份有限公司（施美康公司）、泰兴市申龙化工有限公司（申龙公司）、泰兴市富安化工有限公司（富安公司）、泰兴市臻庆化工有限公司（臻庆公司）六家化工有限公司（以下简述为常隆等化工企业）系在泰兴市经济开发区内从事化工产品生产的企业，在化工产品生产过程中产生副产盐酸、对羟基苯甲醚催化剂废硫酸、丁酸、二氧化硫、氯乙酰氯、氨基油尾气吸收液（以下简称副产酸）出售给泰州市江中公司、祥峰公司、鑫源公司、全慧公司（以下简称贸易公司），四家贸易公司经营范围包括危险化学品、化工原料批发、零售等，公司都持有有关经营许可证，但无确定的组织机构和法人，无处理副产酸等危险废物的经营许可证。

常隆公司分别于 2012 年 6 月 20 日、2013 年 1 月 1 日与江中公司签订两份工业品买卖合同，约定常隆公司以每吨 1 元的价格向江中公司出售 2 万吨副产酸，买受方承担运输费。锦汇公司于 2011 年 1 月 1 日与江中公司签订工矿产品购销合同，约定每月向江中公司提供副产酸 800 吨，价格随行就市。2012 年 6 月至 2013 年 3 月，江中公司法定代表人戴卫国等人至常隆公司提取副产酸 17598.92 吨，常隆公司每吨补贴给江中公司 45 元。2011 年 12 月至 2013 年 3 月，江中公司戴卫国等人至锦汇公司提取副产酸 8224.57 吨，锦汇公司每吨补贴给江中公司 20 元。江中公司戴卫国等人将上述副产酸中的 17143.86 吨倾倒至如泰运河、古马干河。常隆公司、锦汇公司按照各自销售数额的比例分摊被倾倒数分别为 11683.68 吨、5460.18 吨。

常隆公司于 2012 年 9 月 15 日与祥峰公司签订工业品买卖合同，约定常隆公司以每吨 1 元的价格向祥峰公司出售 2 万吨副产酸，买受方承担运输费。后祥峰公司法定代表人丁劲光等人至常隆公司提取副产酸 505.94 吨，常隆公司每吨补贴给祥峰公司 40 元。丁劲光等人将上述副产酸倾倒至如泰运河。施美康公司于 2012 年 10 月至 2013 年 2 月期间以每吨补贴 100 元的价格将 2686.68 吨副产酸交鑫源公司处置，鑫源公司法定代表人蒋巧红又将副产酸交江中公司戴卫国、姚雪元运输处置。戴卫国、姚雪元等人将上述副产酸倾倒至如泰运河、古马干河。申龙公司于 2012 年年初起，分别以每吨补贴 20 元、30 元、50 元的价格将 691.64 吨、3755.35 吨、300 吨副产酸交给曹海锋、全慧公司王长明及丁劲光处置。曹海锋、王长明、丁劲光等人将上述 4746.99 吨副产酸倾倒至如泰运河。富安公司于 2012 年 8 月、9 月以每车补贴 1500～2000 元的价格将 18 车副产酸（216 吨）交给江中公司戴卫国、姚雪元处置。戴卫国、姚雪元等人将上述副产酸倾倒至如泰运河、古马干河。臻庆公司于 2012 年 8 月以每吨补贴 20 元的价格将 50 吨副产酸交给全慧公司王长明处置。王长明等人将上述副产酸倾倒至如泰运河。

2010 年、2011 年泰州市原环保局环境质量年报载明：如泰运河、古马干河水质均为Ⅲ类。泰兴市环境监测站 2013 年 1 月 14 日对如泰运河水质采样监测结果为：如泰运河瑞和码头高锰酸盐指数、化学需氧量、氨氮、总磷监测结果分别超标 0.57 倍、0.65 倍、6.93 倍、17.4 倍；瑞和码头向西 300 米化学需氧量、氨氮、总磷监测结果分别超标 0.05 倍、0.19 倍、2.11 倍；新浦大桥前码头高锰酸盐指数、化学需氧量、氨氮监测结果分别超标 0.02 倍、0.55 倍、1.68 倍；三星化工码头高锰酸盐指数、化学需氧量、氨氮、总磷监测结果分别超标 0.05 倍、0.45 倍、0.98 倍、3.42 倍；全慧化工码头高锰酸盐指数、化学需氧量、氨氮、总磷监测结果分别超标 0.05 倍、0.45 倍、3.12 倍、9.85 倍。泰兴市环境监测站 2013 年 2 月 22 日对古马干河水质采样监测结果为：古马干河永兴港务码头西侧第一塔吊下向西 500 米永安大桥下 pH 为 4.31，偏酸性，氨氮、挥发酚、化学需氧量监测结果分别超标 1.74 倍、4.94 倍、2.65 倍；古马干河永兴港务码头西侧第一塔吊下向东 2000 米马甸闸西氨氮、化学需氧量监测结果分别超标 0.90 倍、0.85 倍。原江苏省环保厅于 2013 年 9 月 10 日向泰兴市原环境保护局出具《关于对泰兴市环境监测数据认可的函》，认可泰兴市环境监测站出具的相关监测数据符合国家和省环境监测质量管理体系及相关技术规范要求。

2014 年 4 月，泰州市人民检察院、泰州市原环保局委托江苏省环境科学学会出具的《评估技术报告》载明：消减倾倒危险废物中酸性物质对水体造成的损害需要花费 2541.205 万元；正常处理倾倒危险废物中的废酸需要花费 3662.0644 万元，根据常隆公司等六家公司副产酸的不同浓度，常隆公司每吨需花费 1507.69 元、锦汇公司每吨需花费 1669.23 元、施美康公司每吨需花费 700 元、申龙公司每吨需花费 1238.46 元、富安公司每吨需花费 1754.31 元、臻庆公司每吨需花费 1453.85 元。

专家辅助人东南大学能源与环境学院吕锡武教授在庭审中发表意见认为，向水体倾倒危险废物的行为直接造成了区域生态环境功能和自然资源的破坏，无论是对长江内河水生态环境资源造成的损害进行修复，还是将污染引发的风险降至可接受水平的人工干预措施所需费用，均将远远超过污染物直接处理的费用；由于河水的流动和自我净化，即使倾倒点水质得到恢复，也不能因此否认对水生态环境曾经造成的损害。

另查明，原告泰州市环保联合会于2014年2月25日经泰州市民政局批准设立，系接受泰州市原环境保护局指导的非营利性社团组织，其业务范围包括提供环境决策建议、维护公众环境权益、开展环境宣传教育、政策技术咨询服务等。

2. 法院判决

泰州市中级人民法院一审判决：其一，常隆公司、锦汇公司、施美康公司、申龙公司、富安公司、臻庆公司在判决生效后九个月内分别赔偿环境修复费用人民币82701756.8元、41014333.18元、8463042元、26455307.56元、1705189.32元、327116.25元，合计160666745.11元，用于泰兴地区的环境修复。其二，常隆公司等六家公司在判决生效后十日内给付泰州市环保联合会已支付的鉴定评估费用10万元，其中：常隆公司给付51473.5元，锦汇公司给付25527.5元，施美康公司给付5267.5元，申龙公司给付16466元，富安公司给付1061.5元，臻庆公司给付204元。

常隆公司、锦汇公司、施美康公司、申龙公司不服泰州市中级人民法院的一审判决，提起上诉。江苏省高级人民法院经审理，作出二审判决：其一，维持泰州市中级人民法院〔2014〕泰中环公民初字第00001号民事判决第一项中关于赔偿数额部分，即常隆公司、锦汇公司、施美康公司、申龙公司、富安公司和臻庆公司分别赔偿环境修复费用人民币82701756.8元、41014333.18元、8463042元、26455307.56元、1705189.32元、327116.25元，合计160666745.11元。其二，维持泰州市中级人民法院〔2014〕泰中环公民初字第00001号民事判决第二项。其三，常隆公司、锦汇公司、施美康公司、申龙公司、富安公司和臻庆公司应于本判决生效之日起30日内将本判决第一项所列款项支付至泰州市环保公益金专用账户；逾期不履行的，应当加倍支付迟延履行期间的债务利息。如果当事人提出申请，且能够在本判决生效之日起30日内提供有效担保的，上述款项的40%可以延期至本判决生效之日起一年内支付。其四，本判决生效之日起一年内，如常隆公司、锦汇公司、施美康公司、申龙公司、富安公司、臻庆公司能够通过技术改造对副产酸进行循环利用，明显降低环境风险，且一年内没有因环境违法行为受到处罚的，其已支付的技术改造费用可以凭环保行政主管部门出具的企业环境守法情况证明、项目竣工环保验收意见和具有法定资质的中介机构出具的技术改造投入资金审计报告，向泰州市中级人民法院申请在延期支付的40%额度内抵扣。

二审判决生效后，锦汇公司不服，向最高人民法院申请再审。最高人民法院经立案审查，裁定驳回锦汇公司的再审申请。

3. 案件争议焦点

（1）泰州市环保联合会是否为适格原告？

被告认为，2014年修订的《环境保护法》第五十八条规定专门从事环境保护公益活动连续五年以上且无违法记录的社会组织才可以向法院提起诉讼。但是，泰州市环保联合会成立时间尚不满一年，不具有诉讼主体资格。

（2）本案是否存在环境污染损害结果？

被告认为，如泰运河、古马干河水质已经恢复到先前的状况，不用再借助人为干涉方法进行水质恢复，因此泰州市环保联合会按照假设治理费用的估算方式来估算损失缺少实际依据。另外，富安公司还宣布该公司已经改进工艺，以树脂代替原工艺中的浓硫酸作为催化剂，生产中已无废硫酸产生。江苏省环境科学学会出具的《评估技术报告》无鉴定人签名，也没有看到其鉴定资质，没有严格执行GB2085系列国家标准，将案涉副产酸鉴定为废物的程序不合法。

（3）被告常隆等化工企业处置其生产的副产酸行为与如泰运河和古马干河环境污染损害结果之间是否存在因果关系？

被告提出，常隆等化工企业生产的副产酸并非危险废物，而是依法生产经营的产品。贸易公司具备购买副产酸的资格，购买前均经过公安部门备案。常隆等化工企业的生产销售行为合法，且对贸易公司倾倒副产酸之事并不知情，故环境污染与常隆等化工企业无法律上的因果关系。

（4）本案中的修复费用如何计算？

被告认为，水体修复是在采取应急措施后污染依然无法消除情况下采取的人工干预措施。基于长江的流量、流速、自净能力，倾倒行为造成的损害属于期间损害，水体已经恢复到以往的水质标准，客观上已不再需要进行人工干预，由其承担环境修复费用不符合规定。生态环境资源的损害评估不适用于《环境损害鉴定评估推荐方法（第Ⅱ版）》第3.2条规定，财产损害也不包括国家和集体所有的自然资源，原告将被污染河流的环境修复与地区生态环境修复错误混同。本案即使需要承担赔偿责任，也应以《评估技术报告》推荐的试验值法即2541.205万元作为依据。

（5）二审法院判决六被告公司凭环境保护行政主管部门出具的企业环境守法情况证明、项目竣工环保验收意见和具有法定资质的中介机构出具的技术改造投入资金审计报告，可抵扣40%的生态环境修复费用是否合理？

（三）法理评析

1. 关于泰州市环保联合会是否为适格原告的问题

本案原告泰州市环保组织于2014年2月经当地有关部门核准设立，成立不满一年时间，的确不符合2014修订的《环境保护法》第五十八条关于"专门从事环境保护公益活动连续五年以上"的规定。但是，2014年新修订的《环境保护法》从2015年1月1日起才开始执行，本案发生的时间在2015年1月1日之前，因此本案不适用《环境保护法》第五十八条的规定。原告依据《中华人民共和国民事诉讼法》第五十五条的规定提起环境公益诉讼，其提起环境公益诉讼满足建立环境公益诉讼体系的立法本质和该机构建立的目的。因此，本案中，泰州市环保联合会是适格原告。

2. 关于本案的环境污染损害结果是否存在的问题

本案中，常隆等化工企业非法处置的酸性物质属于危险废物。被告生产过程中产生的副产酸经检测pH均小于1，根据《危险废物鉴别标准腐蚀性鉴别标准》，pH≤2.0即具有危险废物的腐蚀性特征。尽管如泰运河、古马干河水质符合相关检测标准，然而由于水具有流动性，污染源一定会随水流向下游流动，倾倒点水体的恢复并不能说明整个地区水生态环境已经恢复。本案中，倾倒行为是客观存在的，对环境污染损害也是客观存在的，尽管河流具有自净功能，但不能就此否认对河流的水生态环境造成破坏。

3. 关于被告常隆等化工企业处置其生产的副产酸行为与如泰运河和古马干河环境污染损害结果之间是否存在因果关系问题

被告常隆等化工企业负有防范其生产的副产酸污染环境的义务。我国《水污染防治法》第二十九条规定，禁止向水体排放油类、酸液、碱液或者剧毒废液。向水体倾倒数万吨酸液必然会导致环境污染，这是人所共知的常识。泰兴市环境监测站环监（水）字〔2013〕第（002）号《水质监测报告》表明，2012年11月22日，如泰运河各监测点的 pH 在 3.01 至 4.03 之间，其酸浓度在正常河流允许最高浓度的 100 倍至 1000 倍之间。化学需氧量、氨氮、总磷监测结果也全面超标。被告常隆等化工企业质疑江苏省环境科学学会于 2014 年 4 月出具的《评估技术报告》评估程序、危险废物鉴别检测取样方法和样本数量等事项，试图以此说明其处置的副产酸不属于危险废物，但并未否认其处置案涉副产酸的浓度以及 pH 小于 1 的测试结论。实际上，无论案涉副产酸是否属于危险废物，法律都已明文禁止向水体排放。被告常隆等化工企业作为副产酸的生产厂家，在明知副产酸的市场需求弹性不足的情况下，应当预见到相当数量的副产酸不可能作为原料进入生产领域，过剩副产酸的无序流转存在极大环境风险。被告常隆等化工企业对案涉副产酸的处置行为必须尽到谨慎注意义务并采取一切必要的、可行的措施防止其最终被倾倒，但被告在明知副产酸极有可能被非法倾倒情况下，却持放任态度。其向并不具备副产酸处置能力和资质的企业销售副产酸，应视为在防范污染物对环境污染损害上的不作为，该不作为与环境污染损害结果之间存在法律上的因果关系。

本案中，被告常隆等化工企业的补贴销售行为是违法倾倒案涉副产酸得以实施的必要条件，也是造成如泰运河和古马干河环境污染的直接原因。常隆等化工企业主张其与江中公司等企业之间就副产酸销售订立买卖合同，同时向买方以运费或其他产品销售价格让利等形式支付补贴属行业惯例，以此证明其处置行为的合法性，但均未能就运费价格的计算依据作出合理解释，所支付的补贴远不足填补对副产酸作无害处理所需费用。如果常隆等化工企业对其处分副产酸方式的性质果真认知为合法行为和行业惯例，那么完全可以直接与有副产酸处置资质的企业签订委托处置合同并向其支付报酬，而根本无需采取此种先以象征性价格出售再远超售价进行补贴的方式。由于当时化工行业不景气，副产酸无法销售导致胀库，为降低处置成本，规避责任，以销售的形式作掩护处置副产酸。对常隆等化工企业而言，以每吨 1 元的象征性价格并支付每吨 20 元至 100 元不等的补贴向倾倒者销售，案涉副产酸实际上已经处于被抛弃状态。其将实际上已经处于被抛弃状态的副产酸补贴销售给江中公司等企业，不仅给倾倒者提供了污染源，而且客观上使倾倒者获取了非法利益，其行为与如泰运河、古马干河环境污染损害结果之间存在事实上的因果关系。

我国《民法典》第一千二百二十九条规定:"因污染环境、破坏生态造成他人损害的,侵权人应当承担侵权责任。"第一千二百三十条规定:"因污染环境、破坏生态发生纠纷,行为人应当就法律规定的不承担责任或者减轻责任的情形及其行为与损害之间不存在因果关系承担举证责任。"(本案审理时,适用《侵权责任法》第六十五条、第六十六条规定)上述规定体现了生态环境侵权责任的归责原则,即无论被告常隆等化工企业是否存在过错,只要其行为与造成的环境损害之间存在因果关系,都应当对其造成的生态环境损害承担侵权责任。本案中,被告常隆等化工企业并未举证证明其存在法律规定的不承担责任或者减轻责任的情形,也未证明其行为与损害结果之间不存在因果关系。因此,被告常隆等化工企业应当对其造成的环境损害承担侵权责任。

4. 关于本案修复费用的计算问题

虽然河流具有一定的自净能力,但是环境容量是有限的,向水体大量倾倒副产酸,必然对河流的水质、水体动植物、河床、河岸以及河流下游的生态环境造成严重破坏。如不及时修复,污染的累积必然会超出环境承载能力,最终造成不可逆转的环境损害。因此,不能以部分水域的水质得到恢复为由免除污染者应当承担的环境修复责任。本案中,原告泰州市环保联合会申请东南大学能源与环境学院吕锡武教授作为专家辅助人出席一审庭审,对鉴定意见以及本案所涉专业问题提出意见。专家辅助人认为,向水体倾倒危险废物的行为直接造成了区域生态环境功能和自然资源的破坏,无论是对长江内河水生态环境资源造成的损害进行修复,还是将污染引发的风险降至可接受水平的人工干预措施所需费用,均将远远超过污染物直接处理的费用;由于河水的流动和自我净化,即使倾倒点水质得到恢复,也不能因此否认对水生态环境曾经造成的损害。此外,鉴定人出庭接受询问时也表示,无法计算得到实际人工干预的费用或者难于计算人工干预的费用,可以采用虚拟治理成本法计算损失。

水环境具有流动性,污染行为瞬间发生,损害现场无法复原,属于《环境污染损害数额计算推荐方法》第Ⅰ版规定的环境修复费用难于计算的情形,可以采用虚拟治理成本法来计算环境修复费用。且《环境污染损害数额计算推荐方法》第Ⅱ版与第Ⅰ版关于虚拟治理成本法的规定并无本质区别。因此，法院以《评估技术报告》确定的锦汇公司被江中公司倾倒的副产酸治理成本、被倾倒的数量再乘以Ⅲ类地表水环境功能敏感程度推荐倍数 4.5 ~ 6 倍的下限 4.5 倍计算环境修复费用，符合法律和相关环境技术标准的规定。

5. 关于二审法院判决六被告公司凭环境保护行政主管部门出具的企业环境守法情况证明、项目竣工环保验收意见和具有法定资质的中介机构出具的技术改造投入资金审计报告，可抵扣 40% 的生态环境修复费用是否合理的问题

本案系社会组织为了保护环境，维护社会公共利益而提起的环境民事公益诉讼，其目的是发现污染环境、破坏生态行为，通过诉讼程序有序参与环境治理，以法治思维和法治方式解决环境保护领域的矛盾纠纷。本案审理法院贯彻《环境保护法》的基本理念，把生态保护和环境修复放在优先位置，依法认定生态环境受到损害，并根据《评估技术报告》以及专家意见合理确定生态环境修复费用，依法追究污染者的环境侵权责任。同时，充分运用司法智慧和审判手段，依法妥善平衡各方利益冲突，创新环境修复费用履行方式。

二审判决生效后，六家被告企业中的三家企业积极履行了全部判决内容。施美康公司、常隆公司虽曾向法院申请再审，但最终撤回其再审申请。常隆公司在撤回再审申请时表示，从保护环境和维护社会公共利益角度出发，二审判决与企业自身发展目标是一致的。常隆公司在履行二审判决的过程中，从源头上解决企业在环境保护方面存在的问题，投入 4700 余万元用于副产酸循环利用等环境项目的建设，并已通过验收、投入运行。常隆公司已经履行完毕二审判决的全部内容，案件给常隆公司造成的负面影响已经转化为企业改正错误、履行环境保护责任的正能量。

二审判决判令六家被告企业需凭环境保护行政主管部门出具的企业环境守法情况证明、项目竣工环保验收意见和具有法定资质的中介机构出具的技术改造投入资金审计报告抵扣 40% 环境修复费用的目的，是为了确定被告常隆等化工企业是否已经充分履行了技术改造义务，督促企业贯彻可持续发展理念，将环境保护作为生产经营过程中的重要因素，积极履行生效判决内容，通过技术改造降低环境风险，承担企业应当承担的环境保护主体责任和社会责任。由此可见，二审判决不仅没有干涉企业的自主经营权，反而发挥了环境民事公益诉讼应有的评价指引功能，指引排污企业通过技术创新和改造，担负起环境保护的企业责任。

五、常州市环境公益协会诉储卫清、常州博世尔物资再生利用有限公司等土壤污染民事公益诉讼案①

（一）案例要旨

本案入选最高人民法院 2015 年十大环境侵权典型案例。环境侵权案件具有很强的专业性、技术性，对于污染物认定、损失评估、因果关系认定、环境生态修复方案等问题，通常需要从专业技术的角度作出评判。受案法院在审理过程中，邀请环境保护专家担任人民陪审员，委托专业机构进行鉴定评估，制作生态环境修复方案，很好地发挥了技术专家和专业机构的辅助与支持作用。受案法院将土壤修复方案向社会公布、听取公众意见，保障了公众对环境修复工作的有效参与。

（二）案情概要

1. 基本案情

常州博世尔物资再生利用有限公司（博世尔公司）成立于 2008 年 7 月，从事利用废灰、废渣制造免烧砖和提炼次氧化锌的生产经营，经营地址为常州市武进区湟里镇东安农行北，注册资金为 100 万元。2012 年，博世尔公司停止了生产经营活动，其场地交由储卫清使用。

储卫清自 2012 年 9 月 1 日起至 2013 年 12 月 11 日案发，在博世尔公司的场地上从事"含油滤渣"的处置经营。储卫清不具备危险废物经营许可证，按照《危险废物经营许可证管理办法》的规定，不能从事危险废物的收集、贮存和处置。在上述期间，储卫清利用被告无锡金科化工有限公司（金科公司）的危险废物经营许可证及该公司名义与被告无锡翔悦石油制品有限公司（翔悦公司）签订《废油处置合同》、与被告常州精炼石化有限公司（精炼公司）签订《油渣、白土渣回收协议》，将从翔悦公司、精炼公司

① 案例来源：江苏省常州市中级人民法院〔2014〕常环公民初字第 2 号民事判决书。

处违规购置的油泥、滤渣提炼废润滑油进行销售牟利。翔悦公司、精炼公司明知储卫清没有危险废物经营许可证，在没有办理危险废物转移联单的情况下违规向储卫清提供了相关危险废物。

2013 年 4 月至 8 月间，江苏省常州市武进区原环保局接群众举报，多次到被告博世尔公司现场检查，责令被告储卫清停止废油回收加工，对露天堆放的原料、燃料移至室内储存，防止渗滤液及场地水排入外环境；对厂区东侧河浜采取油污拦积，对厂内含油滤渣、活性炭等物资委托有资质单位进行规范处置。

2013 年 12 月 11 日，被告储卫清在博世尔公司厂区内被公安民警抓获归案，场地上存有约 1200 吨废油渣。储卫清、翔悦公司以及向储卫清提供废油渣的于日波因涉嫌污染环境罪由武进区人民检察院向武进区人民法院提起公诉，常州市武进区人民法院以储卫清犯污染环境罪，判处其有期徒刑四年，并处罚金人民币 20 万元；以翔悦公司犯污染环境罪，判处罚金人民币五十万元；以于日波犯污染环境罪判处有期徒刑三年，缓期五年执行，并处罚金人民币 10 万元。

本案审理中，为确定环境污染损害价值、制定环境修复方案，法院委托江苏常环环境科技有限公司（以下简称常环公司）进行评估鉴定，同时为鼓励环境污染当地群众积极参与环境修复，要求常环公司出具三套环境生态修复方案。2014 年 8 月 6 日，法院将三套方案在受污染场地周边予以公示，并于 8 月 12 日到现场以发放问卷的形式收集公众意见。法院以该公众意见作为重要参考并结合案情最终确定了环境生态修复方案，要求常环公司按照生态环境修复方案提供鉴定结论。常环公司于 2014 年 9 月 3 日向法院提供了《常州市博世尔物资再生利用有限公司场地环境污染损害评估技术报告》，结论为按确定的方案修复博世尔公司场地内被污染的环境和生态，需要支出人民币 2830700 元。本案的评估费用为人民币 359700 元。

法院结合本案的证据对案件争议的下列事实进行了认定：其一，被告博世尔公司对于储卫清在无经营许可证的情况下使用其场地及设备进行"含油滤渣"的处置经营是明知的。储卫清自 2012 年 9 月 1 日起至 2013 年 12 月 11 日被抓获为止，在博世尔公司场地内从事"含油滤渣"处置经营长达一年之久，博世尔公司称其对储卫清使用其场地处置危险废物的行为不知情不符合常理。博世尔公司提供了储卫清在 2013 年 10 月 22 日署名的承诺书，内容为："从 2013 年 10 月 22 日起，由于本人生产原因，造成博世尔物资再生利用有限公司土地不能征用，由本人负责，运输装料除外。"该承诺书清楚表明，博世尔公司对储卫清使用其土地是明知的，且因博世尔公司本身系从事废物利用、化工生产的单位，其对环保基本知识和环保基本要求应当是明知的。其二，被告金科公司将危险废物经营许可证借给被告储卫清使用。根据储卫清、储斌辉在公安机关的陈述材料，以及翔悦公司、精炼公司经办人的陈述，可以证明金科公司副总经理储斌辉系储卫清的同学，其明知储卫清在自行处置危险废物，仍然向储卫清提供了加盖公章的危险废物经营许可证复印件，为储卫清收集、贮存、处置危险废物提供了支持。其三，截至 2013 年 2 月，翔悦公司负责油泥、滤渣处置经办人于日波仅向金科公司提供近 10 吨的油泥滤渣并办理了转移联单，其余 200 余吨油泥滤渣交由无危险废物经营许可证的储卫清非法处置。2014 年 3 月，经江苏省固体有害废物登记和管理中心认定，翔悦公司产生的含油滤渣属于危险废物"石油炼制过程中产生的废弃过滤黏土"，应委托有资质的单位处置利用。其四，精炼公司自 2012 年 3 月至 2013 年 10 月间，共向储卫清提供精炼公司所产生的白土渣和油渣共 500 余吨。2014 年 1 月，经江苏省固体有害废物登记和管理中心认定，精炼公司产生的白土渣属于危险废物"石油炼制过程中产生的废气过滤黏土"，产生的废油渣属于危险废物"石油炼制过程中产生的酸焦油和其他焦油"。

2. 法院判决

江苏省常州市中级人民法院判决：一、储卫清于本判决发生法律效力之日起九十日内向江苏省常州市生态环境法律保护公益金专用账户支付环境修复赔偿金 2830700 元，向常环公司支付评估费用 359700 元。二、博世尔公司、金科公司、翔悦公司、精炼公司对上述第一项判决储卫清应承担的责任承担连带责任。

3. 案件争议焦点

（1）常州市环境公益协会作为本案原告主体是否适格？

（2）本案中五被告是否应承担侵权责任？分别应如何承担侵权责任？

（三）法理评析

1. 关于常州市环境公益协会是否为适格原告的问题

我国《民事诉讼法》第五十五条规定："对污染环境、侵害众多消费者合法权益等损害社会公共利益的行为，法律规定的机关和有关组织可以向人民法院提起诉讼。"上述法律，强调了作为公益诉讼的原告，为法律规定的机关有关组织。本案审理时，我国《环境保护法》尚未生效实施，所以本案不适用《环境保护法》第五十八条关于社会组织提起环境公益诉讼的条件的规定。

此外，由于环境公益诉讼除了能够有效维护环境公共利益之外，还具有独特的社会调节功能和政策形成功能，并具有有效弥补行政管理手段不足的功能。因此本案审理法院对于"有关组织"作为公益诉讼原告持放宽的态度，即根据《社会团体登记管理条例》《民办非企业单位登记管理暂行条例》《基金会管理条例》的规定，认定保持一定开放性的社会团体、民办非企业单位以及基金会等可以成为公益诉讼的原告。而本案的原告常州市环境公益协会系以从事环境保护公益事业为宗旨的社会团体，其成为公益诉讼的原告符合《民事诉讼法》第五十五条规定的要求。所以，常州市环境公益协会是本案适格原告。

2. 关于本案中五被告应如何承担环境侵权责任的问题

本案被告储卫清违反国家规定，未向常州市武进区原环保局报批环境影响评价文件，未配套验收大气污染防治设施，未建成固体污染物污染环境防治设施，且在未取得危险废物经营许可证的情况下，使用博世尔公司的场地及设备，以金科公司的危险废物经营资质及该公司名义，将从翔悦公司、精炼公司购买的油泥、滤渣进行非法处置，污染周边环境，生态修复费用达 2830700 元。根据我国《民法典》第一千二百二十九条（原《侵权责任法》第六十五条）关于"因污染环境、破坏生态造成他人损害的，侵权人应当承担侵权责任"之规定，储卫清的行为构成环境污染侵权，应对该 2830700 元承担民事赔偿责任，并应支付评估费用。

被告博世尔公司明知储卫清无危险废物经营许可证，对储卫清在公司住所地非法从事危险废物处置的行为未予制止，实际上为储卫清持续实施环境污染行为提供了场所和便利，造成其场地内环境污染损害结果的发生。博世尔公司之行为，与本案中其他四被告之行为相互结合，共同导致损害结果的发生。

金科公司副总经理储斌辉在明知储卫清存在违规自行处置危险废物行为的前提下，在储卫清提供的以其公司名义与翔悦公司签订的《废油处置协议》上加盖其公司公章，并将盖有本公司公章的危险废物经营许可证复印件交由储卫清使用。金科公司对储卫清要利用其危险废物经营许可证从事非法处置危险废物的行为在主观上是明知的。而金科公司在协议上加盖公章并将复印件交储卫清使用的行为，成为储卫清与翔悦公司、精炼公司签订协议，购买危险废物自行进行处置的前提条件。金科公司之该行为，与其他四被告之行为相互结合，共同导致环境污染损害结果的发生。

《危险废物经营许可证管理办法》第十五条规定，禁止将危险废物提供或委托给无经营许可证的单位进行收集、储存、处置。依法处置危险废物应当支付相应处置费用，同时应当办理危险废物转移联单。本案中，翔悦公司和精炼公司违规操作，将其生产经营过程中产生的危险废物交由不具备资质的储卫清处置，非但没有办理危险废物转移联单，不支付相应处置费用，还向储卫清收取该危险废物的出售价款，其主观上对于储卫清违规自行处置危险废物的行为是明知的。该两公司之行为与其余三被告之行为相互结合，与环境污染损害结果之发生具有必然的因果关系。

故根据我国《民法典》第一千一百六十八条（原《侵权责任法》第八条）关于"二人以上共同实施侵权行为，造成他人损害的，应当承担连带责任"之规定，博世尔公司、金科公司、翔悦公司与精炼公司与被告储卫清构成共同侵权，应对本案损害结果承担连带赔偿责任。

六、江苏省常州市人民检察院诉许建惠等环境民事公益诉讼案①

（一）案例要旨

本案是全国人大常委会授权检察机关开展公益诉讼试点工作后全国首例由检察机关提起的民事公益诉讼案件，最高人民检察院将本案确定为指导性案例。本案在以下几个方面对检察机关提起环境民事公益诉讼具有指

---

① 案例来源：江苏省常州市中级人民法院〔2015〕常环公民初字第 1 号民事判决书。本案被最高人民检察院确定为指导性案例（第 28 号）。

导意义：

一是检察机关应充分开展调查核实，查明案件事实。调查核实的事实主要包括以下方面：（1）侵权人实施了污染环境的行为；（2）侵权人的行为已经损害社会公共利益；（3）侵权人实施的污染环境行为与损害结果之间具有关联性。

二是准确定位民事侵权责任，提起公益诉讼。侵权人因同一行为应当承担行政责任或者刑事责任的，不影响依法承担侵权责任。污染环境、食品药品安全领域侵害众多消费者合法权益等损害社会公共利益的侵权人，因该侵权行为受过行政或刑事处罚，不影响对该侵权人提起民事公益诉讼。罚款或罚金均不属于民事侵权责任范畴，不能抵消损害社会公共利益的侵权损害赔偿金额。

三是检察机关提起环境民事公益诉讼的第一诉求应是停止侵害、排除危险和恢复原状。其中，"恢复原状"应当是在有恢复原状的可能和必要的前提下，要求损害者承担治理污染和修复生态的责任。无法完全恢复或恢复成本远远大于其收益的，可以准许采用替代性修复方式，也可以要求被告承担生态环境修复费用。

四是围绕生态环境修复实际，确定赔偿费用。环境污染所致生态环境损害无法通过恢复工程完全恢复的，恢复成本远大于收益的，缺乏生态环境损害恢复评价指标、生态环境修复费用难以确定的，可以参考原环境保护部制定的《环境损害鉴定评估推荐方法》，采用虚拟治理成本法计算修复费用。

五是环境民事公益诉讼案件涉及土壤污染、非法排污、因果关系、环境修复等大量的专业技术问题，检察机关可以通过甄选环境专家协助办案，厘清关键证据中的专业性技术问题。专家辅助人出庭就鉴定人作出的鉴定意见或者就因果关系、生态环境修复方式、生态环境修复费用以及生态环境受到损害至恢复原状期间服务功能的损失等专门性问题，作出说明或提出意见，经质证后可以作为认定事实的根据。

（二）案情概要

1. 基本案情

2010 年上半年至 2014 年 9 月，被告许建惠、许玉仙在江苏省常州市武进区遥观镇东方村委东方村租用他人厂房，在无营业执照、无危险废物经营许可证的情况下，擅自从事废树脂桶和废油桶的清洗业务。洗桶产生的废水通过排污沟排向无防渗漏措施的露天污水池，产生的残渣被堆放在污水池周围。2014 年 9 月 1 日，公安机关在两被告洗桶现场查获各种废桶7789 只，其中 1500 只已清洗完毕，其余 6289 只尚未清洗。经常州市环境检测中心取样并委托南京大学现代分析中心检测，从现场尚未清洗的桶内检出对苯二甲酸和间苯二甲酸聚酯。经常州市固废与辐射环境管理中心认定，上述桶及桶内物质均属于《国家危险废物名录》所认定的危险废物。经江苏常环科技有限公司现场采样并委托澳实分析检测（上海）有限公司检测，从现场地下水、污水池内废水以及污水池四周堆放的残渣、污水池底部沉积物中均检出铬、锌等多种重金属及苯酚类、总石油烃等多种有机物。两被告行为已经构成污染环境罪，依法应追究刑事责任。2015 年 6 月17 日，常州市武进区人民法院作出刑事判决，被告许建惠因犯污染环境罪，被判处有期徒刑两年六个月，缓刑四年，并处罚金人民币 30 万元（已缴纳）；被告许玉仙因犯污染环境罪被判处有期徒刑二年，缓刑四年，并处罚金人民币 15 万元（已缴纳）。在缓刑考验期内两被告被禁止从事与排污有关的活动。

在案件审理过程中，公益诉讼人、两被告及委托代理人、本案专家辅助人以及当地政府工作人员及村民代表到受污染地进行现场勘验发现，厂区内尚留存 130 只未清洗化工桶，2 个污水池，污水池周边、厂区内围墙南侧堆放有固体残渣，污水池中蓄积有大量排污废水。常州市人民检察院于2015 年 12 月 21 日向常州市中级法院提起民事公益诉讼，请求判令被告许建惠、许玉仙赔偿污染环境修复费用 356.2 万元，请求判令被告消除危险，对于场地内遗留废物应当及时合法处置，并承担本案的鉴定评估费用。诉讼过程中，公益诉讼人将诉讼请求变更为：1. 判令两被告依法及时处置场地内遗留的危险废物，消除危险；2. 判令两被告依法及时修复被污染的土壤，恢复原状；3. 判令两被告依法赔偿场地排污对环境影响的修复费用，以虚拟治理成本 30 万元为基数，根据该区域环境敏感程度以 4.5 ~ 6 倍计算赔偿数额，该款项支付至常州市环境公益基金专用账户。

2. 法院判决

常州市中级人民法院判决：一、被告许建惠、许玉仙于本判决发生法律效力之日起十五内将常州市武进区遥观镇东方村委东方村洗桶场地内遗留的 130 只废桶、2 个污水池中蓄积的污水及池底污泥以及厂区内堆放的残渣委托有处理资质的单位全部清理处置，消除环境继续污染危险。二、被告许建惠、许玉仙于本判决发生法律效力之日起 30 日内，委托有土壤处理资质的单位制订土壤修复方案，提交常州市环境保护局审核通过后，60 日内实施。三、被告许建惠、许玉仙赔偿对其他环境造成的损失 150 万元，该款于本判决发生法律效力之日起 30 日内支付至常州市环境公益基金专用账户。

3. 案件争议焦点

（1）常州市人民检察院能否就本案提起民事公益诉讼？

公益诉讼人主张，本案属于公益诉讼。常州市环境公益协会成立不满五年，不符合《中华人民共和国环境保护法》第五十八条第二项规定的要求，目前不能作为公益诉讼的原告。因常州市目前没有能够提起环境民事公益诉讼的适格原告。所以常州市人民检察院作为公益诉讼人主体适格。被告主张，常州市环境公益协会作为环境公益诉讼原告的主体资格已经由〔2014〕常环公民初字第 2 号民事判决书确认，故常州市人民检察院作为公益诉讼人主体不适格。

（2）本案被告是否具有环境侵权行为？其行为是否造成了对环境的污染？

被告主张，其根本没有对外排放废水，对场地也从来没有排放废水。被告洗桶的废水是充分循环使用的，特地建造了两个污水沉淀池，把清洗产生的废水引入沉淀池，让污水沉淀，污水沉淀后再重复循环使用。本案中的《环境调查技术报告》关于土壤污染范围 100 平方米、污染土方量为 800 立方米、地下水污染面积 300 平方米、污染地下水量为 1560 立方米的结论没有任何科学依据，所谓场地排污也没有依据证明。

（3）本案被告的污染行为与损害结果之间是否具有因果关系？

被告主张，地下水检测污染物和污水池内检测污染物并不相同，污水池和地下水中污染物相同的大量指标并不相同，被告的行为和污染没有因果关系。本案不存在举证质证倒置的问题。根据《最高人民法院关于环境民事公益诉讼案件适用法律若干问题的解释》规定，公益诉讼人或者公益组织作为原告提起公益诉讼，必须向法庭提交证据证明被告实施了污染环境的行为，并且要证明这个行为造成的后果以及行为与后果存在因果关系，公益诉讼人负有举证责任。

（4）本案的环境修复费用如何计算？

被告认为，不能以宋剑湖作为敏感目标，也不能以宋剑湖水质确定虚拟治理成本。没有证据证明土壤存在污染，也就谈不上土壤修复费用问题。

（三）法理评析

1. 关于常州市人民检察院能否就本案提起民事公益诉讼问题

本案是环境民事公益诉讼。我国《民事诉讼法》第五十五条规定："对污染环境、侵害众多消费者合法权益等损害社会公共利益的行为，法律规定的机关和有关组织可以向人民法院提起诉讼。"2012年修订的《民事诉讼法》并没有明确规定检察机关提起民事公益诉讼的主体资格。2015年7月1日，全国人大常委会通过了《关于授权最高人民检察院在部分地区开展公益诉讼试点工作的决定》，授权最高人民检察院在北京、江苏、广东、贵州等十三个省、自治区、直辖市开展提起公益诉讼试点。最高人民检察院随后公布的《检察机关提起公益诉讼改革试点方案》规定，检察机关在履行职责中发现污染环境、食品药品领域侵害众多消费者合法权益等损害社会公共利益的行为，在没有适格主体或者适格主体不提起诉讼的情况下，可以向人民法院提起民事公益诉讼。经过两年试点，2017年6月28日全国人大常委会通过了关于修改《民事诉讼法》《行政诉讼法》的决定，增加了《民事诉讼法》第五十五条第二款，规定："人民检察院在履行职责中发现破坏生态环境和资源保护、食品药品安全领域侵害众多消费者合法权益等损害社会公共利益的行为，在没有前款规定的机关和组织或者前款规定的机关和组织不提起诉讼的情况下，可以向人民法院提起诉讼。前款规定的机关或者组织提起诉讼的，人民检察院可以支持起诉。"

本案检察机关和被告提出的理由都是不正确的。根据我国《环境保护法》第五十八条的规定，提起公益诉讼的社会组织需符合专门从事环境保护公益活动五年以上且无违法记录。2015年1月1日，修订后的《环境保护法》正式生效实施后，由于常州市环境公益协会成立未满五年，不具备提起环境公益诉讼的主体资格。但本案也不能以这个社会组织不符合公益诉讼主体资格为理由，就确认检察机关符合提起诉讼的主体资格。本案中，根据全国人大常委会的授权和最高人民检察院开展公益诉讼改革试点方案，江苏省是最高人民检察院指定的试点省份，常州市人民检察院作为公益诉讼人向法院提起环境民事公益诉讼是有法律依据的。需要注意的是，2017年《民事诉讼法》修改后，我国立法正式确立了人民检察院提起公益诉讼的原告主体资格。但是，根据《民事诉讼法》第五十五条第二款和最高人民检察院的有关规定，检察机关提起环境民事公益诉讼之前，应当向社会发出公告，在没有法律规定的机关和有关组织或者法律规定的机关和有关组织不提起诉讼的前提下，检察机关才可以向人民法院提起诉讼。

2. 关于本案被告的环境侵权行为及其造成对环境的污染后果的问题

本案中，南京大学现代分析中心出具的检测报告、常州固废与辐射环境管理中心出具的《关于对常州市永大容器包装厂等 4 家清洗的废包装桶属于危险废物的认定》和《关于遥观镇东方村洗桶厂地块内固废样品含有有毒物质的认定》、常环环境科技有限公司编制的《武进区遥观镇东方村洗桶厂场地环境调查技术报告》以及公安分局所作的讯问笔录、询问笔录都证实：被告从事非法洗桶业务四年多，其雇佣的工人罗忠芬、肖巍等人向公安机关陈述了每天洗桶至少 200 只，四年来洗桶总量至少 24 万只。参考有合法洗桶资质单位的环境影响报告书，折算清洗 24 万只桶产生的废水量为 524 吨到 720 吨之间。被告所洗废桶内含有对苯二甲酸和间苯二甲酸聚酯，属于危险废物。上述桶内的危险废物经清洗转移至废水内，废水又未经无害化处理就排入露天污水池。洗桶水是否经过沉淀、重量使用，并不影响其非法排放的危险废物总量。被告的排污总量应当确定为 24 万只废桶内所含有的危险废物，也相当于在水不重复使用的情况下造成并对外排放废水至少有 500 吨。因此，可以认定两被告至少产生 500 吨废水，被告的行为对环境造成了严重污染，被告实施环境污染行为的程度应以上述排污量来计算。

关于两被告行为造成的环境损害后果，现场遗留的废桶、残渣、污水池照片、常环环境科技有限公司编制的《武进区遥观镇东方村洗桶厂场地环境调查技术报告》和专家辅助人的专家意见都证明，两被告实施的污染行为除造成双方当事人均确认的东方村洗桶厂内两个污水池中蓄积的污水和池底污泥以及厂区内堆放的残渣污染外，还造成了地下水污染、污水池下方土壤及周边环境的污染。根据现场地下水的取样检测结果，地下水中超标因子包括重金属、总石油烃、氯代烷烃、苯系物等，以上化学物质均属污染物。以上污染物与洗桶行业的特征污染物相吻合，与污水池的废水、污泥中的污染物总体相一致。污染物在地下水中的含量远远超过了《地下水质量标准》的三类标准值，因此可以判定地下水确实造成了严重污染。虽因污水池下方土壤实际情况不符合取样条件，未作检测，但地下水的毛细现象和渗透扩散是一个普遍客观存在的自然现象，从地下水、污水池的污染数据，可以得出土壤被污染的结论。

由于两被告在长达四年多的排污过程中，至少有 24 万只桶内的残留化学物都留存在污水池中，而被告从未采取有效防范处理措施，无法做到化学物平衡，在各种气象及自然条件下，必然会导致污染物的外泄。而且，根据现场勘验的情况，洗桶厂内场地和污水池中残留的危险废物数量，已经远小于被告所排放污染物的保守数量。在被告未对危险废物进行合法处置的情况下，危险废物不可能自然消失，也不可能完全自然降解，必然发生流出洗桶场地的事实，对周边环境造成污染。

3. 关于被告的污染行为与损害结果之间的因果关系问题

本案中，洗桶厂所清洗的包装桶主要为各种树脂桶、油料桶等，化工特征明显，与污染物超标因子相符合。根据现场地下水、固废和污水池中的取样检测结果，地下水中超标因子包括重金属、总石油烃、氯代烷烃、苯系物等；固废中检出重金属、酮酚酸酯类、总石油烃、卤代脂肪烃（氯代烷烃属于卤代脂肪烃）、卤代芳香烃、单环多环芳香烃（苯系物属于单环芳香烃）等物质；污水池中检出重金属、酮酚酸酯类、总石油烃、卤代脂肪烃、单环多环芳香烃等物质。在地下水检测中超标的化学物质都能在固废取样和污水池取样中找到对应物。根据这样的对比，可以认为地下水中的污染物和固废、污水中的污染物属于同一来源，即来源于旧桶的清洗。

根据现场勘查结果，周边企业主要为机械厂（一家铝制品厂和一家交通设备配件厂）等非化工类企业，这些企业产生的污染物不可能在总石油烃等化工特征明显的因子上全系列超标。虽然现场固废污水池内所检出的污染物与地下水污染物不完全对应，但地下水污染物和洗桶行为的特征污染物能够完全对应。虽不能排除其他企业也污染了地下水，但足以认定被告的行为造成地下水污染。公益诉讼人已经提交证据材料证明本案被告排放的污染物与损害之间具有关联性。根据我国《民法典》第一千二百三十条（原《侵权责任法》第六十六条）之规定，因污染环境发生纠纷，污染者应当就其行为与结果之间不存在因果关系承担举证责任。由于被告并未举证证明，在地下水污染物和洗桶行为的特征污染物能够完全对应的情况下，应当认定两被告的行为与环境损害后果之间具有因果关系。

4. 关于本案的环境修复费用的计算问题

由于本案所涉地下水及洗桶厂周边环境，已难以通过工程予以恢复，其恢复成本远大于其收益并缺乏环境损害评价指标体系。根据原环保部制定的《环境损害鉴定评估推荐办法》第二版，恢复成本远大于其收益或缺乏生态环境损害评价指标的情形，可适用虚拟成本治理法计算修复费用。本案中，因两被告长期排污对地下水和周边环境造成的污染，符合虚拟治理成本治理法的适用的情形。根据常环环境科技有限公司《环境调查技术报告》，一般洗桶废水处置费用为 600 元每吨。本案两被告洗桶产生废水 500 吨，洗桶废水虚拟治理成本为 30 万元。最高人民法院《关于审理环境民事公益诉讼案件适用法律若干问题的解释》第二十三条规定："生态环境修复费用难以确定或者确定具体数额所需鉴定费用明显过高的，人民法院可以结合污染环境、破坏生态的范围和程度、生态环境的稀缺性、生态环境恢复的难易程度、防治污染设备的运行成本、被告因侵害行为所获得的利益以及过错程度等因素，并可以参考负有环境保护监督管理职责的部门的意见、专家意见等，予以合理确定。"因此，考虑到本案污染者的过错程度、污染物性质、周边环境敏感度等因素，法院酌情确定本案以虚拟治理成本 5 倍计算赔偿数额为 150 万元。

七、自然之友诉江苏大吉发电有限公司大气污染责任公益诉讼案①

（一）案例要旨

北京市朝阳区自然之友环境研究所诉江苏大吉发电有限公司大气污染

---

① 案例来源：江苏省盐城市中级人民法院〔2018〕苏 09 民初 25 号民事判决书；江苏省高级人民法院〔2020〕苏民终 158 号民事判决书。

环境民事公益诉讼案涉及公用企业超标排放的大气环境污染责任。该公司系垃圾焚烧企业,在生产过程中多次违法超标排放,对大气造成严重污染。诉讼中,大吉公司积极整改,停止侵害,实现达标排放,监测设备正常运行,法院根据具体情况没有判决被告停止侵害、消除危险,但要求被告依法承担修复生态和承担相关费用的责任。本案经一审、二审,确认了如何认定生态环境侵权行为人的过错,并通过与泰州市环保联合会诉江苏常隆农化有限公司等环境污染侵权民事公益诉讼案的比较,对技改抵扣规则的司法适用进行了有益的探索。

(二) 案情概要

1. 基本案情

原告北京市朝阳区自然之友环境研究所(简称自然之友)于 2010 年 6 月 18 日经北京市朝阳区民政局登记注册,系从事非营利性社会服务活动的社会组织,业务范围为固体废弃物处理技术研究及相关政策研究、固体废弃物对生态环境的影响研究、固体废弃物研究相关科普活动推广和固体废弃物研究相关环境教育活动推广。经北京市朝阳区民政局年度检查,2010—2015 年度均为合格或基本合格。自然之友提供了自成立以来无违法记录的声明。

江苏大吉发电有限公司(简称大吉公司)成立于 2003 年 9 月,系盐城市区唯一的生活垃圾焚烧发电企业,经营范围包括再生资源电力、热力生产销售;煤灰、煤渣销售。该公司的垃圾焚烧发电项目于 2003 年经江苏省发展计划委员会、盐城市原环境保护局批准建设,于 2005 年 7 月建成并投产运行,于 2008 年 3 月 31 日通过环保竣工验收,共新上 3 台 75 吨循环流化床锅炉,配套"旋风除尘 + 半干法脱硫 + 布袋除尘"设施,并留有增加活性炭吸附二噁英设施的余地,大气排放执行《生活垃圾焚烧厂评价标准》(CJJ/T137—2010),日处理盐城市直、盐都区、亭湖区、市开发区、城南新区的生活垃圾约 1200 吨。2014 年 7 月 1 日,新排放标准颁布,要求现有生活垃圾焚烧炉自 2016 年 1 月 1 日起执行新标准。因大吉公司建厂较早、工艺技术趋于落后,二氧化硫、氮氧化物、颗粒物等大气污染物一直未能实现达标排放。根据盐城市重点污染源在线监测平台及大吉公司省控烟气在线监测平台的数据,在 2017 年 1 月 19 日至 2018 年 7 月 31 日期间,大吉公司颗粒物、二氧化硫及氮氧化物存在超标排放情况。盐城市原环境保护局、盐城市盐都区原环境保护局分别于 2017 年 2 月、3 月、7 月、8 月和 2018 年 6 月、8 月、9 月多次对大吉公司作出行政处罚，罚款合计 900 余万元。由于大吉公司生产经营业务涉及重大社会公共利益，盐城市、区两级环保部门对该公司未实施停产整治等强制措施。在此期间，大吉公司就执行排放标准、停产技改及整体搬迁等问题多次向当地政府及其环保部门提交书面报告，盐城市政府在相关专题会议纪要中明确涉案垃圾焚烧发电项目将整体搬迁至静脉产业园，并要求大吉公司在搬迁过渡期间必须按照环保要求进行技改。2017 年 11 月 17 日，大吉公司与南京格洛特环境工程股份有限公司签订《烟气治理装置技术改造项目总承包商务合同》，对大吉公司的 2 号垃圾焚烧炉烟气脱酸、除尘、脱硝系统进行提标改造。2018 年 1 月 17 日，自然之友以大吉公司为被告提起民事公益诉讼。

另查明，原告自然之友与北京市瑾瑞律师事务所于 2017 年 12 月 7 日订立《民事案件委托合同》，约定律师代理费 18 万元，并提交了 2018 年 2 月 12 日汇款发票。原告自然之友主张为诉讼支出交通住宿及伙食补助等差旅费用合计 19117.5 元，并提供了相关航空运输电子客票行程单以及住宿发票等。

本案审理中，大吉公司于 2018 年 5 月完成 2 号焚烧炉技改工作，并于同年 6 月 7 日与生态环境行政主管部门实施了有效联网。6 月 8 日，大吉公司 3 号焚垃圾烧炉停止运行。同年 7 月 12 日，经盐城市盐都区环境监测站监测，大吉公司 2 号垃圾焚烧炉排放废气中的颗粒物、二氧化硫、氮氧化物浓度未超标；次日，经浙江亚凯监测科技有限公司的检测，2 号垃圾焚烧炉技改验收达标；同月 31 日，大吉公司 1 号垃圾焚烧炉也停止运行。2019 年 5 月 20 日，大吉公司全面停产，开始将涉案垃圾焚烧发电项目搬迁至盐城市静脉产业园，并于同年 7 月 29 日完成调试投运，经试运行正常满负荷运行，日处理生活垃圾 1400～1500 吨，各项排放指标均已达标，运行稳定。

经原告自然之友申请，法院委托生态环境部南京环境科学研究所对大吉公司 2017 年 1 月至稳定达标排放期间超标排放造成的大气污染量及其治理费用进行鉴定。2019 年 3 月，南京环科所作出《大吉公司空气污染环境损害鉴定评估报告》，鉴定意见为：其一，在不采取替代性修复措施情况下，采用虚拟治理成本法对大吉公司自 2017 年 1 月 19 日至 2018 年 7 月 31

日期间废气污染物超标排放行为进行环境损害量化评估，生态环境损害数额为人民币 5530065.06 元；其二，大吉公司废气污染物超标排放事件造成了生态环境系统污染及损害，可选取植树造林的生态修复技术作为生态环境替代性修复方案。诉讼中，经原告自然之友申请，法院再次委托南京环科所对都环罚字〔2018〕17 号、都环罚字〔2018〕25 号及盐环罚字〔2018〕78 号《行政处罚决定书》中确定大吉公司的超标排放环境损害数额及大气治理费用进行补充鉴定。2019 年 9 月，南京环科所作出《大吉公司空气污染环境损害鉴定评估补充报告》，鉴定评估意见为：在不采取替代性修复措施情况下，采用虚拟治理成本法对大吉公司在 2017 年 9 月 12 日、12 月 13 日、2018 年 3 月 14 日、4 月 26 日和 7 月 10 日期间废气污染物超标排放行为进行环境损害量化评估，新增生态环境损害数额约为人民币 31446.87 元。为查明大吉公司造成的大气污染量及其治理费用，法院两次委托南京环科所进行鉴定评估支出的鉴定评估费用 72 万元。

2. 法院判决

江苏省盐城中级人民法院判决：一、被告大吉公司应当于本判决生效之日起三个月内赔偿大气环境治理费用 5561511.93 元，用于盐城市大气环境修复治理；二、被告大吉公司就 2017 年 1 月 19 日至 2018 年 7 月 31 日期间向大气环境超标排放污染物的违法行为在江苏省级媒体上向社会公开赔礼道歉；三、被告大吉公司应当于本判决生效之日起十日内支付原告自然之友支出的补充鉴定费 3 万元、律师代理费 18 万元、差旅费 19097.50 元，共计 229097.50 元。

被告不服一审判决提起上诉，江苏省高级人民法院二审判决：一、驳回上诉，维持原判；二、大吉公司应当于本判决生效之日起十日内支付北京市朝阳区自然之友环境研究所的律师代理费 9 万元、差旅费等 1547.3 元，合计 91547.3 元。

3. 案件争议焦点

（1）被告大吉公司提出其超标排放污染物无主观过错，不应承担侵权责任。大吉公司是否应当承担侵权责任？

（2）被告大吉公司应当如何承担大气污染侵权责任？

（3）被告大吉公司提出以技改费用抵扣大气环境治理费用。本案中，大吉公司停产技改、整体搬迁费用能否抵扣其应予赔偿的生态修复费用？

在这个问题上，本案与泰州市环保联合会诉江苏常隆农化有限公司等环境污染侵权民事公益诉讼案有何不同？

（4）法院判决被告大吉公司承担鉴定费、律师代理费、差旅费共计229097.50元是否合理？

（三）法理评析

1. 关于被告大吉公司是否存在过错和是否应当承担侵权责任的问题

我国《民法典》第一千二百二十九条规定："因污染环境、破坏生态造成他人损害的，侵权人应当承担侵权责任。"（本案适用的《侵权责任法》第六十五条有相同的规定）《大气污染防治法》第十八条规定："企业事业单位和其他生产经营者建设对大气环境有影响的项目，应当依法进行环境影响评价、公开环境影响评价文件；向大气排放污染物的，应当符合大气污染物排放标准，遵守重点大气污染物排放总量控制要求。"第一百二十五条规定："排放大气污染物造成损害的，应当依法承担侵权责任。"

大吉公司的生活垃圾焚烧发电项目属于对大气环境有影响的项目，其运行中产生的大气污染物应当符合国家的大气污染物排放标准。我国2014年颁布的新的排放标准，要求已有生活垃圾焚烧炉自2016年1月1日起执行新标准，但在2017年1月19日至2018年7月31日期间，大吉公司的1号、2号、3号垃圾焚烧炉排放废气中的颗粒物、二氧化硫及氮氧化物均存在超标情况。盐城市原环保局和盐都区原环保局也对大吉公司超标排放污染物行为多次作出行政处罚决定。基于超量排放氮氧化物及二氧化硫是形成酸雨的主要原因，颗粒物的超量排放也会影响大气能见度及清洁度，大吉公司超出2014年新排放标准向大气排放废气污染物，威胁到大气环境的生态服务功能，损害了社会公共利益，依法应当承担大气污染侵权责任。生态环境损害侵权作为一种特殊的侵权类型，适用无过错责任原则，即环境污染者无论是否具有主观过错，只要其行为与损害事实之间具有因果关系，就应承担生态环境损害的侵权责任。

大吉公司对超标排放行为是存在过错的，其行为具有违法性。2014年新排放标准给已经投产的垃圾焚烧企业18个月（2016年1月开始执行新标准）的过渡期，已经充分给予了现有生活垃圾焚烧企业进行技术改造的时间保障。而直至近一年后即2015年6月8日，大吉公司才向政府部门提交

《关于生活垃圾焚烧炉烟气净化系统改造工程的立项报告》。在此之前，大吉公司仅仅是与政府部门交涉搬迁问题，并未实质性启动技术改造程序。大吉公司也没有举出证据证明其实施技术改造存在着不可克服的技术障碍和政策障碍，其完成技术改造有充足时间，而未完成技术改造是超标排放的直接原因。从大吉公司向政府部门发出的各类函件看，核心内容均围绕如何处理成本增加与防治污染之间的矛盾。作为生产企业，在面临上述矛盾时，不应当将企业经济利益置于保障公众健康等社会公共利益之上。大吉公司应当尽力采取各种合理措施防止超标排放，但大吉公司未能达到上述要求。被告大吉公司在本案中具有过错，应当依照法律规定承担生态环境损害的侵权责任。

2. 关于被告大吉公司应当如何承担大气污染侵权责任的问题

我国《民法典》第一百七十九条规定了承担民事责任的方式。第一千二百三十四条规定："违反国家规定造成生态环境损害，生态环境能够修复的，国家规定的机关或者法律规定的组织有权请求侵权人在合理期限内承担修复责任。"本案审理时，《民法典》还没有生效实施，但是，《最高人民法院关于审理环境民事公益诉讼案件适用法律若干问题的解释》第十八条规定："对污染环境、破坏生态，已经损害社会公共利益，或者具有损害社会公共利益重大风险的行为，原告可以请求被告承担停止损害、排除妨碍、消除危险、恢复原状、赔偿损失、赔礼道歉的民事责任。"本案被告大吉公司向大气环境超标排放污染物的行为，已经损害了公共利益，应当依照司法解释的规定承担停止损害、赔偿损失、赔礼道歉等民事责任。

首先，大吉公司在2014年新排放标准实施后继续向大气超标排放污染物，应当承担停止侵害并消除危险的法律责任。但鉴于在本案审理过程中，大吉公司已于2019年5月全面停产，涉案生活垃圾焚烧发电项目也整体搬迁至盐城，经亭湖生态环境局监测，各项指标均已达标排放，运行稳定。大吉公司已经停止实施侵害行为、消除了危险，不存在再要求大吉公司停止污染物超标排放给大气环境造成的侵害并消除给大气环境造成的危险的必要。

其次，本案中，根据原告自然之友的申请，法院两次委托具有鉴定资质的南京环科所对被告超标排放大气污染物造成环境损害数额及大气环境治理费用进行了鉴定评估。根据《环境空气质量标准》（GB3095—2012）、《环境损害鉴定评估推荐方法（第Ⅱ版）》、《生态环境损害鉴定评估技术指南总纲》等规定，利用虚拟治理成本法计算得到的环境损害可以作为生态环境损害赔偿的依据。被告大吉公司所在区域大气环境质量执行《环境空气质量标准》（GB3095—2012）二级标准，而环境空气二类区生态损害数额为虚拟治理成本的 3～5 倍，南京环科所就低选取虚拟治理成本的 3 倍认定被告超标排放污染物造成的生态环境损害数额为 5561511.93 元，既符合鉴定评估规范的要求，也充分考虑了涉案垃圾焚烧发电项目的公益性因素以及大吉公司是在 2014 年新排放标准实施后才超标排放的实际情况，可以作为认定被告承担大气环境治理费用的依据。所以，大吉公司应当支付 5561511.93 元用于盐城市大气环境的修复治理。

再次，本案中，虽然被告在生产经营中向大气超标排放污染物具有一定的发展局限性和公益性的因素，但其在 2017 年 1 月 19 日至 2018 年 7 月 31 日期间，以及盐城市原环保局和盐城市盐都区原环保局作出行政处罚决定后，未能及时采取有效措施控制和消除涉案垃圾焚烧发电项目的污染行为，侵害了公共环境权益，增加了社会公众对自身健康的担忧和焦虑，降低了社会公众生活于优良生态环境的满足感和获得感，造成了社会公众精神利益上的损失，被告大吉公司应当承担赔礼道歉的民事责任。

3. 关于大吉公司停产技改、整体搬迁费用能否抵扣其应予赔偿的生态修复费用以及本案与泰州市环保联合会诉江苏常隆农化有限公司等环境污染侵权民事公益诉讼案有何不同的问题

本案被告提出以案涉项目达标技改费用抵扣大气环境治理费用的实质是减轻其责任的问题。我国《民法典》第一千二百三十条规定："因污染环境、破坏生态发生纠纷，行为人应当就法律规定的不承担责任或者减轻责任的情形及其行为与损害之间不存在因果关系承担举证责任。"本案中，大吉公司并未提供可以减轻责任的证据。大吉公司实施的停产技改、整体搬迁行为有效控制了环境污染风险，但前期超标排放的污染物所造成的生态环境损害并没有得到修复，大吉公司未对此环境损害进行过替代性修复或者支付大气环境治理费用于当地大气环境治理和改善。根据 2014 年新排放标准规定，相关企业应当确保现有生活垃圾焚烧炉于 2016 年 1 月 1 日前实现达标排放。大吉公司通过技改实现 2 号炉达标排放，是其作为排污企业应当履行的法定义务和社会责任，也是其为停止环境侵害、消除环境危险而采取的具体措施，并非促进污染防治、节能减排、循环利用的新技术、新工艺。而且，南京环科所作出的涉案鉴定评估报告是在认可大吉公司达标技改结果的情况下，针对仍然存在的污染行为及其治理成本作出的认定，已经达标排放部分并未纳入鉴定评估范围。

在泰州市环保联合会诉江苏常隆农化有限公司等环境污染侵权民事公益诉讼案中，法院判决相关当事人在承担民事责任时，允许其在满足特定条件情况下，将投入的部分技改资金抵扣环境损害赔偿资金。这种裁判执行方式的目的在于引导、鼓励、支持污染企业在没有法律强制性要求的情况下，自觉采取措施加大投入，减少污染排放，降低环境风险，促进环境公共利益保障。但本案并不适用技改抵扣裁判执行方式。

其一，在泰州常隆公司案中，抵扣条件是当事人技改投入实现循环利用，循环利用并不是法律对当事人的强制性要求，而是法律与政策鼓励的环境保护方式。该技改投入实质上减少了本来不可避免的无害化处理社会总成本，这与将技改费用用于环境修复的效果在本质上是一致的。而本案大吉公司技改投入是为了履行企业本身应承担的法定义务即达到符合标准排放大气污染物，这是大吉公司必须支付的企业成本。

其二，技改抵扣的裁判执行方式基于特定时期和特定背景条件。在特定时期，环境风险巨大的化工副产品交易市场供给远大于需求，全社会对化工副产品的无害化处置能力严重不足，技改抵扣的裁判执行方式是基于需要在该特定时期迅速降低长江水体环境总风险的考量。而大吉公司完成技术改造实现达标排放，系履行2014年新排放标准设定的法律义务。大吉公司在法律有明确要求而自身并无不可逾越的政策和技术障碍的情况下，未在规定期间内及时采取有效措施控制和消除涉案垃圾焚烧发电项目大气污染物超标排放的状况，不应当适用技改抵扣的执行方式。

4. 关于法院判决被告大吉公司承担鉴定费、律师代理费、差旅费共计229097.50元是否合理的问题

根据我国《民法典》第一千二百三十五条规定，国家规定的机关或者法律规定的组织有权请求侵权人赔偿生态环境损害调查、鉴定评估等合理费用。本案审理时《民法典》尚未实施，但《最高人民法院关于审理环境民事公益诉讼案件适用法律若干问题的解释》第二十二条规定："原告请求被告承担检验、鉴定费用，合理的律师费以及为诉讼支出的其他合理费用的，人民法院可以依法予以支持。"本案中，为查明被告造成的大气污染量及其治理费用，法院两次委托南京环科所进行鉴定评估，支出了鉴定评估费用 72 万元；经法院审核，原告支出的律师代理费 18 万元、差旅费 19097.50 元均符合国家规定。这些费用都应当由被告大吉公司承担。

八、中国生物多样性保护与绿色发展基金会与雅砻江流域水电开发有限公司环境民事公益诉讼案①

（一）案例要旨

本案系全国首例针对珍稀野生植物的预防性公益诉讼，列入 2021 年 2 月最高人民法院公布的长江流域生态环境司法保护典型案例，最高人民法院将本案公布为指导案例（第 174 号）。长江上游是我国水能资源蕴藏丰富的地区，也是自然环境良好、生物物种丰富、地质条件脆弱的生态功能区。人民法院审理环境民事公益诉讼案件，应当贯彻绿色发展理念和风险预防原则，根据现有证据和科学技术认为项目建成后可能对案涉地濒危野生植物生存环境造成破坏，存在影响其生存的潜在风险，从而损害生态环境公共利益的，可以判决被告采取预防性措施，将对濒危野生植物生存的影响纳入建设项目的环境影响评价，促进环境保护和经济发展的协调。

本案中，人民法院依法处理好生态环境保护与经济发展的关系，将生态优先的原则贯穿到水电规划开发的全过程，在进行项目可行性研究时充分尊重五小叶槭的生存环境，成功避免了环境安全与效益价值的冲突。同时，五小叶槭虽未列入我国《国家重点保护野生植物名录》，但世界自然保护联盟已将其评估为"极度濒危"，列入红色名录。人民法院判令雅砻江公司采取预防性措施保护五小叶槭生存环境，充分体现了我国作为《生物多样性公约》缔约国的责任和担当。本案体现了社会公益组织积极推进人民法院开展预防性环境公益诉讼司法实践的有益探索。

---

① 案例来源：四川省甘孜藏族自治州中级人民法院〔2015〕甘民初字第 45 号民事判决书。最高人民法院指导案例（第 174 号）。

（二）案情概要

1. 基本案情

2013 年 9 月 2 日发布的中国生物多样性红色名录中，五小叶槭被评定为"极危"。2016 年 2 月 9 日，五小叶槭列入《四川省重点保护植物名录》。2018 年 8 月 10 日世界自然保护联盟（简称 IUCN）在其红色名录中将五小叶槭评估为"极度濒危"。我国《国家重点保护野生植物名录》中无五小叶槭。2016 年 9 月 26 日四川省质量技术监督局发布《五小叶槭播种育苗技术规程》。案涉五小叶槭种群位于四川省雅江县麻郎措乡沃洛希村（音译），当地林业部门已在就近的通乡公路堡坎上设立保护牌。

2006 年 6 月，中国水电顾问集团成都勘测设计研究院（以下简称"成勘院"）完成《四川省雅砻江中游（两河口至卡拉河段）水电规划报告》，报告中将牙根梯级电站列入规划，该规划报告于 2006 年 8 月通过了水电水利规划设计总院会同四川省发改委组织的审查。2008 年 12 月，四川省人民政府以川府函〔2008〕368 号文批复同意该规划。2010 年 3 月，成勘院根据牙根梯级水库淹没区最新情况将原规划的牙根梯级调整为牙根一级（正常蓄水位 2602m）、牙根二级（正常蓄水位 2560m）两级开发，形成《四川省雅砻江两河口至牙根河段水电开发方案研究报告》。该报告于 2010 年 8 月经水电水利规划设计总院会同四川省发改委审查通过。成勘院编制完成的《四川省雅砻江中游（两河口至卡拉河段）水电规划环境影响报告书》于 2006 年 11 月 29 日通过了四川省原环境保护局会同四川省发改委的审查，并形成《〈四川省雅砻江中游（两河口至卡拉河段）水电规划环境影响报告书〉审查意见》。2011 年 4 月 27 日，水电水利规划设计总院向四川省发改委、四川省能源局报送《四川省雅砻江牙根二级水电站预可行性研究报告审查意见》。2013 年 1 月 6 日，水电水利规划设计总院向国家发改委、国家能源局报送《四川省雅砻江牙根一级水电站预可行性研究报告审查意见》。2013 年 1 月 6 日、4 月 13 日国家发改委办公厅批文：同意牙根二级水电站、牙根一级水电站开展前期工作，由雅砻江公司负责建设和管理，按照项目核准的有关规定，组织开展电站的各项前期工作；待有关前期工作落实、具备核准条件后，再分别将牙根电站项目申请报告上报我委；对项目建设的意见，以我委对项目申请报告的核准意见为准。未经核准不得开工建设。

2011 年 7 月 26 日，四川省工程咨询研究院对成勘院编制完成的《四川省雅砻江牙根二级水电站施工准备工程（对外交通专用公路）可行性研究报告》进行了技术评估，并形成《四川省雅砻江牙根二级水电站施工准备工程（对外交通专用公路）可行性研究工程技术方案评估意见》。2014 年 8 月 1 日，四川省原环保厅对雅砻江公司报送的《四川省雅砻江牙根二级水电站施工准备工程（对外交通专用公路）环境影响报告书》进行了批复。

2015 年 5 月 12 日，雅砻江公司规划发展部向成勘院牙根二级项目部出具《关于牙根二级水电站对外交通专用公路纳入主体工程核准的函》：根据牙根二级水电站及其对外交通专用公路前期准备工作进展，经研究，牙根二级水电站对外交通专用公路纳入电站主体工程一并核准，不再单独核准，请将相关设计内容及核准所需要件纳入牙根二级水电站主体工程一并进行。2015 年 5 月 13 日，成勘院牙根二级项目部向雅砻江公司规划发展部出具《文件接收回执单》，表示项目部将严格按照要求落实相关工作。

为了保护五小叶槭这种珍贵濒危野生植物，中国生物多样性保护与绿色发展基金会（以下简称"中国绿发会"）2015 年 12 月 21 日向四川省甘孜藏族自治州中级人民法院提起诉讼，请求法院依法判令被告雅砻江流域水电开发有限公司立即采取适当措施，确保不因雅砻江水电梯级开发计划的实施而破坏珍贵濒危野生植物五小叶槭的生存；依法判令被告在采取的措施不足以消除对五小叶槭的生存威胁之前，暂停牙根水电站及其辅助设施的一切建设工程。本案审理时，牙根水电站及其辅助工程（公路等）尚未开工建设。

2. 法院判决

四川省甘孜藏族自治州中级人民法院 2020 年 12 月 17 日作出判决：一、被告雅砻江流域水电开发有限公司应当将五小叶槭的生存作为牙根水电站项目可研阶段环境评价工作的重要内容，环境影响报告书经环境保护行政主管部门审批通过后，才能继续开展下一步的工作。二、原告中国生物多样性保护与绿色发展基金会为本案诉讼产生必要费用 4 万元、合理律师费 1 万元，合计 5 万元。此款项在本院其他环境民事公益诉讼案件中判决的被告承担的生态环境修复费用、生态环境受到损害至恢复原状期间服务功能损失费用等费用（环境公益诉讼资金）中支付。

3. 案件争议焦点

（1）本案牙根水电站项目项目尚未开工建设，原告提起环境民事公益诉讼，法院是否应当对本案进行审理？

（2）如何确定本案被告雅砻江流域水电开发有限公司的法律责任？

（3）法院在司法审判中如何贯彻保护优先、预防为主的原则？

（三）法理评析

1. 关于法院是否应当对本案进行审理的问题

我国《民事诉讼法》第五十五条规定："对污染环境、侵害众多消费者合法权益等损害社会公共利益的行为，法律规定的机关和有关组织可以向人民法院提起诉讼。"根据"无损害即无救济"的原则，只有在行为人的行为已经损害了社会公共利益的情况下，符合条件的机关和有关组织才可以向法院提起民事公益诉讼。但是，本案中，案涉牙根水电站及其辅助工程正在规划和报批中，尚未开工建设，但一旦开工建设，将直接威胁五小叶槭这种珍贵濒危野生植物的生存，对社会公共利益构成直接威胁。

原告对这种具有损害社会公共利益重大风险的污染环境、破坏生态的行为提起的民事公益诉讼，法院应否受理和进行审理，我国法律目前还没有明确的规定，但最高人民法院的司法解释对此已有相关规定。《最高人民法院关于审理环境民事公益诉讼案件适用法律若干问题的解释》第一条规定："法律规定的机关和有关组织依据民事诉讼法第五十五条、环境保护法第五十八条等法律的规定，对已经损害社会公共利益或者具有损害社会公共利益重大风险的污染环境、破坏生态的行为提起诉讼，符合民事诉讼法第一百一十九条第二项、第三项、第四项规定的，人民法院应予受理。"第十八条规定："对污染环境、破坏生态，已经损害社会公共利益或者具有损害社会公共利益重大风险的行为，原告可以请求被告承担停止侵害、排除妨碍、消除危险、修复生态环境、赔偿损失、赔礼道歉等民事责任。"第十九条规定："原告为防止生态环境损害的发生和扩大，请求被告停止侵害、排除妨碍、消除危险的，人民法院可以依法予以支持。"根据上述规定，法院立案受理了本案并进行了审理。

法院对本案的审理具有重要的意义。其一，我国参加缔结的联合国《生物多样性公约》规定："我们在注意到生物多样性遭受严重减少或损失的威胁时，不应以缺乏充分的科学定论为理由，而推迟采取旨在避免或尽量减轻此种威胁的措施；各国有责任保护它自己的生物多样性并以可持续的方式使用它自己的生物资源；每一缔约国应尽可能并酌情采取适当程序，要求就其可能对生物多样性产生严重不利影响的拟议项目进行环境影响评估，以期避免或尽量减轻这种影响。"我国是《生物多样性公约》缔约国，应该严格履行保护生物多样性的义务。其二，预防生态环境损害是环境公益诉讼应当具有的功能，环境公益诉讼司法实践不应仅仅是事后救济，强调损害结果的发生，本案的审理是对预防性环境公益诉讼的司法探索，对于进一步发挥司法对生态环境的全面保护功能具有重要的意义。

2. 关于本案被告雅砻江流域水电开发有限公司的法律责任问题

预防性环境民事公益诉讼中，被告的行为没有对生态环境造成实际损害，而是具有损害社会公共利益重大风险，因此，被告应承担的责任与已经损害社会公共利益的救济型环境民事公益诉讼被告应承担的责任是不同的。根据《民法典》第一千二百三十四条、一千二百三十五条和最高人民法院司法解释的规定，救济型环境民事公益诉讼被告承担的责任包括停止侵害、排除妨碍、消除危险、修复生态环境、赔偿损失、承担相关费用和赔礼道歉。而这些责任形式中，有的在预防性环境民事公益诉讼中并不能适用。在预防性环境民事公益诉讼中，为了防止和避免生态环境实际损害的发生，被告应承担的责任形式主要是停止侵害、消除危险和承担相关费用。

本案中，由于案涉水电站尚未开工建设，法院没有支持原告中国绿发会提出的"依法判令被告在采取的措施不足以消除对五小叶槭的生存威胁之前，暂停牙根水电站及其辅助设施（含配套道路）的一切建设工程"的诉讼请求，但法院判决被告应当将五小叶槭的生存作为牙根水电站项目可研阶段环境评价工作的重要内容，环境影响报告书经环境保护行政主管部门审批通过后，才能继续开展下一步的工作，并要求被告承担评估鉴定费用和律师费，体现了预防性环境民事公益诉讼的裁判特点。

3. 关于法院在司法审判中如何贯彻保护优先、预防为主原则的问题

我国《环境保护法》第五条规定，环境保护坚持保护优先、预防为主的原则。预防原则要求在环境资源利用行为实施之前和实施之中，采取政治、法律、经济和行政等手段，防止环境利用行为导致环境污染或者生态破坏现象发生。它包括两层含义：一是运用已有的知识和经验，对开发和利用环境行为带来的可能的环境危害采取措施以避免危害的发生；二是在科学技术水平不确实的条件下，基于现实的科学知识评价风险，即对开发和利用环境的行为可能带来的尚未明确或者无法具体确定的环境危害进行事前预测、分析和评价，以促使开发决策避免可能造成的环境危害及其风险出现。因此，环境保护与经济发展的关系并不是完全对立的，而是相辅相成的，正确处理好保护与发展的关系，将生态优先的原则贯穿到水电规划开发的全过程，二者可以相互促进，达到经济和环境协调发展的目的。利用环境资源的行为如果造成环境污染、生态资源破坏，往往具有不可逆性，被污染的环境、破坏的生态资源很多时候难以恢复，单纯的事后经济补偿不足以弥补对生态环境造成的损失，故对环境污染、生态破坏行为应注重防患于未然，才能真正实现环境保护的目的。

本案中，五小叶槭在生物多样性红色名录中的等级及案涉牙根梯级电站建成后可能存在对案涉地五小叶槭原生存环境造成破坏、影响其生存的潜在风险，从而可能损害社会公共利益。法院考虑到案涉牙根梯级电站尚处在项目预可研阶段，支持了原告中国绿发会提出的"依法判令被告立即采取适当措施，确保不因雅砻江水电梯级开发计划的实施而破坏珍贵濒危野生植物五小叶槭的生存"的诉讼主张，责令被告在项目可研阶段，加强对案涉五小叶槭的环境影响评价并履行法定审批手续后才能进行下一步的工作，尽可能避免出现危及野生五小叶槭生存的风险，在司法审判中贯彻了保护优先、预防为主原则。

九、自然之友与中国水电顾问集团新平开发有限公司、中国电建集团昆明勘测设计研究院有限公司环境污染责任民事公益诉讼案①

（一）案例要旨

本案系珍稀野生动植物保护预防性环境民事公益诉讼案件，列入 2021 年最高人民法院公布的长江流域生态环境司法保护典型案例，最高人民法院将本案公布为指导案例（173 号）。预防性公益诉讼是环境资源审判落实预防为主原则的重要体现，突破了有损害才有救济的传统理念，将生态环境保护的阶段提升至事中甚至事前，有助于加大生态环境保护力度，避免生态环境遭受损害或者防止损害的进一步扩大。人民法院审理环境民事公益诉讼案件，应当贯彻保护优先、预防为主原则。原告提供证据证明项目建设将对濒危野生动植物栖息地及生态系统造成毁灭性、不可逆转的损害后果，人民法院应当从被保护对象的独有价值、损害结果发生的可能性、损害后果的严重性及不可逆性等方面，综合判断被告的行为是否具有《最高人民法院关于审理环境民事公益诉讼案件适用法律若干问题的解释》第一条规定的"损害社会公共利益重大风险"。

本案中，北京市朝阳区自然之友环境研究所（简称自然之友）已举证证明案涉水电站如果继续建设，势必导致国家一级重点保护动物绿孔雀和国家一级重点保护植物陈氏苏铁的生境被淹没，导致该区域的生物多样性和遗传资源遭受直观预测且不可逆转的损害。人民法院贯彻落实习近平总书记"共抓大保护、不搞大开发"重要指示精神，依法判定新平公司停止基于现有环境影响评价下的水电站建设项目，责令完善相关手续，为长江流域生物多样性保护提供有力司法保障。

（二）案情概要

1. 基本案情

戛洒江一级水电站坝址位于云南省新平县境内，下游距新平县水塘镇

---

① 案例来源：云南省昆明市中级人民法院〔2017〕云 01 民初 2299 号民事判决书；云南省高级人民法院〔2020〕云民终 824 号民事判决书。最高人民法院指导案例（173 号）。

约 6.5 千米,电站采用堤坝式开发,坝型为混凝土面板堆石坝,最大坝高 175.5 米,水库正常蓄水位 675 米,淹没区域涉及红河上游的戛洒江、石羊江及支流绿汁江、小江河。电站总装机容量 27 万千瓦(3 台 9 万千瓦),相应库容 14.91 亿立方米,调节库容 8.22 亿立方米,具有年调节性能,对下游各梯级电站有显著的调节作用。工程静态总投资 34.1 亿元,动态总投资 38.87 亿元。水库淹没影响和建设征地涉及新平县和双柏县 8 个乡(镇)。

戛洒江一级水电站的建设单位为中国水电顾问集团新平开发有限公司(新平公司),中国电建集团昆明勘测设计研究院有限公司(昆明设计院)系该建设工程总承包方及受托编制环境影响报告书的技术单位。2011 年 6 月 11 日,国家发改委办公厅作出《关于同意云南红河戛洒江一级水电站开展前期工作的复函》(发改办能源〔2011〕1399 号),同意戛洒江一级水电站开展前期工作。2012 年 2 月 3 日,原云南省环境保护厅(现云南省生态环境厅)作出《关于戛洒江一级水电站三通一平工程环境影响报告书的批复》(云环审〔2012〕16 号),同意按照该项目环境影响报告书中所述进行项目建设。2014 年 7 月 15 日,原国土资源部作出《关于戛洒江一级水电站建设用地预审意见的复函》(国土资预审字〔2014〕113 号),原则同意通过用地预审。2014 年 8 月 19 日,原环境保护部(现生态环境部)作出《关于云南省红河(元江)干流戛洒江一级水电站环境影响报告书的批复》(环审〔2014〕207 号),原则同意新平公司环境影响报告书中所列建设项目的性质、规模、地点和提出的各项环境保护措施。戛洒江一级水电站项目还取得了云南省发改委、云南省住建厅及水利部等相关主管部门的批复。2017 年 7 月 21 日,生态环境部办公厅向新平公司发出《责成后评价函》,责成新平公司就该项目建设开展环境影响后评价,采取改进措施,并报生态环境部备案。后评价工作完成前,不得蓄水发电。2017 年 8 月,新平公司主动停止对戛洒江一级水电站建设项目的施工。戛洒江一级水电站建设项目已完成"三通一平"工程并修建了导流洞。

戛洒江一级水电站库尾地段邻近双柏恐龙河州级自然保护区,水库正常蓄水位 675 米,保护区最低海拔 680 米,距坝址最近距离 34 千米,水库蓄水将淹没野生动物的部分生境。绿孔雀为典型热带、亚热带林栖鸟类,系国家、省级重点保护鸟类。主要在河谷地带的常绿阔叶林、落叶阔叶林及针阔混合林中活动,杂食类,为稀有种类,属国家一级重点保护动物,在中国濒危动物红皮书中列为"濒危"物种。一审期间，法院向云南省林业和草原局调取了《元江中上游绿孔雀种群现状调查报告》，其载明，戛洒江一级水电站建成后，蓄水水库将淹没海拔 680 米以下河谷地区，将对绿孔雀目前利用的沙浴地、河滩求偶场等适宜栖息地产生较大影响。同时，由于戛洒江一级水电站的建设，淹没区公路将改造重修，也会破坏绿孔雀等野生动物适宜栖息地。对暂停建设的戛洒江一级水电站，应评估停建影响，保护和恢复绿孔雀栖息地措施等。

陈氏苏铁为国家一级重点保护植物。2015 年被列入《云南省生物物种红色名录（2017 版）》，为极危物种。陈氏苏铁仅在我国红河流域分布。依照世界自然保护联盟（IUCN）的评价标准，陈氏苏铁应为濒危。由于《环境影响报告书》于 2014 年 8 月 19 日获得审批，而陈氏苏铁 2015 年之后才被正式描述并列入世界苏铁名录，故《环境影响报告书》中没有包含陈氏苏铁的相关内容。

2018 年 6 月 29 日，云南省人民政府下发《云南省人民政府关于发布云南省生态保护红线的通知》（云政发〔2018〕32 号），对外发布《云南省生态保护红线》。《云南省生态保护红线》中所涉全省生态保护红线面积为 11.84 万平方千米，占全省面积的 30.90%，基本格局呈"三屏两带"。根据《云南省生态保护红线》附件 1《云南省生态保护红线分布图》所示，戛洒江一级水电站淹没区大部分被划入红河（元江）干热河谷及山原水土保持生态保护红线范围，在该区域内，绿孔雀为其中一种重点保护物种。

2017 年 7 月，生态环境部责令新平公司就该项目建设开展环境影响后评价，后评价工作完成前，不得蓄水发电。之后，新平公司即停止对案涉水电站建设项目的施工。自然之友以案涉水电站一旦蓄水将导致绿孔雀栖息地被淹没、绿孔雀存在灭绝可能，并危害生长在该区域陈氏苏铁、破坏当地珍贵的干热河谷季雨林生态系统为由，提起环境民事公益诉讼。

2. **法院判决**

云南省昆明市中级人民法院于 2020 年 3 月 16 日作出〔2017〕云 01 民初 2299 号民事判决：一、新平公司立即停止基于现有环境影响评价下的戛洒江一级水电站建设项目，不得截流蓄水，不得对该水电站淹没区内植被进行砍伐。对戛洒江一级水电站的后续处理，待新平公司按生态环境部要求完成环境影响后评价，采取改进措施并报生态环境部备案后，由相关行政主管部门视具体情况依法作出决定。二、由新平公司于本判决生效后三十日内向自然之友研究所支付因诉讼发生的合理费用8万元。三、驳回自然之友研究所的其他诉讼请求。

宣判后，自然之友以戛洒江一级水电站应当永久性停建为由，新平公司以水电站已经停建且划入生态红线，应当驳回自然之友诉讼请求为由，分别提起上诉。云南省高级人民法院于2020年12月22日作出〔2020〕云民终824号民事判决：驳回上诉，维持原判。

3. 案件争议焦点

（1）本案被告新平公司是否应当承担法律责任？

（2）戛洒江一级水电站是否应当永久性停建？

（3）昆明设计院是否应当承担连带责任？

（三）法理评析

1. 关于被告新平公司是否应当承担法律责任的问题

《最高人民法院关于审理环境民事公益诉讼案件适用法律若干问题的解释》第一条规定："法律规定的机关和有关组织依据民事诉讼法第五十五条、环境保护法第五十八条等法律的规定，对已经损害社会公共利益或者具有损害社会公共利益重大风险的污染环境、破坏生态的行为提起诉讼，符合民事诉讼法第一百一十九条第二项、第三项、第四项规定的，人民法院应予受理。"本案属于这条规定的预防性环境公益诉讼。预防性环境公益诉讼的适用对象是可能对生态环境造成重大风险，具体表现为危害尚未发生，但如不阻止事件发生，可预知此事件的发生必会造成严重或不可逆的生态环境损害事实。预防性环境公益诉讼突破了"无损害即无救济"的诉讼救济理念，是《环境保护法》第五条"保护优先，预防为主"原则在环境司法中的重要体现。预防性公益诉讼的核心要素是具有重大风险，重大风险是指对"环境"可能造成重大损害危险的一系列行为。

本案中，针对"尚不明朗的事实状态"及"不确定性"，按照《环境公益诉讼司法解释》第八条之规定，自然之友需首先提出初步证据证明存在（重大或不可逆转）环境损害可能性，然后再由环境重大风险制造者提供证据，以充分的理由消除合理怀疑或证明其行为的无损性。根据自然之友提交的证据及云南省林业和草原局的《元江中上游绿孔雀种群调查报告》，可以证实，戛洒江一级水电站的淹没区是绿孔雀频繁活动的区域，构成其生物学上的栖息地，一旦该栖息地被淹没，对该区域绿孔雀生存所产生的损害将是可以直观估计预测且不可逆转的。因此，自然之友主张戛洒江一级水电站建设项目将对该区域绿孔雀产生重大风险的主张成立。生态环境部已责成新平公司就项目建设开展后评价，并采取改进措施后报生态环境部备案，进一步说明，戛洒江一级水电站建设项目尚需通过环境影响后评价的方式得到验证和改进。同时，现有建设方案没有采取任何针对性的保护措施也显现了消除重大风险的迫切性。此外，淹没区内存在的众多数量的极危物种陈氏苏铁此前未进行过环境影响评价，如仍按原定建设方案进行清库砍伐显然不妥。所以，新平公司不能证明上述重大风险不存在或已采取合理必要的预防措施，故应承担相应法律责任。

2. 关于戛洒江一级水电站是否应当永久性停建的问题

《环境影响评价法》第二十七条："在项目建设、运行过程中产生不符合经审批的环境影响评价文件的情形的，建设单位应当组织环境影响后评价，采取改进措施，并报原环境影响评价文件审批部门和建设项目审批部门备案；原环境影响评价文件审批部门也可以责成建设单位进行环境影响后评价，采取改进措施。"

本案中，生态环境部已经向新平公司发出《责成后评价函》，责成新平公司就项目建设开展环境影响后评价，采取改进措施，并报生态环境部备案，后评价完成前不得蓄水发电，该函符合上述法律规定。本案一审判决在已经出现重大风险的情况下，综合考虑预防性措施的必要性，判令新平公司立即停止基于现有情况下戛洒江一级水电站的项目建设，不得截留蓄水，不得对淹没区内植被进行砍伐，待完成环境影响后评价并备案后由行政主管部门作出决定的结论，符合在当时情况下环境保护迫切性的现实需要，综合考虑了对社会经济带来的冲击并兼顾合理性及时效性，有效防范了可能带来的绿孔雀及陈氏苏铁等濒危物种灭绝的重大风险。戛洒江一级水电站处于停建状态，绿孔雀生态栖息地面临的重大风险已经得到有效控制。生态环境部已经责成新平公司开展环境影响后评价情况下，新平公司应继续履行该项义务。同时，对于案涉项目生态红线如何适用、环境影响后评价工作如何开展等问题，也需经相关行政主管部门明确。因此，戛洒江一级水电站是否永久性停建应在新平公司完成环境影响后评价后，由相关行政主管部门视具体情况依法作出决定。

3. 关于昆明设计院是否应当承担连带责任的问题

原告自然之友认为，昆明设计院制作《环境影响报告书》所参考的调整报告内容足以让一个环境影响评价工作者得出电站不宜建设的结论，而昆明设计院故意隐瞒信息，以虚假结论通过欺骗的方式最终形成《环境影响报告书》并向环保部门申请并获得批准。该行为具备了"弄虚作假"的法定要件，应当依法承担连带责任。

我国《环境保护法》第六十五条规定："环境影响评价机构、环境监测机构以及从事环境监测设备和防治污染设施维护、运营的机构，在有关环境服务活动中弄虚作假，对造成的环境污染和生态破坏负有责任的，除依照有关法律法规规定予以处罚外，还应当与造成环境污染和生态破坏的其他责任者承担连带责任。"所以，从事环境影响评价的第三方机构承担连带责任的构成要件是第三方机构有弄虚作假的行为，并造成了生态环境的损害事实。本案中，由于环评报告的制作方如何采用相关材料进行评价并作出结论，依赖于制作方的认知水平、评判标准以及环评技术发展程度等一系列主客观因素，结合本案《环评报告书》所参考资料来看，其内容与结论的作出也并无唯一、对应、直接且必然的关联。也就是说，原告的证据不足以证明昆明设计院制作《环境影响报告书》具有"弄虚作假"的情形。另外，本案中，生态环境损害的事实还没有发生。因此，原告自然之友主张昆明设计院承担连带责任，没有事实依据和法律依据。所以，自然之友要求昆明设计院承担连带侵权责任的请求没有得到法院的支持。

第五章 环境行政公益诉讼案例

一、吉林省白山市人民检察院诉江源区卫生与计划生育局、江源区中医院行政附带民事公益诉讼案①

（一）案例要旨

本案是全国人大常委会授权最高人民检察院开展公益诉讼试点后全国首例行政附带民事公益诉讼案。最高人民法院将本案公布为指导案例（136号），最高人民检察院将本案公布为指导性案例（检例第29号）。检察机关在履行职责中发现负有监督管理职责的行政机关存在违法行政行为，导致发生污染环境、侵害社会公共利益的行为，且违法行政行为是民事侵权行为的先决或者前提行为，在履行行政公益诉讼和民事公益诉讼诉前程序后，违法行政行为和民事侵权行为未得到纠正，检察机关参照《中华人民共和国行政诉讼法》第六十一条第一款的规定，向人民法院提起行政附带民事公益诉讼，由法院一并审理。

（二）案情概要

1. 基本案情

2012年，吉林省白山市江源区中医院建设综合楼时未建设污水处理设施，综合楼未经环保验收即投入使用，并将医疗污水经消毒粉处理后直接排入院内渗井及院外渗坑，污染了周边地下水及土壤。2014年1月8日，江源区中医院在进行建筑设施改建时，未执行建设项目的防治污染措施应当与主体工程同时设计、同时施工、同时投产使用的"三同时"制度，江源区原环保局对区中医院作出罚款行政处罚和责令改正、限期办理环保验收的行政处理。江源区中医院因污水处理系统建设资金未到位，继续通过渗井、渗坑排放医疗污水。

2015年5月18日，在江源区中医院未提供环评合格报告的情况下，江源区原卫生和计划生育局对区中医院《医疗机构执业许可证》校验结果评定为合格。

---

① 案例来源：吉林省白山市中级人民法院〔2016〕吉06行初4号行政判决书；吉林省白山市中级人民法院〔2016〕吉06民初19号民事判决书。

2015 年 11 月 18 日，吉林省白山市江源区人民检察院向江源区原卫生和计划生育局发出检察建议，建议该局依法履行监督管理职责，采取有效措施，制止江源区中医院违法排放医疗污水。江源区原卫生和计划生育局于 2015 年 11 月 23 日向区中医院发出整改通知，并于 2015 年 12 月 10 日向江源区人民检察院作出回复，但一直未能有效制止江源区中医院违法排放医疗污水，导致社会公共利益持续处于受侵害状态。

2016 年 2 月 29 日，白山市人民检察院以公益诉讼人身份向白山市中级人民法院提起行政附带民事公益诉讼，诉求判令江源区中医院立即停止违法排放医疗污水，确认江源区原卫生和计划生育局校验监管行为违法，并要求江源区原卫生和计划生育局立即履行法定监管职责，责令区中医院有效整改建设污水净化设施。

2. 法院判决

2016 年 7 月 15 日，白山市中级人民法院分别作出一审行政判决和民事判决。行政判决确认江源区原卫生和计划生育局于 2015 年 5 月 18 日对江源区中医院《医疗机构执业许可证》校验合格的行政行为违法；判令江源区原卫生和计划生育局履行监督管理职责，监督江源区中医院在三个月内完成医疗污水处理设施的整改。民事判决判令江源区中医院立即停止违法排放医疗污水。

3. 案件争议焦点

（1）白山市人民检察院提起环境行政公益诉讼的同时，是否可以提起环境行政附带环境民事公益诉讼？

（2）检察机关提起行政附带民事公益诉讼，应当履行怎样的诉前程序？

（3）环境行政附带民事公益诉讼案件应由哪一级人民检察院和人民法院管辖？

（三）法理分析

1. 关于人民检察院是否可以提起环境行政附带民事公益诉讼的问题

2015 年 7 月全国人大作出授权最高人民检察院开展公益诉讼试点工作的做决定后，最高人民检察院公布实施了《人民检察院提起公益诉讼试点工作实施办法》（以下简称《检察院实施办法》），最高人民法院也公布实施了《人民法院审理人民检察院提起公益诉讼案件试点工作实施办法》（以下简称《法院实施办法》），"两高"的实施办法均规定人民检察院以公益诉讼人身份提起民事或行政公益诉讼，诉讼权利义务参照《民事诉讼法》《行政诉讼法》中关于原告诉讼权利义务的规定。但是，对人民检察院能否直接提起行政附带民事公益诉讼，《检察院实施办法》和《法院实施办法》均没有明确规定。2018年2月最高人民法院、最高人民检察院颁布实施的《关于检察公益诉讼案件适用法律若干问题的解释》（2020年12月修正，法释〔2020〕20号）（以下简称《检察公益诉讼解释》）只对检察机关提起刑事附带民事公益诉讼进行了规定，对检察机关能否提起行政附带民事公益诉讼没有规定。

根据《检察院实施办法》第五十六条和《法院实施办法》第二十三条规定，没有规定的即适用《民事诉讼法》《行政诉讼法》及相关司法解释的规定。那么，检察机关能否参照我国《行政诉讼法》第六十一条第一款的规定提起行政附带民事公益诉讼呢？最高人民检察院将本案确定为指导性案例时指出，《行政诉讼法》第六十一条第一款规定了行政附带民事诉讼制度，该制度的设立主要是源于程序效益原则，有利于节约诉讼成本，优化审判资源，统一司法判决和增强判决权威性。在试点的检察机关提起的公益诉讼中，存在生态环境领域侵害社会公共利益的民事侵权行为，而负有监督管理职责的行政机关又存在违法行政行为，且违法行政行为是民事侵权行为的先决或前提行为，为督促行政机关依法正确履行职责，一并解决民事主体对国家利益和社会公共利益造成侵害的问题，检察机关可以参照《行政诉讼法》第六十一条第一款的规定，向人民法院提起行政附带民事公益诉讼，由法院一并审理。对此，理论界和实务界存在不同认识。我国《行政诉讼法》第六十一条第一款的规定："在涉及行政许可、登记、征收、征用和行政机关对民事争议所作的裁决的行政诉讼中，当事人申请一并解决相关民事争议的，人民法院可以一并审理。"这条规定所称的可以"一并解决"的相关民事争议，并不是指社会公共利益受到损害的争议，而是指行政许可、登记、征收、征用和行政裁决所涉及的相对人或者案外第三人的人身财产利益争议。这点可以从最高人民法院关于适用《行政诉讼法》的解释（法释〔2018〕1号，以下简称《行政诉讼法解释》）第十三条以及第十部分关于"相关民事争议的一并审理"的规定中得到解读。因此，所谓人民检察院可以参照《行政诉讼法》第六十一条第一款规定的说法是不符合法律和司法解释的规定的。

但是，本案在探索检察机关提起行政附带民事公益诉讼的实践，特别是在应该如何确定被诉行政行为的范围，以及应该如何认定被诉行政行为与社会公共利益受到损害之间的关系等方面具有重要意义，这也是最高人民法院和最高人民检察院将本案列入指导性案例的重要理由。

2. 关于检察机关提起行政附带民事公益诉讼应履行的诉前程序问题

检察机关提起行政附带民事公益诉讼应当怎样履行诉前程序，目前尚无法律和司法解释的规定。根据《民事诉讼法》第五十五条第二款、《行政诉讼法》第二十五条第四款以及《检察院实施办法》、《检察公益诉讼解释》等的规定，人民检察院提起民事公益诉讼或行政公益诉讼，都必须严格履行诉前程序。人民检察院在履行职责中发现破坏生态环境和资源保护等领域侵害众多消费者合法权益等损害社会公共利益的行为，拟提起公益诉讼的，应当依法公告，公告期为三十日。公告期满，法律规定的机关和有关组织不提起诉讼的，人民检察院可以向人民法院提起诉讼。人民检察院在履行职责中发现生态环境和资源保护等领域负有监督管理职责的行政机关违法行使职权或者不作为，致使国家利益或者社会公共利益受到侵害的，应当向行政机关提出检察建议，督促其依法履行职责。行政机关应当在收到检察建议书之日起两个月内依法履行职责，并书面回复人民检察院。出现国家利益或者社会公共利益损害继续扩大等紧急情形的，行政机关应当在十五日内书面回复。行政机关不依法履行职责的，人民检察院依法向人民法院提起诉讼。

行政附带民事公益诉讼涵盖民事公益诉讼和行政公益诉讼，在向人民法院提起行政附带民事公益诉讼前，人民检察院应当发出检察建议依法督促行政机关纠正违法行为、履行法定职责；行政机关不依法履行职责的，人民检察院依法向人民法院提起诉讼。同时，人民检察院应发出公告，督促法律规定的机关和有关组织提起民事公益诉讼。公告期为三十日。公告期满，法律规定的机关和有关组织不提起诉讼的，人民检察院可以向人民法院提起诉讼。

3. 关于行政附带民事公益诉讼案件应由哪一级人民检察院、人民法院管辖的问题

《检察院实施办法》第二条第一款及第二十九条第一款、第四款分别规定："人民检察院提起民事公益诉讼的案件，一般由侵权行为地、损害结果地或者被告住所地的市（分、州）人民检察院管辖。""人民检察院提起行政公益诉讼的案件，一般由违法行使职权或者不作为的行政机关所在地的基层人民检察院管辖。""上级人民检察院认为确有必要，可以办理下级人民检察院管辖的案件。"《检察公益诉讼解释》第五条规定："市（分、州）人民检察院提起的第一审民事公益诉讼案件，由侵权行为地或者被告住所地中级人民法院管辖。""基层人民检察院提起的第一审行政公益诉讼案件，由被诉行政机关所在地基层人民法院管辖。"

法律和司法解释对检察机关提起的行政附带民事公益诉讼案件的提起和管辖并没有规定。根据上述司法解释的规定，行政公益诉讼案件可以由基层人民法院和中级人民法院管辖，但是民事公益诉讼案件应当由中级人民法院管辖。由于检察机关提起的行政公益诉讼和民事公益诉讼管辖级别不同，一般地，由人民检察院提起的民事公益诉讼案件，一般由侵权行为地、损害结果地或者被告住所地的市（分、州）人民检察院管辖，而上级人民检察院可以办理下级人民检察院的行政公益诉讼案件，故行政附带民事公益诉讼原则上应由市（分、州）人民检察院向中级人民法院提起。有管辖权的市（分、州）人民检察院根据《检察院实施办法》第二条第四款规定将案件交办的，基层人民检察院也可以提起行政附带民事公益诉讼。

二、云南省剑川县人民检察院诉剑川县森林公安局怠于履行法定职责环境行政公益诉讼案①

（一）案例要旨

本案是最高人民法院公布的第 137 号指导案例。环境行政公益诉讼中，人民法院应当以相对人的违法行为是否得到有效制止，行政机关是否充分、及时、有效采取法定监管措施，以及国家利益或者社会公共利益是否得到

---

① 案例来源：云南省剑川县人民法院〔2017〕云 2931 行初 1 号行政判决书。最高人民法院 137 号指导案例。

有效保护，作为审查行政机关是否履行法定职责的标准。

（二）案情概要

1. 基本案情

2013 年 1 月，云南省剑川县居民王寿全受玉鑫公司的委托在国有林区开挖公路，被剑川县红旗林业局护林人员发现并制止，剑川县林业局接报后交剑川县森林公安局进行查处。剑川县森林公安局于 2013 年 2 月 20 日向王寿全送达了林业行政处罚听证权利告知书，并于同年 2 月 27 日向王寿全送达了剑川县林业局剑林罚书字〔2013〕第（288）号林业行政处罚决定书。行政处罚决定书载明：玉鑫公司在未取得合法的林地征占用手续的情况下，委托王寿全于 2013 年 1 月 13 日至 19 日期间，在 13 林班 21、22 小班之间用挖掘机开挖公路长度为 494.8 米、平均宽度为 4.5 米、面积为 2226.6 平方米，共计 3.34 亩。根据《中华人民共和国森林法实施条例》第四十三条第一款规定，决定对王寿全及玉鑫公司给予如下行政处罚：责令限期恢复原状；处非法改变用途林地每平方米 10 元的罚款，即 22266 元。2013 年 3 月 29 日玉鑫公司缴纳了罚款后，剑川县森林公安局即对该案予以结案。其后直到 2016 年 11 月 9 日，剑川县森林公安局没有督促玉鑫公司和王寿全履行"限期恢复原状"的行政义务，所破坏的森林植被一直没有得到恢复。

2016 年 11 月 9 日，剑川县人民检察院向剑川县森林公安局发出检察建议，建议依法履行职责，认真落实行政处罚决定，采取有效措施，恢复森林植被。2016 年 12 月 8 日，剑川县森林公安局回复称自接到《检察建议书》后，即刻进行认真研究，采取了积极的措施，并派民警到王寿全家对剑林罚书字〔2013〕第（288）号处罚决定第一项责令限期恢复原状进行催告，鉴于王寿全死亡，执行终止。对玉鑫公司，剑川县森林公安局没有向其发出催告书。

另查明，剑川县森林公安局为剑川县林业局所属的正科级机构，2013 年初，剑川县林业局授权剑川县森林公安局办理本县境内的所有涉及林业、林地处罚的林政处罚案件。2013 年 9 月 27 日，云南省人民政府作出《关于云南省林业部门相对集中林业行政处罚权工作方案的批复》，授权各级森林公安机关在全省范围内开展相对集中林业行政处罚权工作。2013 年 11 月 20

日，经云南省人民政府授权，云南省人民政府法制办公室对森林公安机关行政执法主体资格单位及执法权限进行了公告，剑川县森林公安局也是具有行政执法主体资格和执法权限的单位之一。2013 年 12 月 11 日，云南省林业厅发出通知，决定自 2014 年 1 月 1 日起，各级森林公安机关依法行使省政府批准的 62 项林业行政处罚权和 11 项行政强制权。

2. 法院判决

云南省剑川县人民法院作出〔2017〕云 2931 行初 1 号行政判决：确认被告剑川县森林公安局怠于履行剑林罚书字〔2013〕第（288）号处罚决定第一项内容的行为违法；责令被告剑川县森林公安局继续履行法定职责。

3. 案件争议焦点

（1）本案中云南省剑川县人民检察院是否有权提起环境行政公益诉讼？

（2）本案被告剑川县森林公安局是否是适格的被告？

（3）如何判断被告剑川县森林公安局是否履行法定职责？

（三）法理评析

1. 关于本案云南省剑川县人民检察院是否有权提起环境行政公益诉讼的问题

为了加强对国家和社会公共利益的保护，促进行政机关依法行政、严格执法，根据《全国人民代表大会常务委员会关于授权最高人民检察院在部分地区开展公益诉讼试点工作的决定》和《检察机关提起公益诉讼试点方案》，最高人民检察院于 2015 年 12 月公布实施《人民检察院提起公益诉讼试点工作实施办法》，该办法第二十八条规定："人民检察院履行职责中发现生态环境和资源保护、国有资产保护、国有土地使用权出让等领域负有监督管理职责的行政机关违法行使职权或者不作为，造成国家和社会公共利益受到侵害，公民、法人和其他社会组织由于没有直接利害关系，没有也无法提起诉讼的，可以向人民法院提起行政公益诉讼。"

2016 年 2 月，最高人民法院印发了《人民法院审理人民检察院提起公益诉讼案件试点工作实施办法》，该办法第十一条规定："人民检察院认为在生态环境和资源保护、国有资产保护、国有土地使用权出让等领域负有监督管理职责的行政机关或者法律、法规、规章授权的组织违法行使职权或不履行法定职责，造成国家和社会公共利益受到侵害，向人民法院提起行政公益诉讼，符合行政诉讼法第四十九条第二项、第三项、第四项规定的，人民法院应当登记立案。"

2017年6月27日，全国人民代表大会常务委员会通过了关于修改《民事诉讼法》和《行政诉讼法》的决定，对《行政诉讼法》作出修改，即第二十五条增加一款作为第四款："人民检察院在履行职责中发现生态环境和资源保护、食品药品安全、国有财产保护、国有土地使用权出让等领域负有监督管理职责的行政机关违法行使职权或者不作为，致使国家利益或者社会公共利益受到侵害的，应当向行政机关提出检察建议，督促其依法履行职责。行政机关不依法履行职责的，人民检察院依法向人民法院提起诉讼。"

云南省剑川县人民检察院作为本案公益诉讼人提起的环境行政公益诉讼，符合上述法律和最高人民法院、最高人民检察院规定的行政公益诉讼受案范围，符合起诉条件。剑川县人民检察院以剑川县森林公安局为被告提起环境行政公益诉讼，有明确的被告，有具体的诉讼请求和事实根据，属于人民法院受案范围和受诉人民法院管辖，符合《行政诉讼法》第四十九条第二项、第三项、第四项的规定，受诉法院应当登记立案受理。

2. 关于本案被告剑川县森林公安局是否是适格的被告的问题

《行政诉讼法》第二十六条第六款规定："行政机关被撤销或者职权变更的，继续行使其职权的行政机关是被告。"2013年9月27日，云南省人民政府《关于云南省林业部门相对集中林业行政处罚权工作方案的批复》授权各级森林公安机关相对集中行使林业行政部门的部分行政处罚权。根据规定，剑川县森林公安局行使原来由剑川县林业局行使的林业行政处罚权。

本案中，虽然剑川县森林公安局于2013年2月27日向王寿全送达的剑林罚书字〔2013〕第（288）号林业行政处罚决定书是以剑川县林业局的名义作出的，但是，根据《行政诉讼法》第二十六条第六款的规定，职权发生变更的，应以继续行使林业局行政处罚权的剑川县森林公安局为被告。所以，剑川县森林公安局是适格的被告。

3. 关于如何判断被告剑川县森林公安局是否履行法定职责的问题

《中华人民共和国行政诉讼法》第二十五条第四款的规定，人民检察院在履行职责中发现生态环境保护等领域行政机关违法行使职权或者不作为，致使国家利益或者社会公共利益受到侵害的，应当先向行政机关提出检察建议，督促其依法履行职责。在行政机关不依法履行职责的情况下，人民检察院应依法向人民法院提起诉讼。最高人民检察院发布《检察机关提起公益诉讼试点方案》《人民检察院提起公益诉讼试点工作实施办法》等对此作了具体要求。最高人民法院、最高人民检察院 2018 年 2 月发布的《关于检察公益诉讼案件适用法律若干问题的解释》（2020 年 12 月修订）第二十一条进一步规定，人民检察院在履行职责中发现生态环境和资源保护等领域负有监督管理职责的行政机关违法行使职权或者不作为，致使国家利益或者社会公共利益受到侵害的，应当向行政机关提出检察建议，督促其依法履行职责；行政机关应当在收到检察建议书之日起两个月内依法履行职责，并书面回复人民检察院；行政机关不依法履行职责的，人民检察院依法向人民法院提起诉讼。因此，正确判断负有监管职责的行政机关是否履行法定职责，是环境行政公益诉讼中应当解决的关键问题。

对于行政机关是否履行法定职责的判定是检察行政公益诉讼诉前程序与诉讼程序的衔接点，可以有效起到划分责任、纠错整改的作用，践行解决纠纷、纠正违法行政行为的行政公益诉讼目标理念。判断行政机关是否履行法定职责，总体来说，应以行政机关是否已经通过其行政行为及时制止损害行为、国家和社会公共利益是否仍然处于受侵害状态或者处于受严重威胁的状态为标准。具体地，我们可以从相对人的违法行为是否已经停止、行政机关是否已经穷尽法律手段以及政机关有无法定理由拒绝履行法定职责的情形等方面进行判断。

本案中，剑川县森林公安局在查明玉鑫公司及王寿全擅自改变林地的事实后，以剑川县林业局名义作出对玉鑫公司和王寿全责令限期恢复原状和罚款 22266 元的行政处罚决定符合法律规定，但在玉鑫公司缴纳罚款后三年多时间里没有督促玉鑫公司和王寿全对破坏的林地恢复原状，也没有代为履行，致使玉鑫公司和王寿全擅自改变的林地至今没有恢复原状，且未提供证据证明有相关合法、合理的事由，其行为显然不当，是怠于履行法定职责的行为。行政处罚决定没有执行完毕，剑川县森林公安局依法应该继续履行法定职责，采取有效措施，督促行政相对人限期恢复被改变林地的原状。

三、德惠市人民检察院诉德惠市朝阳乡人民政府不履行环保监督管理职责公益诉讼案①

（一）案例要旨

对乡级人民政府环境保护"监督管理职责"，人民法院不应在判决中作限缩解释或片面解读，应从《环境保护法》立法体系、立法本意出发，结合具体案例的实际情况进行全面解读。《行政诉讼法》第二十五条第四款中规定的"监督管理职责"应当不包括行政机关"运用公共权力使用公共资金，组织相关部门对生态环境进行治理"的管理职责，仅应指行政机关依据法律、法规或者规章明确授权行使的监督管理职责。在课予义务诉讼中被告就原告请求事项是否具有相应职责，属于实体审查内容，应当采用判决方式，只有原告所请求履行的法定职责或者给付义务明显不属于行政机关权限范围的，才可以裁定驳回起诉。

（二）案情概要

1. 基本案情

吉林省德惠市人民检察院在德惠市朝阳乡政府辖区内松花江河道管理范围内，发现有6051.5立方米垃圾堆放。垃圾无序堆放，未作防渗漏、防扬散及无害化处理。德惠市人民检察院于2017年4月18日向朝阳乡政府发出长德检行公建〔2017〕2号检察建议书，建议依法履行统筹和监管职责，对违法存在的垃圾堆放场立即进行治理。2017年5月12日，朝阳乡政府向德惠市检察院回复称朝阳乡党委及政府高度重视，制订了朝阳乡垃圾堆放场整治方案。德惠市人民检察院于2017年6月5日、6月9日、6月17日、6月23日四次复查现场后，认为垃圾堆放点有两辆铲车在推土掩埋，有少量垃圾仍处于裸露状态，朝阳乡政府未依法履行监管职责，对违法形成的垃圾处理场未进行彻底整治，公共利益仍处于持续损害之中。德惠市人民

---

① 案例来源：吉林省德惠市人民法院〔2017〕吉0183行初42号行政裁定书；吉林省长春市中级人民法院〔2018〕吉01行终49号行政裁定书；吉林省高级人民法院〔2018〕吉行再21号行政裁定书。

检察院于2017年6月26日向德惠市人民法院提起公益诉讼，要求确认朝阳乡政府不履行对垃圾处理的监管职责违法；判令朝阳乡政府立即履行监管职责，对违法形成垃圾场进行治理，恢复原有生态环境。

另查明，案涉垃圾场位于朝阳乡南岗村林场东北方位，距松花江500米，属于朝阳乡政府辖区。该垃圾场共有两处堆放点，均为沙土坑，经测绘垃圾堆放量为6051.5立方米，附近林地及路边还有大量零散倾倒的垃圾。德惠市人民检察院2017年4月18日向朝阳乡政府发出检察建议，并于2017年6月17日邀请环保专家与测绘会员复查现场发现，垃圾堆放点边缘地带又新增两堆生活垃圾与建筑垃圾的混合物。

2. 法院判决

（1）德惠市人民法院认为，本案中垃圾形成是被告德惠市朝阳乡区域的生活垃圾，且该垃圾堆放场位于德惠市朝阳乡区域松花江国堤内，属于松花江河道管理范围。被告德惠市朝阳乡人民政府只对该事项负有管理职责，其监管职责应由有关行政主管部门行使，故德惠市朝阳乡人民政府不是本案适格的被告，裁定驳回公益诉讼人德惠市人民检察院的起诉。

（2）德惠市人民检察院不服一审法院行政裁定，提起上诉。长春市中级人民法院二审认为，朝阳乡政府是否履行清理垃圾的职责不受《行政诉讼法》调整；朝阳乡政府不是履行对破坏生态环境的违法行为进行制止和处罚的监督管理职责的责任主体。上诉人以朝阳乡政府不履行清理垃圾职责由提起的诉讼不符合《中华人民共和国行政诉讼法》第四十九条第（四）项规定。原审法院裁定驳回上诉人的起诉并无不当，上诉人的上诉理由不成立，其上诉请求本院不予支持。依照《中华人民共和国行政诉讼法》第八十六条、第八十九条第一款第（一）项之规定，裁定驳回上诉，维持原裁定。

（3）德惠市人民检察院不服长春市中级人民法院作出的二审行政裁定，向检察机关申请监督。吉林省人民检察院向吉林省高级人民法院提出抗诉。吉林省高级人民法院裁定提审本案。经审理，吉林省高级人民法院认为，吉林省人民检察院抗诉理由成立，德惠市朝阳乡人民政府具有环境保护"监督管理职责"，原一、二审适用法律错误。裁定撤销德惠市人民法院一审行政裁定和长春市中级人民法院二审行政裁定，指令德惠市人民法院对本案进行再审。

3. 案件争议焦点

（1）德惠市朝阳乡政府是否是本案适格的被告？

（2）本案是否属于人民法院受理行政公益诉讼案件的范围？

（3）人民法院在对环境行政公益诉讼案件进行裁判时应如何正确运用"判决"和"裁定"？

（三）法理评析

1. 关于德惠市朝阳乡政府是否是本案适格被告的问题

关于德惠市朝阳乡政府是否是本案适格被告的问题，首先要对《行政诉讼法》第二十五条第四款规定的"负有监督管理职责的行政机关"进行正确的理解和分析。本案被告朝阳乡政府认为其依法不应承担对涉案地点垃圾的监管职责，将朝阳乡政府确定为监管负责人没有法律依据。一审法院认为，本案所涉垃圾堆放场位于德惠市朝阳乡区域松花江国堤内，属于松花江河道管理范围；而被告德惠市朝阳乡政府只对该事项负有管理职责，其监管职责应由有关行政主管部门行使，故德惠市朝阳乡政府不是本案适格的被告。二审法院认为，行政机关对生态环境行政管理职责包含两方面的含义：一是运用公共权力使用公共资金，组织相关部门对生态环境进行治理，如雾霾治理、垃圾处理和"小广告"清理等；二是运用公共权力对破坏生态环境的违法行为进行监督管理，如依法制止生产企业排放大气污染物的违法行为、依法制止擅自倾倒垃圾的违法行为以及依法制止张贴"小广告"的违法行为等。对于如何合理安排公共资金、如何分阶段建设垃圾处理设施、如何关停环境污染企业等对生态环境进行治理的行政管理职责，目前并不属于司法调整范畴；目前行政诉讼有权调整的行政行为应当限定在行政机关运用公共权力对破坏生态环境的违法行为进行监督管理的范围内。也就是说雾霾、垃圾以及"小广告"等生态环境问题没有得到有效治理，以此要求确认行政机关未履行环境保护监督管理职责（治理职责）行为违法的，不属于环保行政公益诉讼受案范围。所以，《行政诉讼法》第二十五条第四款规定中的"负有监督管理职责的行政机关"应当不包括"运用公共权力使用公共资金，组织相关部门对生态环境进行治理"的管理职责的行政机关，仅应指依据法律、法规或者规章的明确授权行使的监督管理职责的行政机关。

　　行政管理实践中，乡政府作为我国行政体系中最为基础的一级，虽然极少作为一个独立主体出现在环境保护类的法律法规之中，但往往"隐身"于"国家""一切单位和个人""地方各级人民政府"这一类语文符号内。环境保护"监督管理职责"不同于行政机关的其他职责，具有一定复杂性，并非某一行政部门或某级人民政府独有的行政职责。乡级人民政府依法需要承担包括环境保护相关职责已经在环境保护法中予以明确。《环境保护法》第六条第二款规定："地方各级人民政府应当对本行政区域的环境质量负责。"环境是典型的公共产品，政府作为公共物品的管理者应当对环境质量负责。第二十八条第一款"地方各级人民政府应当根据环境保护目标和治理任务，采取有效措施，改善环境质量"明确了各级人民政府是环境保护的主要责任主体，第三十三条第二款"县级、乡级人民政府应当提高农村环境保护公共服务水平，推动农村环境综合整治"明确了具体担负起提高农村环保公共服务水平的责任主体是县、乡两级人民政府，第三十七条"地方各级人民政府应当采取措施，组织对生活废弃物的分类处置、回收利用"明确了地方各级人民政府为组织处理生活废弃物责任主体，第六十八条还规定了地方各级人民政府、县级以上人民政府环境保护主管部门和其他负有环境保护监督管理职责的部门不依法履行监管职责应当承担相应的法律责任。此外，国务院《村庄和集镇规划建设管理条例》第三十九条规定："有下列行为之一的，由乡级人民政府责令停止侵害，可以处以罚款；造成损失的，并应当赔偿：（一）损坏村庄和集镇的房屋、公共设施的；（二）乱堆粪便、垃圾、柴草，破坏村容镇貌和环境卫生的。"《吉林省生态环境保护工作职责规定（试行）》《长春市生态环境保护工作职责规定（试行）》等也从不同角度对于乡政府的环保职责进行了规定。

　　可见，根据我国《环境保护法》以及国务院行政法规和有关地方法规的规定，乡级人民政府属于具有环境保护"监督管理职责"的行政机关。环境保护职权属于乡级人民政府的法定职责，对于垃圾堆放等破坏乡村环境行为，乡政府应当承担相应的"监督管理职责"，人民法院在案件审理中对乡级人民政府环境保护"监督管理职责"不应作限缩解释或片面解读，而应从《环境保护法》立法体系、立法本意出发，结合具体案件实际情况，对乡级人民政府环境保护"监督管理职责"进行解读。

2. 关于本案是否属于人民法院受理行政公益诉讼案件范围的问题

本案二审法院认为，要求行政机关履行运用公共权力对破坏生态环境的违法行为进行制止和处罚的监督管理职责以及要求确认行政机关不履行上述职责违法，属于行政公益诉讼的受案范围。但是在提起该类诉讼时应正确界定监督管理的责任主体。根据《中华人民共和国固体废物污染环境保护法》《吉林省环境保护条例》等的规定，对环境保护方面的违法行为授权进行监督检查和处罚的主体限定为县级以上人民政府的环境保护行政主管部门，对乡镇政府仅是宏观地规定了负责辖区内环境保护工作，没有具体明确如何负责。《吉林省生态环境保护工作职责规定（试行）》中关于乡镇政府"指导本辖区企事业单位和其他生产经营者落实环境保护措施，配置必要监管人员，落实监管网格的环境监管责任，加强隐患排查，发现环境违法问题及时向上级人民政府和有关部门报告。组织本辖区内各单位和居民开展农村环境综合整治，加强禽畜水产养殖等农业面源污染防治和秸秆禁烧，抓好生活垃圾分类处置、生活污水集中处理，加强农村饮用水源和耕地保护"职责的规定，虽在地方性法规的基础上明确了乡镇政府的管理职责，但该文件未明确乡级人民政府具体应当如何履行。上述法律法规和规范性文件规定的职责与《行政诉讼法》第二十五条规定的监督管理职责不同，该管理职责的落实情况应当由上级政府按照文件规定进行评价，不受《行政诉讼法》调整。

依照我国《行政诉讼法》第二十五条第四款和《最高人民法院、最高人民检察院关于检察公益诉讼案件适用法律若干问题的解释》第二十二条之规定，只要负有监督管理职责的行政机关违法行使职权或者不作为，致使国家利益或者社会公共利益受到侵害，经诉前程序仍不依法履职或者纠正违法行为的，检察机关就有权提起公益诉讼。根据职权法定原则，有法律法规明文规定职权的行政机关在其职权范围内对相应事项负有"监督管理职责"。本案二审法院将行政机关的法定监督职责区分为治理职责和对违法行为的监管职责，并认为"目前行政诉讼有权调整的行政行为应当限定在行政机关运用公共权力对破坏生态环境的违法行为进行监督管理的范围内"的观点，是对"监督管理职责"进行限缩解释，缩小了公益诉讼受案范围，明显与立法不符。如上所述，乡镇政府对辖区的环境卫生负有监督管理职责。具体到本案，无论是垃圾场选址还是垃圾的收集、采取防治措施、运输等，乡镇人民政府均有监督管理职责，未依法履职造成社会公益受损的案件均属于环境行政公益诉讼案件范围。所以，本案不属于环境行政公益诉讼受案范围的认识是错误的，吉林省高级人民法院裁定撤销一、二审行政裁定，要求一审法院对本案进行再审的做法是正确的。

3. 关于人民法院在对环境行政公益诉讼案件进行裁判时如何正确运用"判决"和"裁定"的问题

行政判决是人民法院依据《行政诉讼法》的规定依法行使审判权，就有关实体问题作出的具有法律效力的书面处理决定。而裁定是审判机关在诉讼过程中，就诉讼程序问题或部分实体问题所作的处理决定。

最高人民法院关于适用《中华人民共和国行政诉讼法》的解释第九十三条第二款规定："人民法院经审理认为原告所请求履行的法定职责或者给付义务明显不属于行政机关权限范围的，可以裁定驳回起诉。"本案属于课予义务诉讼，德惠市朝阳乡政府就公益诉讼人德惠市人民检察院请求事项是否具有相应职责属于实体审查内容，只有明显不属于行政机关权限范围的，才可以适用"速裁程序"。一般情况下，对于行政机关是否具有法定职责或者给付义务，属于实体判断问题，应当采用判决方式，只有原告所请求履行的法定职责或者给付义务明显不属于行政机关权限范围的，才可以裁定驳回起诉。所以，本案一、二审法院以行政裁定对本案作出裁判，显然是不正确的。

四、山东省临清市人民检察院诉临清市林业局不履行法定职责行政公益诉讼案①

（一）案例要旨

山东省临清市人民检察院诉临清市林业局不履行法定职责行政公益诉讼案被最高人民检察院公布为检察公益诉讼全面实施两周年典型案例。森

---

① 案例来源：山东省临清市人民法院〔2018〕鲁 1581 行初 5 号行政裁定书。

林资源对涵养水源、防风固沙具有重要作用，无证砍伐林木的违法行为致使生态受损，检察机关依法启动行政公益诉讼程序，修复了受损生态，保护了森林资源和生态环境。林业行政主管部门以无证砍伐林木数量达到刑事立案标准为由，怠于履职，在检察机关发出检察建议后仍未依法全面履职，检察机关依法提起行政公益诉讼，督促行政机关采取监管措施，保护了国家和社会公共利益。国务院原法制办等部门出台的《关于加强行政执法与刑事司法衔接工作的意见》对于"两法衔接"有关问题作出了规定，其初衷是为了防止"以罚代刑"，在理论界和实务界对其相关条款的理解也存在争议。刑事和行政是两种不同的责任形式，刑事诉讼和行政公益诉讼的目的也是不相同的，在涉及公益保护的情况下，行政监管和刑事诉讼程序可平行推进，行政机关可以就同一违法事实作出与刑事处理性质不同的行政处理决定。本案是就"两法衔接"问题进行的一次有益尝试。

（二）案情概要

1. 基本案情

2014 年 6 月份，山东省临清市潘庄镇东路寨村委会集体研究决定，处理该村出租的沙荒地上他人种植的 8000 余棵杨树，经协商卖于临清市唐园镇枣林村村民王波，价款 409000 元。对于所得的收入，由时任村支部书记提议，与时任村委会会计、时任村委委员商议，将 350000 元计入村账目，支付树经纪 22000 元，余款三人分掉，对此三人均受到刑事处罚。达成协议后，王波在并未取得采伐许可证的情况下，随将上述杨树砍伐。树木砍伐后，土地一直处于闲置状态。

山东省临清市人民检察院发现临清市林业局作为临清市行政区域内的林业主管部门存在未依法履行监督管理职责的情形，于 2017 年 4 月 5 日向临清市林业局送达临检民（行）行政违监〔2017〕37158100003 号检察建议书，内容为：建议你局依据《森林法》第三十九条等规定，对涉案杨树在未经法定主管部门核发采伐许可证的情况下被砍伐的行为依法作出处理，依法全面履行临清市行政区域内森林资源保护、林业监督管理的法定职责。并要求临清市林业局在收到检察建议后一个月内将处理结果书面回复临清检察院。临清市林业局于次月 19 日对检察建议进行了回复：涉案被砍伐数量已经达到涉林案件的刑事立案标准，由于该案是东路寨东村书记王维顺（已判刑）牵头，通过树经纪找到树贩子王波实施的伐树行为，在案件定性和确认违法主体方面存在疑问，导致森林公安现在无法刑事立案，林业局也无法依据森林法第三十九条等规定进行处理，临清市森林公安局已于2017 年5 月16 日将该案存在的疑问以红头文件形式请示聊城市森林公安，下一步将会同法制部门和侦监部门对此案进行分析研判，并将后续查办情况继续回复给临清检察院。2018 年1 月23 日，临清市检察院对后续查办情况进行调查，并向被告送达临检民（行）行政违监〔2017〕37158100003 号调查函。当月26 日，临清市林业局对调查函进行了回复：临清市森林公安局行文请示了聊城市森林公安局，并到山东省森林公安局进行了咨询，上级目前尚未给出回复意见，现森林公安局正在进一步查办中；该案被伐树木数量巨大，已经超出林业行政案件管辖范围，按照《森林法》规定补种树木要求，需要被砍伐树木数量5 倍的种树费用和种树所需的土地，临清市林业局无法代为补种，若能确定违法主体，东路寨东村村委会和树贩子王波是否有能力和土地补种树木也存在疑问，请临清检察院考虑该案实际情况及让村委会和树贩子王波补种树木的可操作性。同年3 月5 日，临清市林业局与临清市华森苗木有限公司签订了《代为补种树木协议》。临清市林业局于2018 年4 月13 日对涉案无证砍伐树木的行为进行了林业行政处罚立案登记，并进行了先期调查。

检察机关认为，临清市林业局在未责令违法行为人补种的情况下，直接与华森苗木公司签订补种协议，违反了《森林法》的规定，且该公司承担着土地租赁费及植树所需一切费用，同时公司的植树行为系自身生产经营需要，对生态环境是否得到恢复不能仅从种植树木数量上考虑，该公司在十里坞种植树木与林业局承担的行政处罚行政强制职责无关，临清市林业局怠于履行法定职责。2018 年3 月23 日，临清市检察院向临清市法院提起行政公益诉讼，要求判令临清市林业局依法履行监管职责，责令违法行为人补种相应林木，对涉案无证砍伐林木的违法行为人依法作出行政处罚。

2. 法院判决

临清市法院判决：责令被告临清市林业局对2014 年6 月份临清市潘庄镇东路寨村沙荒地上种植的8000 余棵杨树被无证砍伐行为继续履行监管法

定职责。

3. 案件争议焦点

（1）本案中，临清市林业局是否具有保护公共利益的法定职责？

（2）本案中，临清市林业局是否完全履行了法定职责？

（三）法理评析

1. 关于临清市林业局是否具有保护公共利益的法定职责的问题

2014 年 6 月，临清市潘庄镇东路寨村委会所属沙荒地上涉案杨树，遭到无证砍伐后，树木占用的土地裸露闲置至今，野草横生，一片荒凉景象，当地森林资源受到严重侵害，生态环境受到破坏，公共利益遭受损害。《森林法》第十三条规定："各级林业主管部门依照本法规定，对森林资源的保护、利用、更新，实行管理和监督。"本案中，临清市林业局是临清市行政区域内的林业主管部门，负有对本辖区内森林资源保护、利用、更新、管理和监督职责。临清市林业局对涉案杨树被无证砍伐和林地荒芜的违法行为，具有明确的法定监督管理职责。

2017 年 4 月，临清检察院了解现状后，于 4 月 5 日向临清市林业局送达了检察建议书，建议临清市林业局履行森林资源保护、林业监督管理的法定职责。临清市林业局以案件已达到刑事立案标准、案件定性和确认违法主体方面存在疑问、林业局无法依据《森林法》第三十九条等规定进行处理为由进行了回复，表示将继续查办并及时回复。在 2018 年 1 月回复临清检察院的函中，仍称案件复杂，不能履行检察建议。根据 2017 年修订的《中华人民共和国行政诉讼法》第二十五条第四款的规定，行政机关不履行法定职责的，检察机关有权提起行政公益诉讼。

2. 关于临清市林业局是否完全履行了法定职责的问题

2014 年 6 月至本案判决的 4 年多时间，涉案林地至今荒芜，其直接原因是违法行为人的行为，但是如果临清市林业局能够完全履行法定职责，可以避免这种局面的发生。被告临清市林业局回复检察机关的理由均不能成立，其没有完全履行法定职责。临清市林业局的回复中，一是认为直接行为人已被刑事处理，无需再进行行政处理。刑事处理不能代替行政处理，刑事处罚的对象是直接行为人，目的是打击违法犯罪行为、震慑违法砍伐行为；行政处理的目的是恢复森林资源，使破坏的资源环境得以修复和保护。刑事和行政处理的对象和目的不相同，所以临清市林业局的第一种理由不能成立。二是认为案情复杂，处理有困难。行政机关在履行职责时要完全、适当，在行政执法时要主动、积极、及时。案情复杂不是不作为的理由，有困难可以寻求其他机关的帮助、当地党委政府的支持，应当积极作为，故其第二理由也不能成立。三是已代履行，履行了补种义务，与其他单位签订了补种协议。被告与临清市华森苗木有限公司签订了异地代为补种树木协议，该行为是积极的行为，但该做法无法改变案涉林地的环境，不能代替对无证砍伐树木行为的处理，故被告的第三种理由亦不能成立。

第六章 生态环境损害赔偿案例

一、江苏省人民政府诉安徽海德化工科技有限公司生态环境损害赔偿诉讼案①

（一）案例要旨

党的十八届三中全会明确提出对造成生态环境损害的责任者严格实行赔偿制度。2015 年，中共中央办公厅、国务院办公厅印发《生态环境损害赔偿制度改革试点方案》（以下简称《试点方案》），在吉林、江苏等 7 个省市部署开展改革试点，取得明显成效。在总结各地区改革试点实践经验基础上，2017 年 12 月，中共中央办公厅、国务院办公厅印发了《生态环境损害赔偿制度改革方案》（以下简称《改革方案》），自 2018 年 1 月 1 日起，在全国试行生态环境损害赔偿制度，进一步明确生态环境损害赔偿范围、责任主体、索赔主体、损害赔偿解决途径等，形成相应的鉴定评估管理和技术体系、资金保障和运行机制，逐步建立生态环境损害的修复和赔偿制度，加快推进生态文明建设，在全国范围内逐步构建责任明确、途径畅通、技术规范、保障有力、赔偿到位、修复有效的生态环境损害赔偿制度。

生态环境损害赔偿诉讼案件是我国生态文明制度体系建设中出现的一类新型诉讼案件。江苏省人民政府诉安徽海德化工科技有限公司生态环境损害赔偿案被最高人民法院公布为指导案例（129 号）。根据《改革方案》的规定，国务院授权的省级和地市级人民政府及其指定的相关部门有权提起生态环境损害赔偿诉讼。企业事业单位和其他生产经营者将生产经营过程中产生的危险废物交由不具备危险废物处置资质的企业或者个人进行处置，造成环境污染的，应当承担生态环境损害责任。人民法院可以综合考虑企业事业单位和其他生产经营者的主观过错、经营状况等因素，在责任人提供有效担保后判决其分期支付赔偿费用。

（二）案情概要

1. 基本案情

2014 年 4 月 28 日，安徽海德化工科技有限公司（以下简称"海德公

---

① 案例来源：江苏省泰州市中级人民法院〔20147〕苏 12 民初 51 号民事判决书；江苏省高级人民法院〔2018〕苏民终 1316 号民事判决书。最高人民法院指导案例 129 号。

司"）营销部经理杨峰将该公司在生产过程中产生的 29.1 吨废碱液，交给无危险废物处置资质的李宏生等人处置，处置费用为每吨 1300 元。李宏生等人将上述废碱液交给无危险废物处置资质的孙志才处置。2014 年 4 月 30 日夜间，孙志才与朱某等人在江苏省泰兴市虹桥镇大洋造船厂码头将废碱液倾倒进长江，造成了严重的环境污染。2014 年 5 月 7 日，杨峰将海德公司的 20 吨废碱液交给李宏生等人处置，李宏生等人将上述废碱液交给孙志才处置。孙志才与朱某等人于 2014 年 5 月 7 日夜间及同年 6 月 17 日凌晨，在江苏省泰兴市虹桥镇大洋造船厂码头分两次将废碱液倾倒进长江，造成江苏省靖江市城区 5 月 9 日 9 时 20 分至 11 日 2 时集中式饮用水源中断取水 40 多个小时。其间，靖江市有关部门采取了添加活性炭吸附、调用内河备用水源稀释等应急处置措施。2014 年 5 月 8 日至 9 日，杨峰将 53.34 吨废碱液交给李宏生等人处置，李宏生等人将上述废碱液交给丁卫东处置。丁卫东等人于 2014 年 5 月 14 日指使陆进等人将该废碱液倾倒进新通扬运河，致江苏省兴化市城区集中式饮水源于 2014 年 5 月 16 日 7 时 35 分至 22 时中断取水超过 14 小时。其间，兴化市自来水厂、兴化市戴南镇自来水厂、兴化市张郭镇自来水厂等分别采取了停止供水、投放活性炭吸附、加高锰酸钾处理等应急处置措施。

上述污染事件发生后，靖江市原环境保护局和靖江市人民检察院于 2015 年 3 月 24 日联合委托江苏省环境科学学会对污染损害进行评估。江苏省环境科学学会经调查、评估，于 2015 年 6 月作出评估报告，认定上述靖江市长江段发生的三次水污染事件共造成环境损害 1731.26 万元。其中，4 月 30 日夜间发生的非法倾倒 29.1 吨废碱液污染事件，造成生态环境损害费用 1024.38 万元；5 月 7 日夜间发生的非法倾倒 18 吨废碱液污染事件，造成环境损害 742.63 万元（包括应急投料费 4.2 万元、应急监测费 62.13 元、备用水源启动费 16.4 万元、生态环境损害费用 633.9 万元、事务性费用即评估费 26 万元）；6 月 17 日凌晨发生的非法倾倒 2 吨废碱液污染事件，造成环境损害 19.55 万元（包括应急投料费 3.85 万元、应急监测费 7.99 万元、备用水源启动费 7.71 万元）。

江苏省人民政府未经磋商直接向江苏省泰州市中级人民法院提起诉讼，请求法院判令：一、海德公司赔偿生态环境修复费用 3637.9 万元（一审中经法院释明，江苏省人民政府将赔偿总额增加到 5532.85 万元）；二、海德公司赔偿生态环境服务功能损失费用 1818.95 万元；三、海德公司承担本案评估费用 26 万元和诉讼费。

2. 法院判决

江苏省泰州市中级人民法院一审判决：一、海德公司赔偿环境修复费用 3637.90 万元；二、海德公司赔偿生态环境服务功能损失 1818.95 万元；三、海德公司赔偿评估费 26 万元。案件受理费 31.46 万元，由海德公司负担。

海德公司不服一审判决，向江苏省高级人民法院提起上诉。江苏省高级人民判决：一、维持一审法院民事判决。海德公司应于本判决生效之日起六十日内将赔偿款项 5482.85 万元支付至泰州市环境公益诉讼资金账户；二、海德公司在向泰州市中级人民法院提供有效担保后，可于本判决生效之日起六十日内支付上述款项的 20%（1096.57 万元），并于 2019 年 12 月 4 日、2020 年 12 月 4 日、2021 年 12 月 4 日、2022 年 12 月 4 日前各支付上述款项的 20%（每期 1096.57 万元）。如有一期未按时履行，江苏省人民政府可以就全部未赔偿款项申请法院强制执行。

3. 案件争议焦点

（1）江苏省人民政府提起的生态环境损害赔偿诉讼是否符合国家规定的受理条件？

（2）一审法院的释明和江苏省人民政府在诉讼中变更诉讼请求是否符合法律规定？

（3）本案中生态环境损害和服务功能损失的计算是否合理？被告是否应当承担事务性费用？

（三）法理评析

1. 关于江苏省人民政府提起的生态环境损害赔偿诉讼是否符合国家规定的受理条件问题

本案中，对江苏省人民政府提起的生态环境损害赔偿诉讼是否符合法律规定受理条件的问题，要从原告江苏省人民政府是否符合生态环境损害赔偿诉讼的原告主体资格和江苏省人民政府未经磋商直接向法院提起诉讼是否符合规定两个方面分析。

（1）关于江苏省人民政府提起生态环境损害赔偿诉讼的原告主体资格。

2015 年 12 月发布的《试点方案》规定，试点地方省级政府经国务院授权后，作为本行政区域内生态环境损害赔偿权利人，可指定相关部门或机构负责生态环境损害赔偿具体工作。经过两年试点后，2017 年 12 月发布的《改革方案》规定，国务院授权省级、市地级政府（包括直辖市所辖的区县级政府）作为本行政区域内生态环境损害赔偿权利人。省级、市地级政府可指定相关部门或机构负责生态环境损害赔偿具体工作。省级、市地级政府及其指定的部门或机构均有权提起诉讼。江苏省是《试点方案》确定的七个试点省份之一，国务院已经授权江苏省人民政府作为江苏省内生态环境损害赔偿权利人。经授权后，江苏省人民政府有权就江苏省行政区域内的污染环境、破坏生态所造成的损害提起诉讼。所以，江苏省人民政府符合国家规定的提起生态环境损害赔偿诉讼的原告主体资格。

（2）关于江苏省人民政府未经磋商直接向法院提起诉讼是否符合规定。2015 年 12 月发布的《试点方案》规定：经调查发现生态环境损害需要修复或赔偿的，赔偿权利人根据生态环境损害鉴定评估报告，就损害事实与程度、修复启动时间与期限、赔偿的责任承担方式与期限等具体问题与赔偿义务人进行磋商，统筹考虑修复方案技术可行性、成本效益最优化、赔偿义务人赔偿能力、第三方治理可行性等情况，达成赔偿协议。磋商未达成一致的，赔偿权利人应当及时提起生态环境损害赔偿民事诉讼；赔偿权利人也可以直接提起诉讼。2017 年 12 月发布的《改革方案》对此进行了修改，规定：对经磋商达成的赔偿协议，可以依照民事诉讼法向人民法院申请司法确认。经司法确认的赔偿协议，赔偿义务人不履行或不完全履行的，赔偿权利人及其指定的部门或机构可向人民法院申请强制执行；磋商未达成一致的，赔偿权利人及其指定的部门或机构应当及时提起生态环境损害赔偿民事诉讼。也就是说，按照《改革方案》的规定，开展磋商是提起生态环境损害赔偿诉讼的前置程序。

可见，从 2018 年 1 月起，赔偿权利人必须先经过与赔偿义务人进行磋商，磋商不成的，才可以向人民法院提起诉讼。本案中，江苏省人民政府在 2017 年向人民法院提起生态环境损害赔偿诉讼，应适用《试点方案》的规定，即既可以与赔偿义务人进行磋商，也可以不经磋商直接向人民法院提起诉讼。所以，本案中，江苏省人民政府未经磋商直接向人民法院提起生态环境损害赔偿诉讼，是符合国家规定的。

2. 关于一审法院的释明和江苏省人民政府在诉讼中变更诉讼请求是否符合法律规定的问题

本案一审中，江苏省人民政府就新通扬运河污染事件所主张环境损害明显偏低，与新通扬运河所造成的生态环境损害后果不相适应。经一审法院释明，江苏省人民政府申请将赔偿总额从 3845.27 万元增加到 5532.85 万元。被告海德公司认为，原审法院的法律释明以及允许江苏省人民政府在一审中当庭变更诉讼请求，违反了最高人民法院司法解释的规定。

2001 年颁布实施的《最高人民法院关于民事诉讼证据的若干规定》（以下简称《民事证据规定》）第三十五条规定，诉讼过程中，当事人主张的法律关系的性质或者民事行为的效力与人民法院根据案件事实作出的认定不一致的，人民法院应当告知当事人可以变更诉讼请求。当事人变更诉讼请求的，人民法院应当重新指定举证期限。2019 年修订后的《民事证据规定》第五十三条规定，诉讼过程中，当事人主张的法律关系性质或者民事行为效力与人民法院根据案件事实作出的认定不一致的，人民法院应当将法律关系性质或者民事行为效力作为焦点问题进行审理。但法律关系性质对裁判理由及结果没有影响，或者有关问题已经当事人充分辩论的除外。存在前款情形，当事人根据法庭审理情况变更诉讼请求的，人民法院应当准许并可以根据案件的具体情况重新指定举证期限。

可以看出，《民事证据规定》中规定的法院的释明、"变更诉讼请求"和"重新指定举证期限"，所指的是在"当事人主张的法律关系性质或者民事行为效力与人民法院根据案件事实作出的认定不一致"的情形下。本案中，江苏省人民政府只是增加了赔偿金额，并不导致法律关系性质或者民事行为效力发生变更。根据《最高人民法院关于〈中华人民共和国民事诉讼法〉的解释》第二百三十二条规定："在案件受理后，法庭辩论结束前，原告增加诉讼请求，被告提出反诉，第三人提出与本案有关的诉讼请求，可以合并审理的，人民法院应当合并审理。"江苏省人民政府可以在一审法庭辩论前申请变更诉讼请求，本案也不存在重新指定举证期限的问题。

此外，本案虽然不是公益诉讼，但同样涉及社会公共利益。《最高人民法院关于审理环境民事公益诉讼案件适用法律若干问题的解释》第九条规定："人民法院认为原告提出的诉讼请求不足以保护社会公共利益的，可以向其释明变更或者增加停止侵害、恢复原状等诉讼请求。"江苏省泰州市中级人民法院经法庭调查，认为江苏省人民政府所提出的诉讼请求明显偏少，不足以保护社会公共利益，故向江苏省人民政府释明可以变更诉讼请求。该释明仅仅是法院向原告所提出的建议，是否变更诉讼请求由原告自行决定。变更后的诉讼请求是否得到支持，人民法院需要根据查明的事实并依照法律作出裁判。一审法院的释明行为并未侵害到上诉人的合法权益，该释明行为并无不当。值得注意的是，根据2019年6月发布实施、2020年12月修订的《最高人民法院关于审理生态环境损害赔偿案件的若干规定（试行）》第二十二条的规定，人民法院审理生态环境损害赔偿案件，本规定没有规定的，参照适用《最高人民法院关于审理环境民事公益诉讼案件适用法律若干问题的解释》《最高人民法院关于审理环境侵权责任纠纷案件适用法律若干问题的解释》等相关司法解释的规定。

3. 关于生态环境损害和服务功能损失的计算是否合理以及被告是否应当承担事务性费用的问题

海德公司在上诉中提出，一审判决中生态环境损害数额的认定错误，对服务功能损失的认定缺乏事实和法律依据，要求海德公司承担事务性费用缺乏事实依据。江苏省人民政府认为，一审法院对生态环境损害数额的认定合法合理，对服务功能损失的认定于法有据，海德公司应当承担事务性费用。

关于本案的生态环境损害认定是否合理的问题。本案中，环境污染事件发生后，靖江市人民检察院和靖江市原环境保护局为量化环境损害数额，委托评估机构对案涉污染事件所造成的生态环境损害进行评估。江苏省环境科学学会是最高人民法院、原环境保护部确定的环境损害鉴定评估试点单位，其评估报告加盖了江苏省环境科学学会的印章，报告形式符合当时的规范要求。依照原环境保护部《环境损害评估鉴定推荐方法》之规定，本案生态环境损害评估应当优先选择资源等值分析方法，江苏省环境科学学会采用资源等值分析方法进行分析，方法适当。江阴查获的污染物与本案被倾倒的污染物来源相同，均为海德公司非法处置的污染物。江阴查获废碱液特征污染因子的成分、浓度的检测数据可以作为对靖江污染事件生态环境损害的评估依据。评估技术小组确定二乙基二硫醚的浓度临界值以及污染团的长度等计算数值时均采取了保守的计算方法。评估报告所确定的水资源价值必然小于实际受到损害的水资源的价值。因案涉非法倾倒废碱液事件发生在午夜 12 点左右，2014 年 5 月 1 日的污染行为因未被及时发现，未能产生检测数据。鉴于 5 月 1 日的污染事件与 5 月 9 日的污染事件仅仅间隔 8 天，污染物倾倒时点相近，水文变化不大，参照 5 月 9 日污染事件检测数据进行评估，评估方法合理，结果可信。在计算应急处置费用时，评估报告共剔除缺乏票据证实的环境监测机构工作人员人工费、应急人员住宿餐饮等费用 27.22 万元。评估报告所认定的应急处置费用合理且有足够证据证明。被告海德公司在一审庭审中并未质疑评估报告支撑材料的真实性，也未质疑对应急处置费用的合理性。评估报告依据长江靖江段受到污染后的水质监测数据、水文、流速等数据作出评估，详细阐明了长江靖江段受到污染后的损害计算方式方法以及结论，评估结论得到了东南大学吕锡武教授等专家的论证确认，评估方式适当，依据充分，结论可信。另外，发生在长江靖江段的污染事件与发生在新通扬运河的污染事件处于同一时期，所倾倒的危废物均为海德公司产生的废碱液，两地的水质同属三类水质，且在新通扬运河倾倒的废碱液数量更多。新通扬运河污染事件发生在兴化市，地处里下河腹地，系低洼河网地区，水流缓慢，环境容量远不及长江。根据专家辅助人的意见，新通扬运河河面比长江窄，水流速度比长江缓慢，污染物稀释速度远低于长江，同样的污染物倾倒进新通扬运河所造成的损害要大于长江。因此，采用类比的方式所计算出来的生态环境损害不会高于实际发生的生态环境损害。本案中按照类比的方式计算新通扬运河污染事件生态环境损害是合理的。

关于本案服务功能的计算是否合理问题。本案污染事件发生在禁渔期，污染物于午夜时分被倾倒，很难发现死亡的鱼类。但数十吨 pH 为 13.6 的高浓度废碱液倾倒进长江和内河，导致靖江自来水从长江水源地中断取水达 40 小时，污染区域大，持续时间长，后果严重。长江靖江段有水生动物161 种，鱼类 148 种，重要鱼类 59 种，且有国家一级保护动物中华鲟、江豚和胭脂鱼。在靖江段有国家级水产种子资源保护区。案涉污染事件发生在长江禁渔期，这一时期正是长江水体生态环境最为敏感，也是长江水体中生物最为脆弱时期。由于鱼类适宜生存的 pH 范围非常小，案涉污染行为对长江中鱼类繁殖和幼体生长必将造成严重损害，对这一区域的国家一级保护动物中华鲟、江豚和胭脂鱼等濒危物种的生存以及水产种子资源造成严重危害。生物种群所遭受的损害不可能在短期内恢复。新通扬运河地处里下河地区，系当地重要的饮用水水源和农业灌溉、养殖水源。新通扬运河系南水北调的主要通道，案涉污染事件导致新通扬运河自来水中断取水达14小时，且有证据证明污染事件已经造成了鱼类的死亡。可见，案涉污染事件造成了生态环境的严重破坏，且损害难以在短期内得到恢复，海德公司应当赔偿生态服务功能的损失。案涉污染事件系非法倾倒废碱液所致。倾倒行为均发生在午夜时分，倾倒地点偏僻，污染行为具有突发性和隐蔽性，污染区域难以精确测量，无法及时收集证据对服务功能损失进行精确评估。海德公司多次故意跨省非法处置危险废物，过错程度严重；所倾倒的危险废物pH极高，污染物成分复杂，对生态环境的破坏程度十分严重；在长江生态环境已经十分脆弱，长江大保护已经成为全民共识的情况下，在生态环境极其敏感和脆弱的长江禁渔期非法倾倒危险废物，影响十分恶劣，且生态环境难以迅速恢复。综合考虑以上因素，法院酌定按照生态环境损害数额的50%确定服务功能损失合情合理。

关于被告是否应当承担事务性费用问题。根据原《侵权责任法》第六十五条规定，因污染环境造成损害的，污染者应当承担侵权责任。本案所涉的事务性费用系为了评估海德公司非法处置废碱液所造成的生态环境损害所支出的评估费用。《环境损害评估鉴定推荐方法》明确将污染环境、破坏生态所造成的人身损害、财产损害、生态环境损害、应急处置费用和事务性费用作为损害的组成部分。江苏省人民政府要求海德公司承担因污染行为而产生的事务性费用于法有据。一审法院判令海德公司承担生态环境修复费用、服务功能损失的同时，判令其承担事务性费用并无不当。值得注意的是，根据《最高人民法院关于审理生态环境损害赔偿案件的若干规定（试行）》第十四条的规定，原告请求被告承担下列费用的，人民法院根据具体案情予以判决：（一）实施应急方案、清除污染以及为防止损害的发生和扩大所支出的合理费用；（二）为生态环境损害赔偿磋商和诉讼支出的调查、检验、鉴定、评估等费用；（三）合理的律师费以及其他为诉讼支出的合理费用。我国2021年1月1日生效实施的《民法典》第一千二百三十五条也明确规定，违反国家规定造成生态环境损害的，国家规定的机关或者法律规定的组织有权请求侵权人赔偿生态环境损害调查、鉴定评估等费用和清除污染、修复生态环境费用以及防止损害的发生和扩大所支出的合理费用。

二、山东省生态环境厅诉被告山东金诚重油化工有限公司、山东弘聚新能源有限公司生态环境损害赔偿纠纷案①

（一）案例要旨

山东省生态环境厅诉被告山东金诚重油化工有限公司（以下简称金诚公司）、山东弘聚新能源有限公司（以下简称弘聚公司）生态环境损害赔偿纠纷案列入最高人民法院指导案例（108 号）。本案系因重大突发环境事件导致的生态环境损害赔偿案件，污染事件发生后，受到社会广泛关注。因两被告排放污染物的时间、种类、数量不同，认定两被告各自行为所造成的污染范围、损害后果及相应的治理费用存在较大困难。人民法院充分借助专家专业技术优势，在查明专业技术相关事实、确定生态环境损害赔偿数额、划分污染者责任等方面进行了积极探索：一是由原、被告分别申请专家辅助人出庭从专业技术角度对案件事实涉及的专业问题充分发表意见；二是通知参与《环境损害评估报告》的专业人员出庭说明并接受质询；三是由人民法院另行聘请三位咨询专家参加庭审，并在庭审后出具《损害赔偿责任分担的专家咨询意见》；四是在评估报告基础上，综合专家辅助人和咨询专家的意见，根据主观过错、经营状况等因素，合理分配两被告各自应承担的赔偿责任。人民法院还针对金诚公司应支付的赔偿款项，确定金诚公司可申请分期赔付，教育引导企业依法开展生产经营，在保障生态环境得到及时修复的同时，维护了企业的正常经营，妥善处理了经济社会发展和生态环境保护的辩证关系。同时，人民法院在受理就同一污染环境行为提起的生态环境损害赔偿诉讼和环境民事公益诉讼后，先行中止环境公益诉讼案件审理，待生态环境损害赔偿案件审理完毕后，就环境公益诉讼中未被前案涵盖的诉讼请求依法作出裁判，对妥善协调两类案件的审理进行了有益探索。

（二）案情概要

1. 基本案情

弘聚公司、山东万达有机硅新材料有限公司（以下简称万达公司）、金

---

① 案例来源：山东省济南市中级人民法院〔2017〕鲁 01 民初 1467 号民事判决书。最高人民法院指导案例 108 号。

诚公司均系化工企业。2015 年 7 月，张林德（已死亡）租赁蓬光强位于济南市章丘区双山街道办事处马安村厂区部分车间，用于处置危险废物，并向该厂区内废弃矿井排放。同年 9 月 2 日，陈继新（已死亡）承租济南市章丘区普集街道办事处上皋村一处场地，与张林德将此场地及该处废弃煤井作为危险废物的排放地点。

自 2015 年 7 月至 10 月间，张林德为牟取非法利益，在无危险废物处理资质且无能力处置危险废物的情况下，自己或通过无危险废物处理资质的殷珂珂、郭泗滨、贺程海及李万津（在逃）联系弘聚公司、利丰达公司、万达公司、麟丰公司、金诚公司相关人员处置危险废物，并将马安村、上皋村作为处置地点，造成环境污染。2015 年 9 月 28 日至 10 月 13 日，张林德安排将从弘聚公司运输的废酸非法排放至上皋村废弃煤井，10 月 20 日又安排将从金诚公司运输的废碱非法排放在同一地点，废碱液排放后，现场的张林德、陈继新、路桐、窦志兴被发现已死亡。经鉴定，张林德、路桐、陈继新、窦志兴心血及右肺中均检出甲硫醚，符合甲硫醚等化学物质及其分解产物中毒死亡；上皋村明皋 2 号井罐车废液中检出甲硫醚成分；金诚公司加氢车间废碱存储罐内废液未检出甲硫醚成分；弘聚公司生产过程中产生的废酸液中检出二氧化硫成分。

另查明，2015 年 8 月初，弘聚公司未经批准擅自试生产异辛烷，副产品有废酸、正丁烷，该公司法定代表人委托无危险废物经营许可证的山东晨曦物流有限公司处置该公司的产品、副产品，后弘聚公司车间主任联系晨曦物流公司业务经理于晓磊处理，于晓磊明知郭泗滨无危险废物处理资质，以 320 元/吨的费用将废酸交给郭泗滨处置。郭泗滨联系危险品运输车车主刘银忠及张凤武，刘银忠安排使用冀 JB97××车辆（郭传强驾驶、张新波押运）运输，张凤武安排使用冀 JL80××车辆（马喜原驾驶、林忠伟押运）和冀 JN01××车辆（蔡中德驾驶、孙国辉押运）运输。自 2015 年 9 月 28 日至 10 月 13 日，共运输废酸近 640 吨至上皋村排入废弃煤井。其中使用冀 JB97××车辆运输约 175 吨、冀 JL80××车辆运输约 380 吨、冀 JN01××车辆运输约 85 吨。案发后，弘聚公司支付郭泗滨处理费 204563.20 元。

因弘聚公司 2015 年 10 月起未经莒县原环境保护局批准非法转移废酸 17 车，共计约 510 吨，莒县原环境保护局于 2016 年 1 月 15 日作出行政处罚决定书（莒环罚字〔2015〕第148号），认为该公司已违反了《中华人民共和国固体废物污染环境防治法》第五十九条第一款之规定，据此，依照《中华人民共和国固体废物污染环境防治法》第七十五条第六项之规定，责令弘聚公司立即停止违法行为，并处罚款20万元。

2015年1月10日，金诚公司与淄博临淄鲁威化工有限公司（以下简称鲁威公司）签订产品购销合同，金诚公司的废碱由鲁威公司处理。同年10月20日，金诚公司生产车间产生废碱，车间主任马振国通过金诚公司下属供应公司内勤周彩霞联系金诚公司下属供应公司业务员王海洋处理，王海洋明知殷珂珂无危险废物处理资质，仍将其公司的危险废物交由殷珂珂处理，约定处理费每吨300元。殷珂珂联系郭泗滨，郭泗滨联系张林德处理，并联系车牌号为鲁CB65××的危险品运输车（驾驶员和押运员分别为窦志兴、路桐，二人当场死亡），周彩霞未经审查即为该车开具装车单。当晚至次日凌晨，该车装载23.72吨废碱运输至上皋村，将废碱排放至废弃煤井，在排放废液碱后，现场的张林德、陈继新、窦志兴、路桐被发现已死亡。事后，殷珂珂支付郭泗滨4600元，郭泗滨支付张林德2400元、支付车主路祥云运费2100元。

因金诚公司在鲁威公司没有危险废物处置资质的情况下，于2015年1月10日将374.94吨危险废物废碱液委托鲁威公司处置，违反了《中华人民共和国固体废物污染环境防治法》第五十五条、第七十五条之规定，淄博市原环境保护局于2015年12月18日作出行政处罚决定书（淄环罚字〔2015〕76－1号），给予金诚公司罚款20万元。因金诚公司未按危险废物管理的要求处置废碱液，而是委托殷珂珂外运处置，殷珂珂没有危险废物处置资质，违反了《中华人民共和国固体废物污染环境防治法》第五十五条之规定，淄博市原环境保护局于2015年11月作出行政处罚决定书（淄环罚字〔2015〕76号），给予金诚公司罚款20万元。

魏修良系万达公司生产部经理。2015年8月，李万津（在逃）联系魏修良处理公司的废酸，魏修良明知李万津无危险废物处理资质，仍商定由其处理，约定处理费每吨500元。之后李万津与贺程海找到张林德处理，贺程海通过物流公司联系到时相桥的运输车鲁Q6E5××，时相桥2015年9月14日、9月25日、10月20日先后三次到万达公司装载桶装废酸共约88吨，第一车120桶共30吨运送至上皋村卸下，第二车与第三车约240桶58吨运送至马安村卸下，后张林德又将马安村桶装废物中的120桶运走。张林德在上皋村将101桶25吨废酸挖坑掩埋。蓬光强得知张林德死亡后，将在马安村厂房内放置的120桶桶装废酸用石英砂覆盖。案发后经勘查，上皋村事故所在地院落堆存106桶桶装废弃物、院落地下掩埋101桶桶装废弃物，马安村事故所在地院内掩埋129桶桶装废弃物，技术人员将上述铁桶挖出并送至腾跃公司处置。

事件发生后，原章丘市政府（现济南市章丘区政府）进行了应急处置，并开展生态环境修复工作。山东省人民政府指定山东省生态环境厅为具体工作部门，开展生态环境损害赔偿索赔工作。山东省生态环境厅与金诚公司、弘聚公司磋商未能达成一致，遂根据山东省环境保护科学研究设计院出具的《环境损害评估报告》向济南市中级人民法院提起诉讼，请求判令被告承担应急处置费用、生态环境服务功能损失、生态环境损害赔偿费用等共计2.3亿余元，两被告对上述各项费用承担连带责任，并请求判令两被告在省级以上媒体公开赔礼道歉。

2. 法院判决

山东省济南市中级人民法院判决：一、被告弘聚公司和金诚公司于本判决生效之日起三十日内赔偿原告山东省生态环境厅应急处置费用1455.566万元；二、被告弘聚公司于本判决生效之日起三十日内赔偿原告山东省生态环境厅生态环境修复期间服务功能的损失1401.208万元、生态环境损害赔偿费15912万元、鉴定费18.664万元、律师代理费16万元；三、被告金诚公司于本判决生效之日起三十日内赔偿原告山东省生态环境厅生态环境修复期间服务功能的损失350.302万元、生态环境损害赔偿费3978万元、鉴定费4.666万元、律师代理费4万元；四、被告金诚公司与被告弘聚公司于本判决生效之日起三十日内在省级以上媒体公开赔礼道歉（书面道歉的内容须经法院审核）；五、驳回原告山东省生态环境厅的其他诉讼请求。

（三）本案争议的问题

（1）山东省生态环境厅是否有权提起本案生态环境损害赔偿诉讼？

（2）被告弘聚公司、金诚公司是否是本案生态环境损害赔偿的义务主体？

（3）如何确定本案的生态环境损害赔偿金额？

（4）本案被告金诚公司、弘聚公司应承担哪些民事赔偿责任？两被告应否在省级以上媒体公开赔礼道歉？

（三）法理评析

1. 关于山东省生态环境厅是否有权提起生态环境损害赔偿诉讼的问题

根据 2015 年中共中央办公厅、国务院办公厅发布的《生态环境损害赔偿制度改革试点方案》规定，试点地方省级政府经国务院授权后，作为本行政区域内生态环境损害赔偿权利人，可指定相关部门或机构负责生态环境损害赔偿具体工作。山东省是七个试点省级区域之一，国务院已经授权山东省人民政府作为山东省内生态环境损害赔偿权利人。根据规定，山东省人民政府可以指定山东省生态环境厅负责生态损害赔偿具体工作。本案中，原告山东省生态环境厅向法院提交了中共中央办公厅、国务院办公厅《生态环境损害赔偿制度改革试点方案》、《关于在部分省份开展生态环境损害赔偿制度改革试点的通知》（环人事〔2016〕53 号）、《山东省人民政府关于同意山东省环境保护厅作为生态环境损害赔偿民事诉讼案件原告的批复》等证据，证明符合原告主体资格。所以，山东省生态环境厅有权提起本案生态环境损害赔偿诉讼。

2. 关于被告弘聚公司、金诚公司是否是本案生态环境损害赔偿的义务主体的问题

中共中央办公厅、国务院办公厅发布的《生态环境损害赔偿制度改革试点方案》规定，违反法律法规，造成生态环境损害的单位或个人，应当承担生态环境损害赔偿责任，做到应赔尽赔。2010 年 7 月 1 日起施行《侵权责任法》（2021 年 1 月 1 日失效）第六十五条规定："因污染环境造成损害的，污染者应当承担侵权责任。"第六十六条规定："因污染环境发生纠纷，污染者应当就法律规定的不承担责任或者减轻责任的情形及其行为与损害之间不存在因果关系承担举证责任。"2021 年 1 月 1 日生效实施的《民法典》进一步规定对此作了规定。

对弘聚公司的行为，山东省济南市中级人民法院已经作出刑事判决书（本案审理时已经发生法律效力），该刑事判决书认定弘聚公司的行为构成污染环境罪，弘聚公司因污染环境犯罪行为造成生态环境损害的，应承担

相应的民事赔偿责任，故弘聚公司是本案生态环境损害赔偿的义务主体。金诚公司对其生产过程中产生的废碱液未依法进行处理，而是交无危险废物处理资质的第三方处理，其过错非常明显。金诚公司与无危险废物处理资质的第三方的行为相结合，造成了生态环境损害，故金诚公司应当与无危险废物处理资质的第三方承担连带责任。《侵权责任法》第十三条规定，法律规定承担连带责任的，被侵权人有权请求部分或者全部连带责任人承担责任。山东省生态环境厅请求金诚公司承担责任符合法律规定，金诚公司也应是本案生态环境损害赔偿的义务主体。弘聚公司和金诚公司都没有提供证据证明其具有法律规定的不承担责任或者减轻责任的情形及其行为与损害之间不存在因果关系。所以，两公司都应当承担生态环境损害赔偿责任，都是本案的赔偿义务人。

3. 关于如何确定本案的生态环境损害赔偿金额的问题

本案中，山东省环境保护科学研究设计院及鉴定评估人员均具有法定资质，鉴定程序合法，鉴定评估意见明确，对涉案化工废料的危险性、受污染环境的程度、范围、所属危险废物类别及损害费用均进行了鉴定评估，与本案待证事实有关联，经过当庭举证质证；参与制作《环境损害评估报告》的相关评估及审核人员出庭接受了当事人的质询，对金诚公司就《环境损害评估报告》的异议已当庭作出说明；原环境保护部环境规划院的专家也出庭证明了《环境损害评估报告》评估的范围、内容、程序和方法规范，科学合理，评估方法符合规范要求；同时，该《环境损害评估报告》已经为济南市中级人民法院作出且已生效的刑事判决书所确认。金诚公司、弘聚公司虽不认可《环境损害评估报告》，但其未提供足够的证据推翻《环境损害评估报告》。《环境损害评估报告》采用虚拟成本法计算修复费用符合《生态环境损害鉴定评估技术指南总纲》《环境损害鉴定评估推荐方法（第Ⅱ版）》的规定。

根据《环境损害评估报告》，上皋村环境污染造成的直接经济损失约为4109.27万元，上皋村环境污染生态损害费用为桶装废弃物填埋场污染土壤修复费用为101.05万元，事故井倾倒废液污染土壤的虚拟治理费用约为7290万元，污染地下水的虚拟修复治理费用约为12600万元。对于4109.27万元直接经济损失，山东省生态环境厅的诉讼请求数额中已扣除万达公司已承担的202.194万元、金诚公司已支付的500万元和弘聚公司已支付的

200 万元，剩余 3207.076 万元（包含修复期间服务功能损失 1751 余万元和应急处置损失 1455 余万元）。另外，山东省生态环境厅主张的 35 万元鉴定费，有《技术服务合同书》及相关票据证实，主张万达公司已承担 11.67 万元鉴定费，尚剩余 23.33 万元要求支付。山东省生态环境厅提供的《专项法律顾问合同》也证明其聘请律师的律师费。

4. 关于本案被告金诚公司、弘聚公司应承担的民事赔偿责任以及两被告应否在省级以上媒体公开赔礼道歉的问题

《侵权责任法》第十二条规定："二人以上分别实施侵权行为造成同一损害，能够确定责任大小的，各自承担相应的责任；难以确定责任大小的，平均承担赔偿责任。"第六十七条规定："两个以上污染者污染环境，污染者承担责任的大小，根据污染物的种类、排放量等因素确定。"《最高人民法院关于审理环境侵权责任纠纷案件适用法律若干问题的解释》第四条规定："两个以上污染者污染环境，对污染者承担责任的大小，人民法院应当根据污染物的种类、排放量、危害性以及有无排污许可证、是否超过污染物排放标准、是否超过重点污染物排放总量控制指标等因素确定。"

本案突发环境事件是因弘聚公司的废酸液和金诚公司的废碱液引起的，原章丘市人民政府应急处置该突发环境事件造成的经济损失 1455 余万元依法应由弘聚公司和金诚公司共同承担。山东省生态环境厅主张的服务功能损失和环境修复费及鉴定费和律师费，均是因弘聚公司的废酸液和金诚公司的废碱液造成生态环境损害引起的，应由该两公司承担。法院根据各方当事人陈述及证据，综合专家辅助人和咨询专家的意见，酌定弘聚公司承担 80% 的赔偿责任，金诚公司承担 20% 的赔偿责任，并依此计算出各自应承担的服务功能损失赔偿金、生态环境损害赔偿费、鉴定费。弘聚公司因此次污染事件被追究刑事责任，正处于合并破产重整阶段，金诚公司未被追究刑事责任，公司正常经营，根据两公司主观过错、经营状况等因素，法院在判决中确定金诚公司可申请分期赔付应支付的赔偿款。

《最高人民法院关于审理环境侵权责任纠纷案件适用法律若干问题的解释》第十三条规定："人民法院应当根据被侵权人的诉讼请求以及具体案情，合理判定污染者承担停止侵害、排除妨碍、消除危险、恢复原状、赔礼道歉、赔偿损失等民事责任。"《最高人民法院关于审理环境民事公益诉讼案件适用法律若干问题的解释》第十八条规定："对污染环境、破坏生态，已经损害社会公共利益或者具有损害社会公共利益重大风险的行为，原告可以请求被告承担停止侵害、排除妨碍、消除危险、恢复原状、赔偿损失、赔礼道歉等民事责任。"本案中，弘聚公司、金诚公司环境污染行为，严重损害了国家利益和社会公共利益，即使承担了金钱赔偿责任，也无法完全弥补其行为带来的危害，山东省生态环境厅要求弘聚公司、金诚公司在省级以上媒体公开赔礼道歉的诉讼请求符合法律规定，也得到了法院的支持。

三、重庆市人民政府、重庆两江志愿服务发展中心诉重庆藏金阁物业管理有限公司、重庆首旭环保科技有限公司生态环境损害赔偿、环境民事公益诉讼案①

（一）案例要旨

重庆市人民政府、重庆两江志愿服务发展中心诉重庆藏金阁物业管理有限公司（以下简称藏金阁公司）、重庆首旭环保科技有限公司（以下简称首旭公司）生态环境损害赔偿、环境民事公益诉讼案列入最高人民法院指导案例（第130号）。原告重庆市人民政府与被告藏金阁公司、首旭公司生态环境损害赔偿纠纷案经法院立案后，原告重庆两江志愿服务发展中心又向法院提起以藏金阁公司、首旭公司为被告环境民事公益诉讼案。因重庆市人民政府和重庆两江志愿服务发展中心基于同一事实向法院提起诉讼，经各方当事人同意，法院决定依法将两案进行合并审理。本案的审理对正确协调生态环境损害赔偿诉讼与环境民事公益诉讼的关系具有典型意义。经过审理，本案确定了两个裁判要旨：一是取得排污许可证的企业，负有确保其排污处理设备正常运行且排放物达到国家和地方排放标准的法定义务，委托其他单位处理的，应当对受托单位履行监管义务；明知受托单位违法排污不予制止甚或提供便利的，应当对环境污染损害承担连带责任。

---

① 案例来源：重庆市第一中级人民法院〔2017〕渝01民初773号民事判决书。最高人民法院指导案例130号。

二是污染者向水域排污造成生态环境损害，生态环境修复费用难以计算的，可以根据环境保护部门关于生态环境损害鉴定评估有关规定，采用虚拟治理成本法对损害后果进行量化，根据违法排污的污染物种类、排污量及污染源排他性等因素计算生态环境损害量化数额。

（二）案情概要

1. 基本案情

原告重庆市人民政府与被告藏金阁公司生态环境损害赔偿纠纷案，重庆市第一中级人民法院立案后，重庆市人民政府向法院申请追加首旭公司为被告，经法院审查后予以准许。重庆市第一中级人民法院另行受理了原告重庆两江志愿服务发展中心与被告藏金阁公司、被告首旭公司环境污染民事公益诉讼案，该案立案后，依法适用普通程序，在法定期限内公告了案件受理情况。因重庆市人民政府和重庆两江志愿服务发展中心基于同一事实向本院提起诉讼，经各方当事人同意，法院决定依法将两案进行合并审理。

重庆藏金阁电镀工业园（又称藏金阁电镀工业中心）位于重庆市江北区港城工业园区内，是该工业园区内唯一的电镀工业园，园区内有若干电镀企业入驻。藏金阁公司为园区入驻企业提供物业管理服务，并负责处理企业产生的废水。藏金阁公司领取了排污许可证，并拥有废水处理的设施设备。2013 年 12 月 5 日，藏金阁公司与首旭公司签订为期 4 年的《电镀废水处理委托运行承包管理运行协议》（以下简称《委托运行协议》），首旭公司承接藏金阁电镀工业中心废水处理项目，该电镀工业中心的废水由藏金阁公司交给首旭公司使用藏金阁公司所有的废水处理设备进行处理。2016 年 4 月 21 日，重庆市环境监察总队执法人员在对藏金阁公司的废水处理站进行现场检查时，发现废水处理站中两个总铬反应器和一个综合反应器设施均未运行，生产废水未经处理便排入外环境。2016 年 4 月 22 日至 26 日期间，经执法人员采样监测分析发现外排废水重金属超标，违法排放废水总铬浓度为 55.5mg/L，总锌浓度为 2.85×10^2 mg/L，总铜浓度为 27.2mg/L，总镍浓度为 41mg/L，分别超过《电镀污染物排放标准》（GB21900—2008）的规定标准 54.5 倍、189 倍、53.4 倍、81 倍，对生态环境造成严重影响和损害。2016 年 5 月 4 日，执法人员再次进行现场检查，发现藏金阁废水处理站 1 号综合废水调节池的含重金属废水通过池壁上的 120mm 口径管网未经正常处理直接排放至外环境并流入港城园区市政管网再进入长江。经监测，1 号池内渗漏的废水中六价铬浓度为 6.10mg/L，总铬浓度为 10.9mg/L，分别超过国家标准 29.5 倍、9.9 倍。从 2014 年 9 月 1 日至 2016 年 5 月 5 日违法排放废水量共计 145624 吨。2014 年 8 月，藏金阁公司将原废酸收集池改造为 1 号综合废水调节池，传送废水也由地下管网改为高空管网作业。该池池壁上原有 110mm 和 120mm 口径管网各一根，改造时只封闭了 110mm 口径管网，而未封闭 120mm 口径管网，该未封闭管网系埋于地下的暗管。首旭公司自 2014 年 9 月起，在明知池中有一根 120mm 管网可以连通外环境的情况下，仍然一直利用该管网将未经处理的含重金属废水直接排放至外环境。

受重庆市人民政府委托，重庆市环境科学研究院对藏金阁公司和首旭公司违法排放超标废水造成生态环境损害进行鉴定评估，并于 2017 年 4 月出具《鉴定评估报告书》。该评估报告载明：本事件污染行为明确，污染物迁移路径合理，污染源与违法排放至外环境的废水中污染物具有同源性，且污染源具有排他性。污染行为发生持续时间为 2014 年 9 月 1 日至 2016 年 5 月 5 日，违法排放废水共计 145624 吨，其主要污染因子为六价铬、总铬、总锌、总镍等，对长江水体造成严重损害。《鉴定评估报告书》采用《生态环境损害鉴定评估技术指南总纲》《环境损害鉴定评估推荐方法（第Ⅱ版）》推荐的虚拟治理成本法对生态环境损害进行量化，按 22 元/吨的实际治理费用作为单位虚拟治理成本，再乘以违法排放废水数量，计算出虚拟治理成本为 320.3728 万元。违法排放废水点为长江干流主城区段水域，适用功能类别属Ⅲ类水体，根据虚拟治理成本法的"污染修复费用的确定原则"Ⅲ类水体的倍数范围为虚拟治理成本的 4.5～6 倍，本次评估选取最低倍数 4.5 倍，最终评估出二被告违法排放废水造成的生态环境污染损害量化数额为 1441.6776 万元。重庆市环境科学研究院是原环境保护部《关于印发〈环境损害鉴定评估推荐机构名录（第一批）〉的通知》中确认的鉴定评估机构。

2016 年 6 月 30 日，重庆市环境监察总队以藏金阁公司从 2014 年 9 月 1 日至 2016 年 5 月 5 日通过 1 号综合调节池内的 120mm 口径管网将含重金属废水未经废水处理站总排口便直接排入港城园区市政废水管网进入长江为由，作出行政处罚决定，对藏金阁公司罚款 580.72 万元。藏金阁公司不服申请行政复议，重庆市原环境保护局作出维持行政处罚决定的复议决定。后藏金阁公司诉至重庆市渝北区人民法院，要求撤销行政处罚决定和行政复议决定。重庆市渝北区人民法院于 2017 年 2 月 28 日作出〔2016〕渝 0112 行初 324 号行政判决，驳回藏金阁公司的诉讼请求。判决后，藏金阁公司未提起上诉，该判决发生法律效力。

2016 年 11 月 28 日，重庆市渝北区人民检察院向重庆市渝北区人民法院提起公诉，指控首旭公司、首旭公司法定代表人程龙等构成污染环境罪，应依法追究刑事责任。重庆市渝北区人民法院于 2016 年 12 月 29 日作出〔2016〕渝 0112 刑初 1615 号刑事判决，判决首旭公司、程龙等人构成污染环境罪。该判决已发生法律效力。

2. 法院判决

重庆市第一中级人民法院判决：一、被告重庆藏金阁物业管理有限公司和被告重庆首旭环保科技有限公司连带赔偿生态环境修复费用 1441.6776 万元，于本判决生效后十日内交付至重庆市财政局专用账户，由原告重庆市人民政府及其指定的部门和原告重庆两江志愿服务发展中心结合本区域生态环境损害情况用于开展替代修复；二、被告重庆藏金阁物业管理有限公司和被告重庆首旭环保科技有限公司于本判决生效后十日内，在省级或以上媒体向社会公开赔礼道歉；三、被告重庆藏金阁物业管理有限公司和被告重庆首旭环保科技有限公司在本判决生效后十日内给付原告重庆市人民政府鉴定费 5 万元、律师费 19.8 万元；四、被告重庆藏金阁物业管理有限公司和被告重庆首旭环保科技有限公司在本判决生效后十日内给付原告重庆两江志愿服务发展中心律师费 8 万元；五、驳回原告重庆市人民政府和原告重庆两江志愿服务发展中心其他诉讼请求。

3. 案件争议焦点

（1）重庆市人民政府是否有权提起本案生态环境损害赔偿诉讼？

（2）符合国家规定的人民政府及其指定的部门、机构提起生态环境损害赔偿诉讼后，社会公益组织或者人民检察院以同一事实向法院提起环境民事公益诉讼，应如何协调不同诉讼之间的关系？

（3）已经生效的刑事判决、行政判决所确认的事实与本案有何关联性？

（4）本案中，《鉴定评估报告书》认定的污染物种类、污染源排他性、违法排放废水计量以及损害量化数额是否准确？

（5）本案被告藏金阁公司与首旭公司是否构成共同侵权？

（三）法理评析

1. 重庆市人民政府是否有权提起本案生态环境损害赔偿诉讼的问题

2015 年 12 月发布的《生态环境损害赔偿制度改革试点方案》（以下称《试点方案》）规定，试点地方省级政府经国务院授权后，可作为本行政区域内生态环境损害赔偿权利人。重庆市是七个试点省份之一，国务院已经授权重庆市人民政府作为重庆市内生态环境损害赔偿权利人。经授权后，重庆市人民政府有权就重庆市行政区域内的污染环境、破坏生态所造成的损害提起诉讼。所以，重庆市人民政府符合国家规定的提起生态环境损害赔偿诉讼的原告主体资格。

2. 关于应如何协调政府提起生态环境损害赔偿诉讼与社会公益组织或者人民检察院以同一事实向法院提起的环境民事公益诉讼的关系的问题

根据 2017 年修订的《民事诉讼法》和 2014 年修订的《环境保护法》，人民检察院和符合《环境保护法》第五十八条规定条件的社会组织有权提起环境民事公益诉讼。根据中共中央办公厅、国务院办公厅 2015 年 12 月发布的《试点方案》以及 2017 年 12 月发布的《生态环境损害赔偿制度改革方案》，经国务院授权的省级政府及其指定的机关或者机构可以提起生态环境损害赔偿诉讼。生态环境损害赔偿诉讼与环境民事公益诉讼（以下简称"两诉"）在法理基础、起诉主体、诉讼程序、诉讼标的等方面存在差异，但两者的起诉对象均是造成生态环境损害的行为人；同时，由于两者之间高度契合的适用范围、同一的制度目的和程序监督功能，使得两者之间的同一性特征愈发明显，司法实务界对如何正确处理"两诉"的做法也不统一，如何正确衔接和协调好"两诉"是我国生态环境司法实务亟待解决的问题。

在 2019 年 6 月之前，各地法院在司法实践中存在不同的做法，如：江苏省环境保护联合会、江苏省人民政府诉德司达公司生态环境损害纠纷案，江苏省环境保护联合会向南京市中级人民法院提起环境民事公益诉讼，江苏省政府经申请作为该案件的共同原告参加诉讼；在山东省济南市中级人民法院审理的山东金诚公司、弘聚公司环境责任纠纷案中，中国绿发会以山东金诚公司、弘聚公司为被告先向济南市中级人民法院提起环境民事公益诉讼，随后，原山东省环保厅就同一案件又向济南市中级人民法院提起了生态环境损害赔偿诉讼，济南市中级人民法院先行审理了后提起的生态环境损害赔偿诉讼而中止审理了先行立案的环境民事公益诉讼。在本案中，重庆市第一中级人民法院将重庆市人民政府提起的诉讼与重庆两江志愿服务中心提起的诉讼分别立案，并将两案合并审理。

2019 年 6 月 5 日，最高人民法院发布实施了《关于审理生态环境损害赔偿案件的若干规定（试行）》（下称《若干规定》），对基于同一事实分别向法院提起的"两诉"的衔接和协调做出了规定，第十六条规定："在生态环境损害赔偿诉讼案件审理过程中，同一损害生态环境行为又被提起民事公益诉讼，符合起诉条件的，应当由受理生态环境损害赔偿诉讼案件的人民法院受理并由同一审判组织审理。"第十七条规定："人民法院受理因同一损害生态环境行为提起的生态环境损害赔偿诉讼案件和民事公益诉讼案件，应先中止民事公益诉讼案件的审理，待生态环境损害赔偿诉讼案件审理完毕后，就民事公益诉讼案件未被涵盖的诉讼请求依法作出裁判。"第十八条第一款规定："生态环境损害赔偿诉讼案件的裁判生效后，有权提起民事公益诉讼的国家规定的机关或者法律规定的组织就同一损害生态环境行为有证据证明存在前案审理时未发现的损害，并提起民事公益诉讼的，人民法院应予受理。"第十八条第二款规定："民事公益诉讼案件的裁判生效后，有权提起生态环境损害赔偿诉讼的主体就同一损害生态环境行为有证据证明存在前案审理时未发现的损害，并提起生态环境损害赔偿诉讼的，人民法院应予受理。"

根据 2017 年修订后的《民事诉讼法》第五十五条第二款和上述最高人民法院的有关规定，政府、社会组织或者人民检察院基于同一事实分别向法院提起生态环境损害赔偿诉讼和环境民事公益诉讼的，应以作为赔偿权利人的省级、市地级人民政府提起的生态环境损害赔偿诉讼为第一顺位，以社会组织提起的环境民事公益诉讼为第二顺位，以检察机关提起的环境民事公益诉讼为第三顺位。

值得注意的是，本案是在生态环境损害赔偿制度改革试点期间提起的诉讼，当时最高人民法院的《若干规定》还没有公布实施，所以，本案重庆市第一中级人民法院将重庆市人民政府提起的生态环境损害赔偿诉讼和重庆两江志愿服务发展中心提起的环境民事公益诉讼合并审理，也是在试点期间对衔接和协调"两诉"进行的一种有益探索。

3. 关于生效刑事判决、行政判决所确认的事实与本案关联性的问题

其一，从证据效力来看，生效刑事判决、行政判决所确认的事实可以直接作为本案事实加以确认，无须再在本案中举证证明。根据《最高人民法院关于适用〈中华人民共和国民事诉讼法〉的解释》第九十三条规定：已为人民法院发生法律效力的裁判所确认的事实，当事人无须举证证明，当事人有相反证据足以推翻的除外。本案审理时，重庆市渝北区人民法院作出〔2016〕渝0112行初324号行政判决和重庆市渝北区人民法院作出〔2016〕渝0112刑初1615号刑事判决均已生效，其所确认的事实具有既判力，无需再在本案中举证证明，除非被告提出相反证据足以推翻原判决，而本案中被告藏金阁公司与首旭公司并未举示证据。

其二，本案在性质上属于环境侵权民事案件，其与刑事犯罪、行政违法案件所要求的证明标准和责任标准存在差异，故最终认定的案件事实在不存在矛盾的前提条件下，可以不同于刑事案件和行政案件认定的事实。刑事案件的证明标准和责任标准明显高于民事案件，环境污染犯罪行为造成损害后果的，固然应当承担相应赔偿责任，但未被认定为犯罪的污染行为，不等于不构成民事侵权，本案中依法应承担赔偿责任的环境污染行为包括但不限于重庆市渝北区人民法院作出〔2016〕渝0112刑初1615号刑事判决所认定的环境污染犯罪行为，故本案被告提出应当仅以生效刑事判决所认定的污染物种类即总铬和六价铬为准是不符合事实与法律规定的。就生效行政判决认定的事实而言，环保部门对环境污染行为进行行政处罚时，依据的主要是国家和地方规定的污染物排放标准，违反了国家和地方的强制性标准，便应当受到相应的行政处罚，而违反强制性标准当然也是污染行为人承担侵权责任的依据。然而，虽然因违反强制性标准而受到行政处罚的污染行为必然属于环境侵权行为，但符合强制性标准的排污行为却不一定不构成民事侵权。《最高人民法院关于审理环境侵权责任纠纷案件适用法律若干问题的解释》第一条第一款规定："因污染环境造成损害，不论污染者有无过错，污染者应当承担侵权责任。污染者以排污符合国家或者地方污染物排放标准为由主张不承担责任的，人民法院不予支持。"该条规定表明，污染者不得以合乎强制性标准进行抗辩免除民事责任。也就是说，

对环境污染行为承担民事责任的范围可以大于进行行政处罚的范围。但是本案中，由于原告起诉的事实与生效行政判决确认的事实相同，其并未主张超出行政违法范围的环境侵权行为，故重庆市渝北区人民法院作出〔2016〕渝0112行初324号行政判决所确认的违法排污事实可以用于认定本案环境侵权事实，只是本案会从环境侵权的角度来对构成要件、责任主体等加以考量。

其三，结合生效刑事判决和行政判决确认的事实，可以认定首旭公司直接实施了本案所诉环境侵权行为。原因在于，一是前述生效行政判决和刑事判决均确认，藏金阁公司通过与首旭公司签订《委托运行协议》，将全部排污作业交由首旭公司处理，首旭公司在运营该项目的过程中，实施了利用暗管违法排污的行为；二是由于首旭公司是受托排污，藏金阁公司持有排污许可证，且是排污设备所有人，故环保部门认定的排污单位即行政相对人为藏金阁公司，并据此对藏金阁公司进行了行政处罚，尽管行政处罚的对象是藏金阁公司，但行政处罚决定和行政判决并未否定首旭公司实施排污行为的事实，首旭公司亦作为第三人参加了行政诉讼，而且正是由于首旭公司直接实施了排污行为，因此刑事判决对首旭公司及其直接责任人进行了定罪处罚；三是对于生效行政判决和刑事判决所认定的排污单位和直接行为人，藏金阁公司和首旭公司均无异议。综上，可以认定，首旭公司实施的环境侵权行为即是生效行政判决所确认的违法排污事实。

4. 关于本案中《鉴定评估报告书》认定的污染物种类、污染源排他性、违法排放废水计量以及损害量化数额是否准确的问题

其一，关于《鉴定评估报告书》认定的污染物种类、污染源排他性和违法排放废水计量是否准确的问题。本案被告藏金阁公司与首旭公司对污染物种类、污染源排他性及违法排放废水计量提出异议，这三个方面的问题是环保部门作出行政处罚时认定的基本事实，重庆市渝北区人民法院作出〔2016〕渝0112行初324号行政判决均已直接或者间接确认，而且藏金阁公司通过申请行政复议和提起行政诉讼，已经依法行使了程序权利，在本案中被告藏金阁公司与首旭公司并未提供相反证据来推翻原判决。具体而言，一是关于污染物种类的问题。除了生效刑事判决所认定的总铬和六价铬之外，被告藏金阁公司与首旭公司违法排放的废水中还含有重金属物质如总锌、总镍等，该事实得到了江北区环境监测站、重庆市环境监测中心出具的环境监测报告以及重庆市渝北区人民法院作出〔2016〕渝 0112 行初 324 号行政判决的确认，也得到了首旭公司法定代表人程龙在 2016 年 5 月 4 日调查询问笔录中的确认。二是被告藏金阁公司与首旭公司提出，江北区环境监测站出具的江环（监）字〔2016〕第 JD009 号分析报告单确定的取样点 W4、W6 位置高于藏金阁废水处理站，因而该两处检出污染物超标不可能由被告藏金阁公司与首旭公司的行为所致。关于被告藏金阁公司与首旭公司提出的污染源排他性的问题，由于水污染具有流动性的特征，鉴定机构在鉴定时客观上已无法再在废水处理站周围提取到违法排放废水行为持续时所流出的废水样本，故只能依据环境行政执法部门在查处两被告违法行为时通过取样所固定的违法排放废水样本进行鉴定，因而《鉴定评估报告书》所依据的废水取样是否科学的问题实际上就是行政执法部门在行政执法时取样是否科学的问题。在对藏金阁废水处理情况进行环保执法的过程中，先后进行过数次监测取样，选择的取样点包括藏金阁公司数个雨水排口和数个地下水取样点以及废水总排口、废水处理站综合收集池、含铬废水调节池、工业园市政排口、藏金阁市政管网入长江口等，被告所提及的 W4、W6 分别是上述取样点中的一个雨水排口和一个地下水取样点，除江环（监）字〔2016〕第 JD009 号分析报告单以外，江北区环境监测站还出具了江环（监）字〔2016〕第 JD003 号、第 JD020 号、第 JD034 号等监测报告，重庆市环境监测中心也出具了渝环（监）字〔2016〕第 SZD146 号、第 SZD150 号、第 SZD156 号、第 SZD181 号监测报告，重庆市环境监察总队的行政处罚决定和重庆市原环境保护局的复议决定是在对上述监测报告进行综合评定的基础上作出的，并非单独依据其中一份分析报告书或者监测报告作出。环保部门在整个行政执法包括取样等前期执法过程中，其行为的合法性和合理性已经得到了重庆市渝北区人民法院〔2016〕渝 0112 行初 324 号行政判决的确认。同时，上述监测分析结果显示该工业园区、藏金阁公司市政管网入江口废水中的污染物系电镀行业排放的重金属废水，重庆港城工业园区管委会办公室工管办文〔2016〕13 号报告书证实涉案区域唯有藏金阁一家电镀工业园，而且环境监测结果与藏金阁废水处理站违法排放废水种类一致，以上事实证明上述取水点排出的废水来源仅可能来自于藏金阁废水处理站，故可以认定污染物来源具有排他性。三是被告藏金阁公司与首旭公司称其是利用宽度不足 9cm、高度只有 0.5～1cm 的几个小孔进行自流渗漏的方式违法排放，不可能在被诉时间段内偷排 14 万吨废水，并提出只有 1 号调节池有偷排情况，2 号调节池未进行偷排。关于违法排污计量的问题，从藏金阁废水处理站现场平面布局图来看，有 1 号综合废水调节池和含铬废水调节池，没有被告所称 2 号废水调节池，根据生效刑事判决和行政判决的确认，并结合行政执法过程中的调查询问笔录，可以认定铬调节池的废水进入 1 号综合废水调节池，利用 1 号池安装的 120mm 口径管网将含重金属的废水直接排入外环境并进入市政管网这一基本事实。经庭审查明，《鉴定评估报告书》系根据《排污核定与排污费缴纳决定书》（渝环费缴字〔2016〕0－4－1 号）、《追缴排污费核定书》（渝环费核字〔2016〕0－4－1 号）、重庆市环境监察总队对藏金阁公司法定代表人孙启良和首旭公司法定代表人程龙分别所作的调查询问笔录等证据，采用用水总量减去消耗量、污泥含水量、在线排水量、节假日排水量的方式计算出违法排放废水量，其所依据的证据和事实或者已得到被告方认可或生效判决确认，或者相关行政行为已通过行政诉讼程序的合法性审查，其所采用的计量方法亦符合行业惯例，具有科学性和合理性，而且原告出具《关于藏金阁公司偷排水量及排污费核算情况说明》对计量依据和方法作出了进一步说明。所以，法院经审理对被告藏金阁公司与首旭公司违法排放废水 145624 吨的事实予以了认定。

其二，关于《鉴定评估报告书》认定的损害量化数额是否准确的问题。为证明被告藏金阁公司与首旭公司违法排污造成的生态环境损害后果和赔偿数额，原告方委托重庆市环境科学研究院就本案的生态环境损害进行鉴定评估并出具《鉴定评估报告书》，该报告确定两被告违法排污造成的生态环境损害量化数额为 1441.6776 万元。重庆市环境科学研究院是原环境保护部《关于印发〈环境损害鉴定评估推荐机构名录（第一批）〉的通知》中确立的鉴定评估机构，委托其进行本案的生态环境损害鉴定评估符合《最高人民法院关于审理环境侵权责任纠纷案件适用法律若干问题的解释》第八条"对查明环境污染案件事实的专门性问题，可以委托具备相关资格的司法鉴定机构出具鉴定意见或者由国务院环境保护主管部门推荐的机构出具检验报告、检测报告、评估报告或者监测数据"之规定，其具备相应鉴定资格。根据原环境保护部组织制定的《生态环境损害鉴定评估技术指南总纲》《环境损害鉴定评估推荐方法（第Ⅱ版）》，鉴定评估可以采用虚拟治理成本法对事件造成的生态环境损害进行量化，量化结果可以作为生态环境损害赔偿的依据。鉴于本案违法排污行为持续时间长，违法排放数量大，且长江水体处于流动状态，难以直接计算生态环境修复费用，故《鉴定评估报告书》采用虚拟治理成本法对损害结果进行量化并无不当。虚拟治理成本是指目前排放到环境中的污染物按照现行的治理技术和水平全部治理所需要的支出，即污染物排放量与单位污染物虚拟治理成本的乘积，故鉴定机构在采用虚拟治理成本法时，以藏金阁公司实际支付给首旭公司的废水处理费用每吨 22 元作为单位虚拟治理成本是合理的，再乘以违法排放废水数量，可计算出虚拟治理成本为 320.3728 万元。《鉴定评估报告书》将 22 元/吨确定为单位实际治理费用，系根据重庆市环境监察总队现场核查藏金阁公司财务凭证，并结合对藏金阁公司法定代表人孙启良的调查询问笔录而确定，被告藏金阁公司与首旭公司对此提出异议，但是并未举示相反证据来加以否定。《鉴定评估报告书》根据《环境损害鉴定评估推荐方法（第Ⅱ版）》，Ⅲ类地表水污染修复费用的确定原则为虚拟治理成本的 4.5～6 倍，结合本案污染事实，取最小倍数即 4.5 倍计算得出损害量化数额为 320.3728 万元×4.5＝1441.6776 万元是合理的。环境污染纠纷类案件具有很强的专业性和复杂性，本案中作出《鉴定评估报告书》的鉴定机构和鉴定评估人资质合格，鉴定评估委托程序合法，鉴定评估项目负责人亦应法庭要求出庭接受质询，鉴定评估所依据的事实有生效法律文书作支撑，采用的计算方法和结论科学有据，且被告藏金阁公司与首旭公司未能提出任何证据来反驳推翻《鉴定评估报告书》，故《鉴定评估报告书》可以作为认定本案事实的证据。

5. 关于被告藏金阁公司与首旭公司是否构成共同侵权的问题

本案中，首旭公司是明知 1 号废水调节池池壁上存在 120mm 口径管网并故意利用其违法排污的直接实施主体，其行为造成环境污染，理应对损害后果承担赔偿责任，对此应无疑义。核心问题在于如何评价藏金阁公司的行为，其与首旭公司是否构成共同侵权。

首先，我国实行排污许可制，排污许可制对于实现工业污染源达标排放具有重要意义。排污许可证是国家对排污者进行有效管理的手段，同时也可视为政府与排污单位之间的契约，取得排污许可证的企业即是排污单位，负有依法排污的义务，否则将承担相应法律责任。藏金阁公司持有行政主管部门颁发的排污许可证，其属于可以进行排污的企业，但同时必须确保按照许可证的规定和要求排放。藏金阁公司以委托运行协议的形式将废水处理交由专门从事环境治理业务（含工业废水运营）的首旭公司作业，该行为并不为法律所禁止。但是，无论是自行排放还是委托他人排放，藏金阁公司都必须确保其废水处理站正常运行，并确保排放物达到国家和地方排放标准，这是取得排污许可证企业的法定责任，该责任不能通过民事约定来解除。申言之，藏金阁公司作为排污主体，具有监督首旭公司合法排污的法定责任，依照《委托运行协议》其也具有监督首旭公司日常排污情况的义务，本案违法排污行为持续了 1 年 8 个月的时间，藏金阁公司显然未尽监管义务，应当对环境污染后果承担责任。

其次，无论是作为排污设备产权人和排污主体的法定责任，还是按照双方协议约定，藏金阁公司均应确保废水处理设施设备正常、完好。2014年 8 月，藏金阁公司将废酸池改造为 1 号废水调节池并将地下管网改为高空管网作业时，未按照正常处理方式对池中的 120mm 口径暗管进行封闭，藏金阁公司亦未举证证明不封闭暗管的合理合法性，而首旭公司正是通过该暗管实施违法排放；也就是说，藏金阁公司为首旭公司提供的废水处理设备留有可以实施违法排放的管网，据此可以认定其具有违法故意，且客观上为违法排放行为的完成提供了条件。

再次，待处理的废水是由藏金阁公司提供给首旭公司的，那么藏金阁公司知道需处理的废水数量；同时藏金阁公司作为排污主体，负责向环保部门缴纳排污费，其也知道合法排放的废水数量；加之作为园区物业管理部门，其对于园区企业产生的实际用水量亦是清楚的。这几个数据结合起来，即可确知违法排放行为的存在，因此可以认定藏金阁公司知道首旭公司在实施违法排污行为，但其却放任首旭公司违法排放废水，同时还继续将废水交由首旭公司处理，可以视为其与首旭公司形成了默契，具有共同侵权的故意，并共同造成了污染后果。

最后，环境侵权案件具有侵害方式的复合性、侵害过程的复杂性、侵害后果的隐蔽性和长期性，尤其是对于排污企业违法排污主观故意的证明难度较高，且本案又涉及对环境公益的侵害，故应充分考虑到此类案件的特殊性，通过准确把握举证证明责任和归责原则来避免责任逃避和公益受损。

在本案诉讼中，原告重庆两江志愿服务发展中心主张本案亦属于第三人污染环境的情形，可以适用《最高人民法院关于审理环境侵权责任纠纷案件适用法律若干问题的解释》第五条之规定判决两被告承担赔偿责任。原告重庆两江志愿服务发展中心的主张是不成立的。污染环境的共同侵权和第三人污染环境是两个不同的概念，前者是两个或者两个以上的侵权行为人有着共同的主观过错和行为，对造成的生态环境的损害后果应承担连带责任；后者则是指我国法律上规定的因第三人的过错导致发生生态环境损害后果，由侵权人或者第三人承担侵权责任，如果由侵权人承担侵权责任，侵权人有权向第三人追偿。我国《侵权责任法》第八条规定："二人以上共同实施侵权行为，造成他人损害的，应当承担连带责任。"第六十八条规定："因第三人的过错污染环境造成损害的，被侵权人可以向污染者请求赔偿，也可以向第三人请求赔偿。污染者赔偿后，有权向第三人追偿。"《民法典》第一千一百六十八条规定："二人以上共同实施侵权行为，造成他人损害的，应当承担连带责任。"根据《民法典》第一千一百七十一条的规定，二人以上分别实施侵权行为造成同一损害，每个人的侵权行为都足以造成全部损害的，行为人承担连带责任。《民法典》第一千二百三十三条对因第三人的过错污染环境、破坏生态的侵权责任也做了明确规定："因第三人的过错污染环境、破坏生态的，被侵权人可以向侵权人请求赔偿，也可以向第三人请求赔偿。侵权人赔偿后，有权向第三人追偿。"如上所述，本案中，在藏金阁公司与首旭公司有着共同的过错和共同的侵权行为，两被告构成共同侵权，不适用环境污染第三人侵权的相关规定。

综上，本案被告藏金阁公司辩称不知道首旭公司在违法排污，不应承担赔偿责任的理由是不成立的。根据本案事实和证据，被告藏金阁公司与首旭公司构成环境污染共同侵权的证据已达到高度盖然性的民事证明标准，应当认定藏金阁公司和首旭公司对于违法排污存在主观上的共同故意和客观上的共同行为，被告藏金阁公司和首旭公司构成共同侵权。根据我国上述法律之规定，由被告藏金阁公司与首旭公司对本案生态环境损害赔偿应承担连带责任。

四、濮阳市人民政府诉聊城德丰化工有限公司生态环境损害赔偿案①

（一）案例要旨

本案发生在黄河下游重要支流金堤河，系河南省首例由市地级人民政府作为原告提起的生态环境损害赔偿案件。黄河流域的生态保护和高质量发展，必须坚持绿水青山就是金山银山的理念，不断强化生态优先、绿色发展的意识，抓好大保护，加强生态保护治理。生态环境损害制度以"环境有价、损害担责"为逻辑起点，做到"应赔尽赔"，致力于破解"企业污染、群众受害、政府买单"的困局，强化生产者环境保护法律责任，大幅度提高环保违法成本，人民法院必须夯实司法责任，保障黄河流域生态保护和高质量发展这一重大国家战略。污染企业能够积极参与生态环境治理，并汲取教训实施副产酸的循环利用、无害化处理，加大科技投入和技术改造，实现副产酸减量化、再利用和资源化，从源头预防副产酸污染环境，符合生态文明建设的最终要求，法院可以酌定污染企业参与生态环境治理、技术改造、购买环境责任保险等事项的投入费用，在判决其应承担的环境损害赔偿金一定额度内按比例折抵。

（二）案情概要

1. 基本案情

聊城德丰化工有限公司（以下简称德丰公司）成立于 2010 年 4 月 27 日，经营范围中包含盐酸的生产与销售，持有《安全生产许可证》《危险化学品登记证》《非药品类易制毒化学品生产备案证明》。2017 年 12 月至 2018 年 3 月间，吴茂勋、翟瑞花预谋后，租用白立廷的搅拌站，由吴茂勋与徐章华、徐文超（均另案处理）联系，让李伟兵驾驶豫 N××××危险品罐车，从德丰公司运输 27 车废酸液到濮阳县××桑树村白立廷搅拌站，每车装载约 13 吨。吴茂勋、翟瑞花、白立廷、李伟兵将 4 车废酸液直接排

---

① 案例来源：河南省濮阳市中级人民法院〔2020〕豫 09 民初 9 号民事判决书；河南省高级人民法院〔2020〕豫民终 1217 号民事判决书。

放到濮阳县回木沟，又将 23 车废酸液存放到白立廷搅拌站内的玻璃钢罐内，白立廷将其中 6 车废酸液与石沫进行搅拌中和后作为修路材料出售，吴茂勋、翟瑞花、白立廷、李伟兵将剩余 17 车废酸液排放到回木沟，致使回木沟及金堤河岳辛庄段严重污染。经鉴定，非法排放的酸液系具有强酸腐蚀性的危险废物。吴茂勋通过徐章华和徐文超联系，从德丰公司拉废酸，徐章华和徐文超每吨给其 200 元到 230 元、240 元不等，豫 N×××× 罐车属于三类车。德丰公司正常生产一天会产生 30 吨盐酸，盐酸是其公司副产品，副产品行情好时可以卖 50～100 元/吨，行情不好时，需要补贴 200～300 元/吨才能拉出去，处置盐酸只有八类罐车才能拉，从德丰公司装盐酸，要提供危险品驾驶证、行驶证、车辆营运证、押运证。

金堤河环境污染事件发生后，濮阳市政府先后于 2020 年 1 月 8 日、1 月 15 日两次召开会议，与德丰公司就生态环境损害进行磋商，未达成一致意见。濮阳天地人环保科技股份有限公司（以下简称天地人公司）于 2018 年 5 月 26 日出具《濮阳市金堤河子岸段河水污染应急处置决算报告书》，载明应急处置费用 1389000 元。2018 年 12 月 18 日，天地人公司向濮阳县原环境保护局开具 1389000 元的河南增值税普通发票。2019 年 11 月 9 日，濮阳市政府与河南乾坤检测技术有限公司（以下简称乾坤公司）签订《技术咨询合同》，委托乾坤公司对"关于被告人吴茂勋等四人污染环境一案"涉及的回木沟和金堤河损害进行价值评估，支付评估费 80000 元。乾坤公司于 2019 年 11 月出具《涉"关于被告人吴茂勋等四人污染环境一案"回木沟和金堤河损害价值评估报告》。该评估报告载明：本次环境污染事件中废液间断性地倾倒入地表河流中，地表水环境不能通过修复或恢复工程完全恢复。根据《生态环境损害鉴定评估技术指南总纲》《环境损害鉴定评估推荐方法（第 Ⅱ 版）》《突发环境事件应急处置阶段环境损害评估推荐方法》等相关规定，结合现场实际情况和环境价值评估方法的适用情形，确定采用环境价值评估方法中的虚拟治理成本法评估环境的永久性损害，不包含应急处置费用。本次环境污染事件中倾倒废酸液的处理价格为每吨 7412.81 元，因此倾倒进入回木沟和金堤河地表水环境的废酸液（273 吨）的总处理费用即虚拟治理成本约为 2023697 元。本次环境污染事件中涉事地表水体回木沟和金堤河为 Ⅴ 类水体，环境功能区敏感系数为 2。本次环境污染事件中污染物为具有腐蚀性特征的危险废物。依据濮阳县环境监测站提供的分析（测量）

结果报告单，本次环境污染事件造成回木沟地表水体 pH 最低达 2.19，金堤河地表水体 pH 最低达 2.77，均呈强酸性，地表水体严重超标。本次环境污染事件中废酸液排放行为致使回木沟及回木沟流向的金堤河岳辛庄段严重污染，后果特别严重，故环境功能区敏感系数不进行调整，取原值 2，则采用虚拟治理成本的 2 倍作为环境损害数额，即回木沟和金堤河环境损害价值量化数额约为 4047394 元。濮阳市政府向濮阳市中级人民法院提起诉讼，请求判令德丰公司承担应急处置费用 1389000 元、生态环境损害赔偿费用 4047394 元、评估费用 80000 元，共计 5516394 元。在开庭前，濮阳市政府放弃诉讼请求中的律师费 200000 元及专家费用 60000 元，将诉讼请求数额变更为 5516394 元。

2. 法院判决

河南省濮阳市中级人民法院一审判决：一、德丰公司于本判决生效后三十日内濮阳市政府应急处置费 1389000 元、评估费 80000 元；二、德丰公司濮阳市政府环境损害费 4047394 元，于本判决生效后三十日内支付该项费用的 50%，即 2023697 元；三、本判决书生效之日起一年内，德丰公司为回木沟及金堤河流域生态环境污染预防之目的，征得濮阳市政府同意后，积极参与相关水域生态环境治理工程，其支出的费用经第三方机构审计后报濮阳市中级人民法院核准，可申请抵扣本判决第二项剩余的环境损害费 2023697 元，最高抵扣不超过该额度的 50%；四、本判决书生效之日起一年内，德丰公司通过技术改造对生产过程中产生的副产酸进行降产、无害化处理，经第三方评估明显降低环境风险，且一年内没有因环境违法行为受到处罚的，其用于技术改造的费用可以凭山东省聊城市环保行政主管部门出具的企业环境守法情况证明、项目竣工环保验收意见和具有法定资质的中介机构出具的技术改造投入资金审计报告，可向濮阳市中级人民法院申请抵扣本判决第二项剩余的环境损害费 2023697 元，最高抵扣不超过该额度的 40%；五、本判决书生效之日起一年内，德丰公司用于购买环境污染责任险的保险费可向濮阳市中级人民法院申请抵扣本判决第二项剩余的环境损害费 2023697 元，最高抵扣不超过该额度的 10%；六、本判决书生效届满一年时，上述第三项至第五项未能抵扣的环境损害费，德丰公司仍须履行，于届满之日起三十日内支付；七、责令德丰公司在本判决生效后，建章立制，规范副产品销售及无害化处置，本判决书生效之日起一年内，每 6

个月向山东省聊城市环保行政主管部门报告其上述事项，并将报告事项报濮阳市中级人民法院备案审查，如不报告、备案，上述第三项至第五项费用将不予抵扣。如果未按本判决指定的期间履行给付金钱的义务，应当按照《中华人民共和国民事诉讼法》第二百五十三条规定，加倍支付迟延履行期间的债务利息。案件受理费50414元，由德丰公司负担。

德丰公司不服一审判决，提起上诉。河南省高级人民法院经审理，认为原审判决认定事实清楚，适用法律正确，依法应予维持。德丰公司的上诉理由不能成立，依法予以驳回。依照《中华人民共和国民事诉讼法》第一百七十条第一款第一项之规定，判决：驳回上诉，维持原判。

3. 案件争议焦点

（1）本案原告濮阳市政府是否为本案的适格原告？

（2）濮阳市政府提起本案诉讼前进行的磋商程序是否合法？

（3）德丰公司是否应当承担生态环境损害责任？

（4）本案确定的德丰公司应承担的赔偿数额是否适当？

（三）法理评析

1. 关于濮阳市政府是否为本案适格原告的问题

中共中央办公厅、国务院办公厅印发的《生态环境损害制度改革方案》规定，跨省域的生态环境损害，由生态环境损害地的相关省级政府协商开展生态环境损害赔偿工作。德丰公司主张案涉污染环境事件为典型的跨省域污染，濮阳市政府没有资格启动磋商程序以及提起生态环境损害诉讼，有资格进行磋商、提起诉讼的主体应当是河南省人民政府。判断濮阳市政府是否为本案适格原告，关键在于本案所涉污染事件是否跨省域。

金堤河系跨省域河流，从濮阳市流经山东省汇入黄河。案涉污染行为实施地是在濮阳县××桑树村回木沟，吴茂勋、翟瑞花等人将酸液倾倒于此，酸液经回木沟流进金堤河，对一定区域内的回木沟和金堤河地表水环境造成严重污染。认定是否为跨省域污染，不能仅考虑河流是否跨省域，更重要的是考虑污染行为是否跨省域，即污染行为实施地和损害结果发生地是否跨省。尽管金堤河流经山东省后汇入黄河，但是由于水体本身对酸液具有稀释功能，濮阳县原环境保护局在污染事件发生后又紧急进行了处置，案涉污染事件造成的损害结果并未在山东省显现，德丰公司也未提供相应的证据证明山东省因案涉污染事件发生了生态环境损害的结果，可以认定案涉污染事件发生在濮阳市地域内，损害结果也仅在濮阳市地域内出现，属于濮阳市区域内的生态环境损害，德丰公司主张本案是跨省域污染的理由不能成立。

中共中央办公厅、国务院办公厅印发的《生态环境损害制度改革方案》规定："国务院授权省级、市地级政府作为本行政区域内生态环境损害权利人。"《最高人民法院关于审理生态环境损害案件的若干规定（试行）》第一条规定："具有下列情形之一，省级、市地级人民政府及其指定的相关部门、机构，或者受国务院委托行使全民所有自然资源资产所有权的部门，因与造成生态环境损害的自然人、法人或者其他组织经磋商未达成一致或者无法进行磋商的，可以作为原告提起生态环境损害赔偿诉讼：（一）发生较大、重大、特别重大突发环境事件的；（二）在国家和省级主体功能区规划中划定的重点生态功能区、禁止开发区发生环境污染、生态破坏事件的；（三）发生其他严重影响生态环境后果的。"根据上述法律以及《河南省生态环境损害制度改革实施方案》的规定，濮阳市政府是案涉污染事件引发的其行政区域内生态环境损害的赔偿权利人，有权启动磋商程序，及在磋商不成的情况下提起本案诉讼，是本案适格的原告。

2. 关于濮阳市政府提起本案诉讼前进行的磋商程序是否合法的问题

中共中央办公厅、国务院办公厅印发的《生态环境损害制度改革方案》规定："经调查发现生态环境损害需要修复或赔偿的，赔偿权利人根据生态环境损害鉴定评估报告，就损害事实和程度、修复启动时间和期限、赔偿的责任承担方式和期限等具体问题与赔偿义务人进行磋商，统筹考虑修复方案技术可行性、成本效益最优化、赔偿义务人赔偿能力、第三方治理可行性等情况，达成赔偿协议。对经磋商达成的赔偿协议，可以依照民事诉讼法向人民法院申请司法确认。经司法确认的赔偿协议，赔偿义务人不履行或不完全履行的，赔偿权利人及其指定的部门或机构可向人民法院申请强制执行。磋商未达成一致的，赔偿权利人及其指定的部门或机构应当及时提起生态环境损害赔偿民事诉讼。"《最高人民法院关于审理生态环境损害案件的若干规定（试行）》第五条规定："原告提起生态环境损害诉讼，应当提交与被告进行磋商但未达成一致或者因客观原因无法与被告进行磋商的说明。"根据上述规定，开展生态环境损害赔偿磋商是提起诉讼的前置程序。对于磋商的相关要求以及程序，《生态环境损害制度改革方案》规定："经调查发现生态环境损害需要修复或的，权利人根据生态环境损害鉴定评估报告，就损害事实和程度、修复启动时间和期限、责任承担方式和期限等具体问题与义务人进行磋商。"《河南省生态环境损害制度改革实施方案》规定："经调查发现属于依法应当追究生态环境损害责任的情形，权利人及其指定的部门或机构在完成生态环境损害调查、鉴定评估、制定初步修复方案工作后，向义务人送达生态环境损害磋商建议书。""磋商应当在生态环境损害鉴定评估专家、律师以及检察院派出人员参与下进行。""权利人及其指定的部门或机构与义务人就损害的事实和程度，修复采用方案、启动时间和期限，责任承担方式和期限等具体问题进行磋商。义务人对损害的事实和程度提出异议的，权利人及其指定部门或机构会同生态环境损害鉴定评估专家、律师以及检察院派出人员研究决定，并书面告知义务人决定的具体理由。"

本案中，濮阳市政府在磋商前完成了损害价值评估，成立了由市政府及组成部门的工作人员、检察院工作人员、律师、专家等参加的磋商小组，向德丰公司发出了磋商建议。濮阳市政府磋商小组先后于 2020 年 1 月 8 日、1 月 15 日两次召开会议，与德丰公司就生态环境损害进行磋商，明确告知德丰公司污染事件发生的情况，以及德丰公司应当承担的责任，德丰公司在磋商中不认可其应当承担责任，双方未达成一致意见，经德丰公司同意，磋商小组终结磋商程序。上述磋商程序符合中共中央、国务院和河南省委、省政府的规定，德丰公司主张濮阳市政府在提起本案诉讼前开展的磋商程序违法，应当依法驳回濮阳市政府的起诉，缺乏事实依据。

3. 关于德丰公司是否应当承担生态环境损害赔偿责任的问题

德丰公司主张其是依法成立的具备生产、销售盐酸资质的法人，云祥公司、祥泰公司具有购买、销售盐酸的资格，德丰公司向云祥公司、祥泰公司合法销售盐酸，并且经过公安机关备案，至于云祥公司、祥泰公司将盐酸交由吴茂勋、翟瑞花等人处置，吴茂勋、翟瑞花等人向河流中非法倾倒并造成污染，与德丰公司没有关系，德丰公司对于吴茂勋、翟瑞花等人的污染行为不承担相应的法律责任。

确定德丰公司是否应当对吴茂勋、翟瑞花等人的污染行为承担责任，关键在于德丰公司的行为与案涉环境污染损害结果是否具有因果关系。本案所涉盐酸系德丰公司生产三氯乙酰氯的副产酸，符合化学工业品标准的可以销售；同时，由于副产酸具有强烈的腐蚀性，如果被非法倾倒就属于国家规定的危险废物。当时施行的《中华人民共和国固体废物污染环境防治法》第八十九条规定，液态废物的污染防治，适用本法；第五十七条第三款规定，禁止将危险废物提供或委托给无经营许可证的单位从事收集、贮存、利用、处置的经营活动。德丰公司 2019 年 3 月 29 日出具《情况说明》载明："兹由祥泰公司（徐章华、徐文超）处置我公司的盐酸，由于华祥盐化欠我公司货款，徐文超能销售华祥盐化的产品烧碱，因此我公司就将华祥盐化的烧碱购回销售于祥泰公司，这样三公司的往来款项能付平。"该说明证明德丰公司将盐酸提供给祥泰公司、云祥公司，实质是将盐酸交由祥泰公司、云祥公司进行处置，并向其支付相应的费用。德丰公司将盐酸交付给祥泰公司、云祥公司，不仅不收货款，还要向对方支付一定数额的补贴款，不符合常理。云祥公司、祥泰公司的经营范围均不包含处置危险废物，也没有证据证明云祥公司、祥泰公司有处置危险废物的资质，德丰公司将副产盐酸提供给云祥公司、祥泰公司处置，违反法律规定，存在污染环境的重大风险。吴茂勋、翟瑞花等人按徐章华、徐文超的指示到德丰公司运输副产盐酸，德丰公司明知徐章华、徐文超和吴茂勋、翟瑞花等人没有处置危险废物的资质，仍然将副产盐酸提供给吴茂勋、翟瑞花等人，这是放任副产盐酸被非法处置污染环境，属于在防范副产盐酸对环境污染损害方面的不作为。吴茂勋、翟瑞花等人将副产盐酸非法倾倒入回木沟造成环境污染，德丰公司的行为与案涉环境污染损害结果之间具有因果关系。德丰公司未能提供充分的证据证明其存在法律规定的不承担责任或者减轻责任的情形，也未能证明其行为与案涉污染损害结果之间不存在因果关系，根据当时施行的《中华人民共和国固体废物污染环境防治法》第八十五条关于"造成固体废物污染环境的，应当排除危害，依法损失，并采取措施恢复环境原状"的规定，德丰公司对案涉环境污染应当承担相应的法律责任。德丰公司主张其是合法销售盐酸，对案涉环境污染不应当承担责任的理由不能成立。

4. 关于原审判决确定的数额是否适当的问题

关于本案应急处置费的承担。《中华人民共和国水污染防治法》第三十三条第一款规定："禁止向水体排放油类、酸液、碱液、或者剧毒废液。"

2021 年 1 月 1 日正式施行的《中华人民共和国民法典》第一千二百三十五条规定："违反国家规定造成生态环境损害的，国家规定的机关或者法律规定的组织有权请求侵权人赔偿下列损失和费用：（一）生态环境受到损害至修复完成期间服务功能丧失导致的损失；（二）生态环境功能永久性损害造成的损失；（三）生态环境损害调查、鉴定评估等费用；（四）清除污染、修复生态环境费用；（五）防止损害的发生和扩大所支出的合理费用。"《最高人民法院关于审理生态环境损害案件的若干规定（试行）》第十四条第一项规定："原告请求被告承担实施应急方案以及为防止生态环境损害的发生和扩大采取合理预防、处置措施发生的应急处置费用，人民法院根据具体案情予以判决。"《最高人民法院关于审理环境民事公益诉讼案件适用法律若干问题的解释》第十九条第二款规定："原告为停止侵害、排除妨碍、消除危险采取合理预防、处置措施而发生的费用，请求被告承担的，人民法院可以依法予以支持。"本案中，吴茂勋、翟瑞花等人将 273 吨副产盐酸倒入回木沟，导致环境污染。濮阳县环境监测站《分析（测量）结果报告单》显示，2018 年 2 月 10 日回木沟金堤河口 pH 2.19，2 月 11 日 pH 2.28，呈强酸性，环境污染严重。濮阳县原环境保护局为减轻污染损害，委托天地人公司进行应急处置，花费 1389000 元，该费用系环境保护部门为消除危险采取合理处置措施而发生的费用，根据上述法律和司法解释的规定，该项费用应由被告德丰公司承担。

关于本案生态环境损害赔偿费用的确定。《中华人民共和国民法典》第一千二百三十四条规定："违反国家规定造成生态环境损害，生态环境能够修复的，国家规定的机关或者法律规定的组织有权请求侵权人在合理期限内承担修复责任。侵权人在期限内未修复的，国家规定的机关或者法律规定的组织可以自行或者委托他人进行修复，所需费用由侵权人负担。"《最高人民法院关于审理生态环境损害案件的若干规定（试行）》第十三条规定："受损生态环境无法修复或者无法完全修复，原告请求被告生态环境功能永久性损害造成的损失的，人民法院可以根据具体情况予以判决。"第十四条第二项规定："原告请求被告承担为生态环境损害磋商和诉讼支出的调查、检验、鉴定、评估等费用，人民法院根据具体案情予以判决。"为确定案涉污染造成的回木沟和金堤河损害价值，濮阳市政府与乾坤公司签订《技术咨询合同》，技术服务目标是对回木沟和金堤河环境污染损害价值进行评估，技术服务方式是出具技术咨询报告，技术咨询服务费 80000 元。乾坤公司后作出《涉"关于被告人吴茂勋等四人污染环境一案"回木沟和金堤河损害价值评估报告》，为濮阳市政府确定回木沟和金堤河环境污染损害价值提供参考咨询意见。该报告认为本次环境污染事件中酸液间断性地倾倒入地表河流内，造成地表水体污染，由于地表径流及水流稀释作用，出现水体超标并采取应急措施时，已有部分废液流入下游河道，地表水环境不能通过修复或恢复工程完全恢复，应采用虚拟治理成本法来评估环境的永久性损害，即根据突发环境事件发生地的工业企业或污水处理厂处置污染物的平均成本，乘以受污染区域的环境功能敏感系数作为环境损害价值。本次环境污染事件中，倾倒入水体的污染物 273 吨，处置酸液的成本为每吨 7412.81 元，虚拟治理 273 吨酸液的总成本约为 2023697 元。回木沟和金堤河为 V 类水体，环境功能区敏感系数为 2，本次环境污染事件中废酸液排放行为致使回木沟及回木沟流向的金堤河岳辛庄段严重污染，后果特别严重，故环境功能区敏感系数不进行调整，取原值 2，采用虚拟治理成本的 2 倍作为环境损害价值，即回木沟和金堤河环境损害价值量化数额为 4047394 元。该评估报告依据客观真实，评估方法和评估结论科学可靠，德丰公司没有提供相应的证据否定该评估报告的依据和结论，故该评估报告可以作为确定数额的参考。本案审理法院根据评估报告，判决德丰公司支付环境损害 4047394 元，承担评估费 80000 元，并无不当。